プリント形式のリアル過去問で本番の臨場感！

京都府府立

福知山高等学校附属中学校

2025年春受験用 解答集

本書は，実物をなるべくそのままに，プリント形式で年度ごとに収録しています。
問題用紙を教科別に分けて使うことができるので，本番さながらの演習ができます。

■ 収録内容

・解答集（この冊子です）

　　書籍ID番号，この問題集の使い方，最新年度実物データ，リアル過去問の活用，
　　解答例と解説，ご使用にあたってのお願い・ご注意，お問い合わせ

・2024（令和6）年度 ～ 2020（令和2）年度　学力検査問題

JN132550

○は収録あり	年度	'24	'23	'22	'21	'20
■ 問題（適性をみる検査）		○	○	○	○	○
■ 解答用紙		○	○	○	○	○
■ 配点						

全分野に解説
があります

注）問題文等非掲載:2024年度適性を見る検査Ⅰの二，2021年度適性をみる検査Ⅰの二

問題文の非掲載につきまして

著作権上の都合により，本書に収録している過去入試問題の本文の一部を掲載しておりません。ご不便をおかけし，誠に申し訳ございません。

K 教英出版

■ 書籍ID番号

入試に役立つダウンロード付録や学校情報などを随時更新して掲載しています。
教英出版ウェブサイトの「ご購入者様のページ」画面で，書籍ID番号を入力してご利用ください。

書籍ID番号　**104228**　

（有効期限：2025年9月30日まで）

【入試に役立つダウンロード付録】
「要点のまとめ(国語／算数)」
「課題作文演習」ほか

■ この問題集の使い方

年度ごとにプリント形式で収録しています。針を外して教科ごとに分けて使用します。①片側，②中央
のどちらかでとじてありますので，下図を参考に，問題用紙と解答用紙に分けて準備をしましょう（解答
用紙がない場合もあります）。

針を外すときは，けがをしないように十分注意してください。また，針を外すと紛失しやすくなります
ので気をつけましょう。

※教科数が上図と異なる場合があります。
　解答用紙がない場合や，問題と一体になっている場合があります。
　教科の番号は，教科ごとに分けるときの参考にしてください。

■ 最新年度 実物データ

実物をなるべくそのままに編集していますが，収録の都合上，実際の試験問題とは異なる場合があります。実物のサイズ，様式は右表で確認してください。

問題用紙	A4冊子(二つ折り)
解答用紙	記入用紙1：A3片面プリント 記入用紙2：A4片面プリント

リアル過去問の活用

❀ 本番を体験しよう！

問題用紙の形式（縦向き／横向き），問題の配置や余白など，実物に近い紙面構成なので本番の臨場感が味わえます。まずはパラパラとめくって眺めてみてください。「これが志望校の入試問題なんだ！」と思えば入試に向けて気持ちが高まることでしょう。

❀ 入試を知ろう！

同じ教科の過去数年分の問題紙面を並べて，見比べてみましょう。

① 問題の量

毎年同じ大問数か，年によって違うのか，また全体の問題量はどのくらいか知っておきましょう。どのくらいのスピードで解けば時間内に終わるのか，大問ひとつにかけられる時間を計算してみましょう。

② 出題分野

よく出題されている分野とそうでない分野を見つけましょう。同じような問題が過去にも出題されていることに気がつくはずです。

③ 出題順序

得意な分野が毎年同じ大問番号で出題されていると分かれば，本番で取りこぼさないように先回りして解答することができるでしょう。

④ 解答方法

記述式か選択式か（マークシートか），見ておきましょう。記述式なら，単位まで書く必要があるかどうか，文字数はどのくらいかなど，細かいところまでチェックしておきましょう。計算過程を書く必要があるかどうかも重要です。

⑤ 問題の難易度

必ず正解したい基本問題，条件や指示の読み間違いといったケアレスミスに気をつけたい問題，後回しにしたほうがいい問題などをチェックしておきましょう。

❀ 問題を解こう！

志望校の入試傾向をつかんだら，問題を何度も解いていきましょう。ほかにも問題文の独特な言いまわしや，その学校独自の答え方を発見できることもあるでしょう。オリンピックや環境問題など，話題になった出来事を毎年出題する学校だと分かれば，日頃のニュースの見かたも変わってきます。

こうして志望校の入試傾向を知り対策を立てることこそが，過去問を解く最大の理由なのです。

❀ 実力を知ろう！

過去問を解くにあたって，得点はそれほど重要ではありません。大切なのは，志望校の過去問演習を通して，苦手な教科，苦手な分野を知ることです。苦手な教科，分野が分かったら，教科書や参考書に戻って重点的に学習する時間をつくりましょう。今の自分の実力を知れば，入試本番までの勉強の道すじが見えてきます。

❀ 試験に慣れよう！

入試では時間配分も重要です。本番で時間が足りなくなってあわてないように，リアル過去問で実戦演習をして，時間配分や出題パターンに慣れておきましょう。教科ごとに気持ちを切り替える練習もしておきましょう。

❀ 心を整えよう！

入試は誰でも緊張するものです。入試前日になったら，演習をやり尽くしたリアル過去問の表紙を眺めてみましょう。問題の内容を見る必要はもうありません。どんな形式だったかな？受験番号や氏名はどこに書くのかな？…ほんの少し見ておくだけでも，志望校の入試に向けて心の準備が整うことでしょう。

そして入試本番では，見慣れた問題紙面が緊張した心を落ち着かせてくれるはずです。

※まれに入試形式を変更する学校もありますが，条件はほかの受験生も同じです。心を整えてあせらずに問題に取りかかりましょう。

《解答例》

一 (1)エ (2)１月と同じくらい寒い２月に、なぜもっと多く消費されないのか (3)ウ (4)イ (5)イ, オ

二 (1)ア, エ (2)ウ (3)エ (4)あ. さまざまな い. イ う. 多様な生物 (5)環境配慮から牛乳を植物性ミルクに替えるという選択が過度の地下水の汲み上げを引き起こしている

三 〈作文のポイント〉

・最初に自分の主張、立場を明確に決め、その内容に沿って書いていく。

・わかりやすい表現を心がける。自信のない表現や漢字は使わない。

さらにくわしい作文の書き方・作文例はこちら！→

https://kyoei-syuppan.net/mobile/files/sakupo.html

《解　説》

一 (2) ――線部②の後の「ひとつ不思議なことに気づきました」が、「疑問（ぎもん）が出てきた」にあたる。さらに続けて、「１月と同じくらい寒い２月に、なぜはやにえがもっと多く消費されなかったのでしょうか」と、疑問の内容が具体的に書かれている。

(3) 本文後ろから５段落目に「はやにえを多く消費したオスほど、歌唱速度の速い魅力（みりょくてき）的な歌声をもつことが明らかになった～しかし～因果関係～は本当のところはわからない～そこで、私は実験によるアプローチでこれを再検証することにしました」と書かれていることに、ウが適する。

(4) 本文後ろから２段落目に、モズのはやにえの役割について「今回の発見で、繁殖（はんしょく）相手の獲得（かくとく）を成功させるための役割も併（あわ）せもつことが、世界で初めて明らかになりました」と書かれていることに、イが適する。

(5) ア．本文中には「モズのオスは繁殖シーズンになると、メスの気を引こうとして、なわばりの中で活発に歌い始めます」と書かれている。よって、「なわばり争いを行う」は適さない。　イ．本文中に「モズは貯えたはやにえを、繁殖シーズンが始まる前までに食（た）べ尽くしました。月々のはやにえの消費数は～１月にピークに達していました」と書かれていることに適する。　ウ．本文中には「はやにえの生産時期～本格的に寒くなる前の時期である10～12月に、はやにえを集中的に生産することがわかりました」と書かれている。よって、「本格的に寒くなる12～２月の間に」は適さない。　エ．本文中には「モズ～冬には植物の実を多く食べている～普段（ふだん）は食べない植物の実に頼（たよ）らねばならないほど、エサが不足しているのでしょう」と書かれている。よって、「好んで」は適さない。オ．本文中に「はやにえを多く消費したオスほど、歌唱速度の速い魅力的な歌声をもつことが明らかになったのです」と書かれていることに適する。

二 著作権上の都合により文章を掲載（けいさい）しておりませんので、解説も掲載しておりません。ご不便をおかけし、誠に申し訳ございません。

《解答例》

1 (1)Ⅰ．しょくりょうじきゅうりつ　Ⅱ．ア　(2)Ⅰ．ぎむ

Ⅱ．季節が逆で，収穫時期が異なる国から輸入

(3)A．せんばこき　Aの主な使用時期…エ　Bの主な使用時期…ア

(4)Ⅰ．ウ　Ⅱ．右図　(5)Ⅰ．ユーラシア　Ⅱ．ア，エ　Ⅲ．①，②

2 (1)③　(2)①　(3)Ⅰ．メスシリンダー　Ⅱ．イ　Ⅲ．①　Ⅳ．②

(4)④　(5)Ⅰ．右図　Ⅱ．植物　Ⅲ．植物を食べるネズミが増えて，

バッタが食べることのできる植物の量が減ってしまうから。

3 (1)エ→ア→ウ→イ　(2)Ⅰ．エ　Ⅱ．ウ，オ　(3)Ⅰ．①ア　②カ　Ⅱ．イ，オ

Ⅲ．1.5　(4)Ⅰ．風力／地熱／バイオマス などから2つ　Ⅱ．エ　(5)A．①より

も明るく明かりがついた　B．明かりはつかなかった　C．③と同じ向きに③より

も速く回転した　(6)Ⅰ．葉の大きさ／葉の数 のうち1つ　Ⅱ．じょうさん　Ⅲ．イ

1(4)Ⅱの図

2(5)Ⅰの図

《解　説》

1 (1)Ⅰ　食料全体での食料自給率には，カロリーベースと生産額ベースがあり，令和4年度の日本の食料自給率は，
カロリーベースで約38%，生産額ベースで約58%である。　Ⅱ　米の自給率はほぼ100%に近くなっている。ま
た，1993年には，冷夏による米の不作から外国産の米が緊急輸入された。イは野菜，ウは肉類，エは果物，オは小麦。

(2)Ⅱ　資料2において，ロサンゼルスとシドニーの気温のグラフから，季節が逆であることを読み取る。

(3)　Aの千歯こきは，収穫した稲の脱穀に利用する。Bの備中ぐわは田おこしに利用する。

(4)Ⅰ　北半球に位置する日本は，北極側から
見た地図上に見える(右図参照)。

Ⅱ　地図が経線で24等分されていることから，
経線は360÷24＝15(度)ごとに引かれている。
北極側から見た地図と南極側から見た地図では
本初子午線の位置が異なることに注意する。
右図で，本初子午線を太線で表した。本初子午
線から西に2本目の経線が西経30度線になる。

(5)Ⅰ　ヨーロッパ(Europe)とアジア(Asia)を合わせてユーラシア(Eurasia)とした。

Ⅱ　ア．誤り。ヨーロッパ(73.9%)，北アメリカ(60.6%)，南アメリカ(68.0%)，オーストラリアと周辺の島々
(80.9%)の4つある。エ．誤り。0度の経線が通る地域は，ヨーロッパとアフリカと南極であり，平均の高さが最
も高いのは南極である。　Ⅲ　中国，タイ，韓国はアジア，イギリス，ドイツ，フランスはヨーロッパに属する。

2 (1)　表より，1つの岩に平均(84＋79＋80＋81＋76)÷5＝80(ぴき)のイガイがすんでいるとわかるから，この磯の
岩全体(70個の岩)では80×70＝5600(ひき)のイガイがすんでいると推測できる。

(2)　ほぼ同じ大きさの岩にイガイが同じようにすんでいることから，(1)で求めたように，磯の岩全体のイガイの数
は，〔岩1つあたりのイガイの数の平均(ひき)×岩の数(個)〕と推測できる。同じように，等間隔にイネが植わっ

ている水田では，水田全体のイネの本数は，〔1㎡あたりのイネの本数(本)×水田の面積(㎡)〕で求められる。このように，同じような密度で生息している場合，一部の数を数えることで全体の数を推測することができる。

(3)Ⅱ　メスシリンダーの目盛りを読みとるとき，イのように液面の真横から見て，液面の最も低い部分の目盛りを読みとる。　　Ⅳ　ろ過は，液体と液体に溶けていない固体を分ける操作である。食塩を完全に溶かした食塩水には液体に溶けていない固体はないので，ろ過しても固体を取り出すことはできず，ろ過の前後で食塩水のこさは変わらない。なお，溶け残りのある食塩水をろ過すると，溶け残りの食塩(固体)と食塩水(液体)に分けることができるが，ろ過する前後の食塩水はどちらも食塩を溶けるだけ溶かした食塩水でこさは変わらない。

(4)　①×…ツェツェバエなど卵から生まれない昆虫(こんちゅう)もいる。　②×…昆虫のからだは，頭・むね・腹の3つの部分に分かれる。　③×…昆虫のあしは左右で対になっていて，全部で6本ある。　④○…外側がかたい皮(殻)でできている昆虫などの節足動物は，大きくなるために外側の皮をぬぐ(脱皮をする)必要がある。　⑤×…卵→幼虫→さなぎ→成虫と成長する完全変態の昆虫では(幼虫→さなぎのときとさなぎ→成虫のときに)からだの形が大きく変わるが，卵→幼虫→成虫と成長する不完全変態の昆虫ではからだの形は大きく変わらない。

(5)Ⅱ　植物を食べるバッタが減ると，植物は食べられることが減り，その数は増えると考えられる。　　Ⅲ　ネズミを食べるキツネが減ると，ネズミは増える。植物を食べるネズミが増えると，同じように植物を食べるバッタは食べ物が足りなくなり，バッタの数が減ると考えられる。

3　(1)　エ(江戸時代初頭)→ア(江戸時代末期)→ウ(明治時代初頭)→イ(明治時代中期)

(2)Ⅰ　アは聖武天皇，イは源義経，ウは足利義政である。

Ⅱ　国分寺建立の詔は741年，『天橋立図』がかかれたのは1501年頃である。アは1543年，イは645年，ウは794年，エは江戸時代の17世紀，オは13世紀だから，ウとオが正しい。

(3)Ⅰ　1㎢あたりの人口を人口密度という。各都市の人口密度は，横須賀市が388078÷100＝3880.78(人／㎢)，舞鶴市が80336÷342＝234.9…(人／㎢)，呉市が214592÷352＝609.6…(人／㎢)，佐世保市が243223÷426＝570.9…(人／㎢)だから，横須賀市が最も多い。横須賀市の人口に占める65歳以上の高齢者数の割合を上から2けたの概数で求めると，120000÷390000＝0.307…となり，3分の1に近くなる。　　Ⅱ　流出人口と流入人口から人の流れが読み取れるので，交通・商業などへの取組に活用できる。　　Ⅲ　(増加した人数)÷(夜間人口)×100＝(17162－13560)÷243223×100＝1.48…より，約1.5％上昇している。

(4)Ⅰ　再生可能なエネルギーは，太陽光，水力，風力，地熱，バイオマス，潮力，雪氷熱などがある。

Ⅱ　東日本大震災が発生するまでは，火力＞原子力＞再生可能なエネルギーの順であったが，福島第一原子力発電所の事故を受けて，全国の原子力発電所の稼働が停止され，厳しい審査に合格した原子力発電所だけが稼働できるようになったために，原子力の発電割合は激減し，その分の電力不足を火力でまかなうようになり，火力の割合はさらに増えている。

(5)　A．発光ダイオードの手順1と3の結果から，手回し発電機のハンドルを速く回すと流れる電流の大きさが大きくなるとわかる。よって，豆電球は手順3で手順1のときより明るく明かりがつく。　B．モーターの手順1と2の結果から，手回し発電機のハンドルを逆の向きに回すと流れる電流の向きが逆になるとわかる。発光ダイオードは流れる電流の向きが決まっていて，手順2のように電流の向きが逆向きだと明かりがつかない。　C．A解説より，モーターは手順1と同じ向きに，手順1より速く回転する。

(6)Ⅲ　A～Dで，水が出ていく部分は右表のようになる。したがって，葉全体(葉の表と裏)から出ていく水の量は，Aで減った水の量とDで減った水の量の差とわかる。最初に三角フラスコに入っていた水の量は100mLで同じだから，

	葉の表	葉の裏	茎	水面
A	○	○	○	○
B		○	○	○
C	○		○	○
D			○	○

Aに残っている水の量とDに残っている水の量の差を求めればよく，水の出ていく部分の少ないDの方が残っている水の量が多いから，イの式が正しい。

《解答例》

1　(1)AとB／DとF　(2)ア. 7.87　イ. 0.95　ウ. 0.92　(3)水面が 0.8 ㎝上がったから，木材の水に沈んでいる
部分の体積は 8×8×0.8＝51.2(㎤)です。これより，この木材の重さは 51.2ｇとわかるので，1 ㎤あたりの重さ
は 51.2÷(5×5×5)＝0.4096→0.41ｇで，比重はおよそ 0.41 になります。よって，この木材はヒノキであると
考えられます。

2　(1)a，b，d　(2)ア. 80　イ. 10　ウ. 45　エ. 120　オ. 6　カ. 10　キ. 3　ク. 5
(3)ケ. 202　コ. 117

3　(1)25.12　(2)右図　(3)右図　(4)右図

4　(1)ア. 2　イ. 13　(2)1 月 27 日…D
6 月 27 日…D　12 月 27 日…E
(3)4，9，25　(4)ウ. 2　エ. 23

3(2)の図　　3(3)の図　　3(4)の図

《解　説》

1　(1)　容器からあふれた水の体積は，水に沈んでいる部分のプラスチックが押しのけた水の体積に等しいから，Aと
Bは等しいとわかる。また，先生のセリフの『「ものの重さ」と「ものによって押しのけられた水の重さ」は等し
くなります』より，DとFは等しいとわかる。

(2)　ア．1 辺が 5 ㎝の立方体のものの体積は 5×5×5＝125(㎤)である。よって，この金属 1 ㎤あたりの重さは
984÷125＝7.872(ｇ)より，$\frac{1}{1000}$ の位(小数第 3 位)を四捨五入して 7.87ｇが正答となる。　イ．プラスチックの重
さは，押しのけられた水 119 ㎤の重さ 119ｇに等しいから，1 ㎤あたりの重さは 119÷125＝0.952(ｇ)となる。よ
って，比重は 0.952→0.95 である。　ウ．1ｇの水(体積は 1 ㎤)が氷になると，体積が 9 ％増えて 1×(1＋0.09)
＝1.09(㎤)になる。よって，氷 1 ㎤あたりの重さは 1÷1.09＝0.917…(ｇ)だから，比重は 0.917…→0.92 である。

(3)　右図の太線でかこんだ部分の体積は，水と木材の水に沈んでいる部分の体積の
合計に等しい。水の体積は容器の 6 ㎝までの高さだから，木材の水に沈んでいる部
分の体積は 64×0.8＝51.2(㎤)と求められる。よって，木材の重さは 51.2ｇとわか
る。

0.8 ㎝

6 ㎝

2　(1)　a．速さはグラフの傾きで表される。Aさんのグラフの方がBさんのグラフより傾きが急なので，Aさんの
方が速い。よって，正しい。

b．Aさんは 10 分間に 1500mだけ進んでいるので，Aさんの速さは，1500÷10＝150 より，分速 150mである。
よって，正しい。

c．Aさんは学校から図書館まで 1600÷150＝$\frac{32}{3}$＝10$\frac{2}{3}$(分)→10 分($\frac{2}{3}$×60)秒＝10 分 40 秒かかる。よって，
図書館に到着した時刻は午前 10 時＋10 分 40 秒＝午前 10 時 10 分 40 秒となるので，正しくない。

d．グラフから，Bさんは 13 分間に 900m進むことが読み取れるので，速さを求めることができる。よって，
1600mを求めた速さで割れば，図書館に行くのにかかった時間も求められる(午前 10 時 23 分 6$\frac{2}{3}$秒になる)ので，
正しい。

以上より，正しいものはa，b，dである。

(2) Cさんは10分間に800m歩いたので、歩いた速さは、$800÷10=80$より、分速80mである。よって、学校から公園まで$860÷80=\dfrac{43}{4}=10\dfrac{3}{4}$(分)→10分$\left(\dfrac{3}{4}×60\right)$秒＝10分45秒かかったので、公園に到着した時刻は午前10時10分45秒である。

Cさんの走った速さは歩いた速さの1.5倍だから、$80×1.5=120$より、分速120mである。また、走った道のりは$1600-860=740$(m)だから、走った時間は$740÷120=\dfrac{37}{6}=6\dfrac{1}{6}$(分)→6分$\left(\dfrac{1}{6}×60\right)$秒＝6分10秒である。

したがって、公園で休んでいた時間は、20分－10分45秒－6分10秒＝3分5秒である。

(3) Cさんが公園に到着したとき、Dさんは午前10時10分45秒－午前10時6分30秒＝4分15秒→$4\dfrac{15}{60}$分＝$\dfrac{17}{4}$分だけ移動した。このときに公園を通過したとすると、Dさんの速さは、$860÷\dfrac{17}{4}=202.3\cdots$より、分速202mである。

Cさんが公園を出発したとき、Dさんは4分15秒＋3分5秒＝7分20秒→$7\dfrac{20}{60}$分＝$\dfrac{22}{3}$分だけ移動した。このときに公園を通過したとすると、Dさんの速さは、$860÷\dfrac{22}{3}=117.2\cdots$より、分速117mである。

3 (1) 隣り合う2本のペンキの線の幅は、円盤の円周の長さに等しいから、$4×2×3.14=25.12$(cm)である。

(2) 円盤は表面の方から見て、右回りに転がすので、ペンキが塗ってある点線から反時計回りに考えていけばよい。

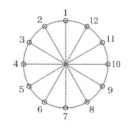

右図のように、12本の点線を1番～12番とすると、1番の点線が塗られている。

ここから反時計回りに、1番から3番の2区画を塗らず、3番から6番の3区画を塗り、6番から8番の2区画を塗らず、8番から12番の4区画を塗ればよい。

(3) 半径8cmの円盤の円周は、$8×2×3.14=50.24$(cm)なので、《操作Ⅱ》を行うと1回転以上する。半径8cmの円盤と半径4cmの円盤の円周の長さの比は、半径の比に等しく、$8：4＝2：1$なので、区画の長さの比も2：1である。よって、図7でペンキを塗る間かくを$\dfrac{1}{2}$倍にした図を考える。

(2)の図で、1番から$2÷2=1$(区画)空けて2番までを塗らず、2番から$4÷2=2$(区画)分の4番までを塗り、4番から$2÷2=1$(区画)空けて5番までを塗らず、5番の点線を塗り、5番から$4÷2=2$(区画)空けて7番までを塗らず、7番の点線を塗る。

ここまでで半径8cmの円盤の円周の半分を問題の条件に合わせて塗ったことになり、残りの7番から1番までは、円盤の中心に対して点対称になるようにペンキを塗ると、解答例のようになる。

(4) 半径4cmの円盤と半径8cmの円盤に《操作Ⅱ》を行うと、ペンキの線が等間隔に並ぶ同じものになったので、半径4cmの円盤でペンキを塗った点線は、直径の両端の位置にある2本の点線である。ペンキの線の間かくは$4×2×3.14÷2=4×3.14$(cm)だから、円周の長さが$4×3.14$(cm)で割り切れる円盤、つまり直径が4の倍数である円盤を考えればよい。よって、直径4cm→半径2cmの円盤と、直径12cm→半径6cmの円盤がこれにあたり、半径2cmの円盤の点線には、$4÷4=1$(本)、半径6cmの円盤の点線には、$12÷4=3$(本)だけ、それぞれ等間隔にペンキを塗ればよい。したがって、2通りのペンキの塗り方は解答例のようになる。

4 (1) 「数え年」で、12月31日に生まれた赤ちゃんは、その日のうちは1才であり、次の日の1月1日に1才年をとって、2才になる。

航太さんは2011年生まれだから、「数え年」だと2011年中は1才である。会話をしているのは2023年だから、$2023-2011=12$(才)だけ年をとったので、$1＋12=13$(才)となる。

(2) 2022年生まれの人について考えると、2023年に「数え年」で2才になる。

誕生日が1月27日の人は，2023年1月27日に「満年齢」で1才になり，2023年6月28日も変わらず1才である。よって，「1減る」

誕生日が6月27日の人は，2023年6月27日に「満年齢」で1才になり，2023年6月28日も変わらず1才である。よって，「1減る」

誕生日が12月27日の人は，2023年6月28日時点で「満年齢」で0才である。よって，「2減る」

(3) 整数を約数で割った商もその数の約数なので，約数はふつう2つ1組で見つかるから，約数の個数は偶数になる。しかし，平方数(同じ整数を2つかけてできる数)は約数の個数が奇数になる。平方数の中でも，素数の平方数は，約数の個数が3個になる。例えば，2×2＝4の約数は1，2，4の3個である。月と日の合計の最小値は1＋1＝2，最大値は12＋31＝43だから，求める整数は，2以上43以下の，同じ素数を2つかけてできる整数なので，2×2＝4，3×3＝9，5×5＝25の3個である。

(4) 2つ目のヒントから，日は2けたの数だから，月と日の和は25に決まる。また，日は25－12＝13以上，25－1＝24以下の素数だから，13，17，19，23のいずれかである。

2023年6月15日が誕生日の航太さんについて考えると，「満年齢」と「数え年」で年れいの差は1才である。

生まれた日が2011年6月16日から2011年12月31日までの人は，「満年齢」が11才，「数え年」が13才となり，差が2才になる。つまり，加奈さんが生まれたのは2011年1月1日から2011年6月15日までの間である。

生まれた日が23日だとすると，生まれた月は25－23＝2(月)だから，条件に合う。

生まれた日が19日だとすると，生まれた月は25－19＝6(月)であり，条件に合わない。生まれた日が13日，17日の場合も同様に条件に合わない。以上より，加奈さんの誕生日は2月23日である。

《解答例》

一 (1)a．エ　b．イ　(2)あ．マツタケが減った理由　い．ア　(3)B　(4)Ⅰ．過度な草木の採取などで、土壌は栄養分を失い、荒れた　Ⅱ．マツ林が増え、土の中ではマツタケ菌のライバルとなる菌類や微生物が減る

二 (1)初め…人間を　終わり…るため　(2)Ⅰ．人間らしいロボットを分解して中身を見ることによって、人間らしさの秘密を知ること。　Ⅱ．人間を完全に調べ切り、その知識をもとに組み立てるという方法。　(3)イ　(4)ウ
(5)エ

三 (例文)

　　私が考えた原則は「人間になりすましてはならない」です。

　　以前、読書感想文などの宿題を大学生がアルバイトで代行しているというニュースや、インターネット上で受ける入社試験を他人が受けて、たいほされたというニュースを見ました。これらは、ロボットではなく、人間が他人になりすました例ですが、「自ら考えて動くロボット」が実現したら、ロボットが人間になりすましてテストを受けたり宿題をしたりすることが可能になると思います。

　　一見すると、宿題をロボットが代わりにやっても、だれかが傷ついたり、損をしたりすることはないように思えます。しかし、勉強する時間が減り、考える部分をロボットに任せてしまったら、人間が自分で考える力が失われてしまうと思います。そうなると、ロボットが使えず、人間だけで対処しなければならない時に、困ってしまうと思います。さらには、ロボットが人間になりすまして入社テストを受けるようになれば、それによって迷わくをこうむる人が出たり、社会が混乱したりすると考えられます。

《解　説》

一 (2)あ　「そのニュースを知った人々の反応」の中で「二つ挙げられている」「誤解されていること」とは、「採りすぎたのか、それとも森が荒れたからか」であり、両者は「マツタケが減った理由」についての誤解である。このうち「採りすぎたのか」という誤解については、「まず知ってほしいのは」から始まる段落で、マツタケをふくむキノコについて説明することで、誤解であることを説明している。　い ──線部①以降で、マツは「痩せた土地に生える」こと、マツタケは「落ち葉も溜まらないような貧栄養状態のマツ林に生育する」こと、「山に多くのマツが生え、マツタケが大量に生えて」いるのは、山が荒れている証拠であることが説明されている。マツ林が減ったのは、むしろ「豊かな森が再生した」ということであるのに、「健全なマツ林」という表現を使うことで、アのような誤解を招くおそれがある。

(3)　【B】の直前の一文に「江戸時代の大坂の町で使われる薪は、遠く四国や九州から運ばれた」とある。これを受けて、同じような内容の「江戸の町も同じく～集めていた」が続く。よって、Bが適する。

(4)Ⅰ　マツは「痩せた土地に生える」樹種で、戦前の日本の山にはマツが多かった。「なぜ山が痩せていたのか」を説明した部分に、「過去、日本の山では過度な草木の採取が続いていた」「農業でも、山林の落葉を集め～堆肥にした」「かくして山の土壌は栄養分を失い～そこに生えられるのはマツぐらいしかなかったのである」とある。
Ⅱ　戦後の日本では、薪や木炭の需要が激減し、山から落葉を採取して堆肥をつくるのをやめたことなどにより、

土の富栄養化が進み、マツは減っていった。また、土の富栄養化が進むと、多くの菌類、微生物が増 殖 し、マツタケ菌は負けてしまう。もし、「今後、マツタケが日本の山で多く採れるようになる」とすれば、これとは逆の現象が起きていると考えられる。具体的には、土壌は栄養分を失ってマツが増え、土の中ではマツタケ菌のライバルとなる菌や微生物が減るという現象が起きているということである。

□ (1)　3～4行後に、「人間においては、その脳を、人間を認識し、人間とコミュニケーションをするために進化させてきた」とある。

(2) I　直前の段落で、「人間らしさの何かが再現されている」ロボットを「分解して中身を見ることによって、人間らしさの秘密を知ることができるのである」と説明されている。　　Ⅱ　直後の段落で「解析的方法において～人間のようなロボットを開発する」方法が説明されている。まずは「徹底して人間を調べ」て、「完全に調べきった後で、その知識をもとにしてロボットを組み立てる」とあるので、この部分を用いてまとめる。

(3)　直前の2段落で、「人間の二足歩行の原理を完全に理解していなくても」、いったんロボットで「技術や経験によって二足歩行を実現してしまうと、今度はそれをもとに、人間の複雑な二足歩行について理解を深めることができる」とある。つまり、ロボットを開発することが、より複雑な人間の機能の理解につながるのである。よって、イが適する。

(4)　本文中に「複雑だが誰もが知っている基本的な人間の機能について、実際にロボットを造ってみることで理解を深めることができる」「ロボットがより進化し～人間の基本的な機能は非常に重要になる～それらについて理解を深められる可能性がある」などとあるが、ウの「人間の基本的な機能をすべて理解することができる」ということは書かれていない。よって、ウが正解。

(5)　ア．「人間型ロボットの事例のみを挙げながら」が誤り。文章の最後で「スマートフォンのデザイン」の研究は、構成的方法であることを説明している。　イ．「実験結果を提示しながら」が誤り。　ウ．全体的に誤り。
エ．筆者は、「構成的方法」と「解析的方法」という2つの研究方法について、用語の説明を交えながら分かりやすく述べようとしている。よって、エが適する。

《解答例》

1. (1)ウ，エ　　(2)イ　　(3)イ→ア→ウ→エ　　(4)①ア　②オ　③エ　　(5)ア，エ　　(6)P

2. (1)ア　　(2)①ア　②ク　　(3)イ，ウ　　(4)I．右グラフ　II．ア
(5)ガーゼの目を通り抜けられるくらい小さな，目に見えない生物。

3. (1)ア　　(2)A．ふくい　B．みえ　C．ひょうご　　(3)I．エ
II．オ　　(4)I．イ，ウ　II．エ　III．イ　　(5)I．イ　II．S
III．T　IV．①ア　②キ　⑤サ

(℃) 100 / 90 / 80 / 水 70 / 温 60 / 50 / 40

0　2　4　6　8　10　時　間　（分）

《解　説》

1. (1)　ア．誤り。世界の未電化人口のうち，約70%がサブサハラに集中しているということであって，世界の全人口の約70%ではない。イ．誤り。資料1からは各地域の面積の広さはわからない。パキスタン・ミャンマーなどは世界的にみても，それほど面積が広い国ではない。

(2)　ア．誤り。設備容量は北海道以外に東北地方の日本海側にある秋田県や，九州地方の鹿児島県で多い。ウ．誤り。札幌市を持つ北海道の設備容量は多い。

(3)　イ（1872年）→ア（1890年）→ウ（1911年）→エ（1923年）

(4)　1960年から2015年まで通して見ると，スギは最も高いときに39600円，最も安いときに11300円で，その差額は28300円。ヒノキは最も高いときに76400円，最も安いときに12000円で，その差額は64400円。ベイツガは最も高いときに35100円，最も安いときに12900円で，その差額は22200円。よって，ベイツガの価格が最も安定しているといえる。最も価格の変動が多いヒノキでは，2015年の17600円は，最高値の76400円の4分の1となっている。スギの2015年の価格である12700円は，最高値の39600円の3分の1程度である。

(5)　ア．正しい。鎌倉幕府は武士である源頼朝によって開かれたものである。資料は頼朝の死後，承久の乱の際に，妻であった北条政子が御家人らに団結を求めたときの内容。エ．正しい。豊臣秀吉による刀狩令。

イ．誤り。藤原道長がよんだ歌である。藤原道長は貴族であり，摂関政治（娘を天皇のきさきとし，生まれた子を次の天皇に立て，自らは天皇の外戚として摂政や関白となって実権をにぎる政治）によって権力をにぎった。

ウ．飛鳥時代に聖徳太子が定めた十七条の憲法である。武士は平安時代中期に現れ始めたので，飛鳥時代にはまだいない。

(6)　小学校（文）より西にあるのはP・Q・Sであり，周囲に住宅地があるS，南を向くと海まで距離があるQをのぞくと，Pだと判断できる。

2. (1)　金属やガラスをあたためると体積が大きくなるが，金属の方がガラスよりも体積の変化が大きいので，ふたが開きやすくなる。

(2)　酸性の水よう液によって青色リトマス紙の色は赤色に変わり，アルカリ性の水よう液によって赤色リトマス紙の色は青色に変わる。中性の水よう液ではどちらの色のリトマス紙も色が変わらない。よって，レモン汁とお酢は酸性，にがりはアルカリ性，さとう水は中性とわかるので，ナスの皮を赤みがかった色に変化させるのは酸性の水よう液である。アンモニア水はアルカリ性，食塩水は中性，うすい塩酸は酸性の水よう液である。

(3)　肥料は発芽にも影響をあたえるかどうかを調べるので，肥料の条件だけが異なる2つの実験をくらべる。よって，イとウをくらべればよい。なお，インゲンマメの種子の発芽に必要な条件は，水，空気，適当な温度である。イとウは発芽し，アは水，エは空気の条件が不足しているので発芽しない。

(4)Ⅱ　Ⅰのグラフより，時間とともに水温の下がり方がゆっくりになっていくことがわかる。

(5)　生物が生存できなくなるくらいまで加熱したびんにバナナを入れて金属のふたで閉めると，バナナは腐らなかったが，金属のふたのかわりにガーゼを輪ゴムでとめてふたにすると，虫が集まっているようすは見られなかったがバナナは腐ったので，バナナが腐るのはガーゼの目を通り抜けられるくらい小さな，目に見えない生物が原因だと考えられる。

③ (1)　資料1の断面図には中央部に山地があるので，中央部に瀬戸内海があるイ，中央部に大阪平野があるウはあてはまらない。また，資料1では，標高は高くて1200m程度となっているが，エの断面には飛騨山脈，赤石山脈があり，これらの山脈には3000mを超える山々があるので，あてはまらない。よって残ったアが適切であると判断できる。

(2)　○は大阪府，□は滋賀県，△は奈良県。

(3)Ⅰ　岡山市は1年を通して比較的温暖で，年降水量が少ない瀬戸内の気候なのでF，富山市は冬に降水量が多い日本海側の気候なのでD，山形市は3つの市の中で最も緯度が高いので，平均気温が最も低いEである。山形県は日本海に面している県ではあるが，山形市は内陸部に位置しているため，北西季節風の影響は少なく，冬の降水量は多くならない。　　Ⅱ　各農産物の収穫量上位の県は覚えておこう。

(4)Ⅰ　アは田中正造，エは陸奥宗光，オは板垣退助らについての内容である。　　Ⅱ　エ．誤り。石油の輸入額割合は6.1%から3.1%に減っている。　　Ⅲ　アは裁判所がもつ違憲審査権，ウとエは国会の役割。

(5)Ⅳ　川が山から運んだ石や砂は，川が流れる過程で粒が大きい順に先にたい積していく。山から海までの距離が短い川では，河口付近でも比較的大きな粒の土がたい積する。③はク，④はカ，⑥はシがあてはまる。

《解答例》

1 (1)ア．6　イ．0.5　ウ．115　エ．245　オ．$21\frac{9}{11}$　(2)下線部ｂの時間は，長いはりが短いはりより360°多く進むのにかかる時間だから，$360° \div 5.5° = \frac{720}{11}$（分）である。したがって，午前10時から数えて$\frac{720}{11}$分ごとに2つのはりの位置関係は同じになり，$\frac{720}{11}$分の間に1回だけ長いはりと短いはりが重ならず一直線になる。よって，午前10時から午後10時までの12時間＝720分の間に，$720 \div \frac{720}{11} = 11$（回）だけ重ならず一直線になる。

2 (1)4380　(2)2.176　(3)2578.56　(4)9

3 (1)21→64→32→16→8→4→2→1　(2)10　(3)97, 129, 194　(4)12, 13, 80, 84, 85

4 (1)Ｃ，Ｅ　(2)Ａ．い　Ｂ．く　Ｃ．×　Ｄ．う　Ｅ．×　Ｆ．お
(3)ア．×　イ．○　ウ．×　エ．○　オ．○　カ．×

《解　説》

1 (1)　長いはりは1時間に360°進むから，1分間に360°÷60＝6°進む。短いはりは1時間に$\frac{360°}{12} = 30°$進むから，1分間に30°÷60＝0.5°進む。したがって，1分ごとに長いはりは短いはりより6°－0.5°＝5.5°多く進む。
午前10時ちょうどのとき，長いはりと短いはりが作る小さい方の角の大きさは，30°×2＝60°だから，この10分後の午前10時10分には，60°＋5.5°×10＝115°になる。また，大きい方の角度は，360°－115°＝245°である。長いはりと短いはりが重ならず一直線上になるのは，午前10時のときから数えて長いはりが短いはりより，180°－60°＝120°多く進んだときだから，$120° \div 5.5° = \frac{240}{11} = 21\frac{9}{11}$（分後）である。よって，その時刻は午前10時$21\frac{9}{11}$分である。
(2)　時計の長いはりと短いはりの間の角度が何度であったとしても，$360° \div 5.5° = \frac{720}{11} = 65\frac{5}{11}$（分）ごとに同じ角度になる。

2 (1)　2022年はうるう年ではないので，1年間＝365日である。2022年1年間の電気消費量は1日あたり平均12kWhだから，365日だと，12×365＝4380(kWh)
(2)　太陽光パネルＡは縦1.6m，横0.8mだから，面積は1.6×0.8＝1.28(㎡)である。1日に10時間発電するものとするから，晴れの日には1日に，170×10×1.28＝2176(Wh)発電する。単位はkWhで答えるので，求める発電量は，$\frac{2176}{1000}$kWh＝2.176kWh
(3)　まず太陽光パネルＡ1枚分の年間の発電量を求める。1日あたりの発電量は，晴れの日が2.176kWh，くもりの日が$2.176 \times \frac{10}{100}$(kWh)，雨の日が$2.176 \times \frac{5}{100}$(kWh)だから，2022年1年間の発電量は，
$2.176 \times 225 + 2.176 \times \frac{10}{100} \times 100 + 2.176 \times \frac{5}{100} \times 40 = 2.176 \times (225 + 10 + 2) = 2.176 \times 237 = 515.712$(kWh)
よって，5枚分の年間発電量の合計は，515.712×5＝2578.56(kWh)
(4)　(3)より，太陽光パネルＡ1枚分の2022年1年間の発電量は515.712kWhだったから，約516kWhである。年間電気消費量は4380kWhだったから，4380÷516＝8余り252より，求める枚数は9枚である。

3 (1)　1回操作してできる64の素因数は2だけだから，64以降は2で割るだけである。
(2)　168に操作をくり返し行うと，168→84→42→21と，3回で21になる。(1)で21は7回で1になったから，168は3＋7＝10(回)で1になる。

(3) 1から操作の計算を逆算していく。逆算するとき，2をかける方法と，1を引いてから3で割る方法がある

が，1を引いてから3で割る方法は3の倍数より1大きい数にしか行えず，できた数が偶数だったときは条件にあ

わない(偶数に対しては3倍して1を足すという操作を行わないため)。

例えば146の各位の数の和は11で3の倍数より2大きいので，146は3の倍数より2大きい数だから，逆算は2

をかける方法だけを行う。146×2＝292は3の倍数より1大きいので，2つの方法で逆算を行う。

(292－1)÷3＝97は3の倍数より1大きいが，(97－1)÷3＝32は偶数なので，2をかける方法だけを行う。

このように逆算をしていくが，条件に合う数を3つだけ求めれ

ばよいのでなるべく数が大きくならないようにすると，右図の

ようになる。よって，求める数として，97，129，194が見つかる。

146 ← 292 ← 584 ←
　　　　　　97 ← 194 ← 388 ← 776
　　　　　　　　　　　　　　129

(4) (3)の方法で9回逆算を行うが，

1を引いて3で割る方法は小さす

ぎる数に対しては行えないことに

注意する。9回逆算すると右図の

ようになるので，求める数は，

12，13，80，84，85である。

9回	8回	7回	6回	5回	4回	3回	2回	1回

1 ← 2 ← 4 ← 8 ← 16 ← 32 ← 64 ← 128 ← 256 ← 512
　　　　　　　　　　　　　　　　　　　　　　85
　　　　　　　　　　　　　21 ← 42 ← 84
　　　　　　　　　　　　　　　　　　40 ← 80
5 ← 10 ← 20 ← 13
　　　　　3 ← 6 ← 12

4 以下の解説では，「上から見たときの見え方」を「上」，「手前から見たときの見え方」を「手前」と表す。

(1) 「上」と「手前」の「か」「え」の位置から，Aは「か」，Bは「え」に決まる。「上」と「手前」の「く」の

位置から，Gは「く」に決まる。したがって，透明な立方体はCとEである。なお，Cは上の面が「あ」で，透明

な立方体は2個しかないから，Dは「き」，Fは「う」とわかる。EとHの文字は確定しない。

(2) A～Hの立方体の位置を右の図①のような配置で表すと，図5の「上」と「手前」

から，図②のように文字が決まる。色をつけた立方体は透明な立方体であり，Bの「く」

は上の面に書かれている。また，「あ」はEかG，「き」はCかGである。

Cが透明の場合，Gが「き」，Eが「あ」に決まる。Cの文字は上から見えない面に書か

れている。

Eが透明の場合，Cが「き」，Gが「あ」に決まる。Eの文字は手前から見えない面に書

かれている。

Gが透明の場合，Cが「き」，Eが「あ」に決まる。Hが透明の場合，Cが「き」，Eが「あ」に決まる。

いずれの場合も，残り2つの立方体の一方に「え」，もう一方に「か」が書かれているが確定しない。

以上より，文字が確定するのは図②の4つだけである。

図①

上段

C	D
A	B

下段

G	H
E	F

図②

上段

	う
い	く

下段

	お

(3) Bが「お」であることはすぐにわかる。「上」で「い」と「え」が重なって見えるので，Dは

透明である。「え」が反転して見えるのは，「え」が透明な立方体の下の面に書かれているためだが，

Dだけが透明の場合とDとHの両方が透明の場合がある。そのため，DとHは「い」と「え」のい

ずれかである。このことと「手前」より，Fは「あ」である。

以上より，(2)と同様に立方体の位置を表すと，図③のようになる。また，「う」はCかG，「か」は

AかEであり，残り2つは「き」と「く」である。

図③

上段

	お

下段

	あ

ア．DとHがともに透明で，一方の上の面に「い」，もう一方の下の面に「え」が書いてあれば，「い」と「え」の

どちらが上でも見え方は変わらない。よって，必ず正しいとは言えない。　　イ．正しい。　　ウ．★の部分に

「う」が見えた場合，Aが透明でCが「う」に決まるが，Aが「き」か「く」かはわからない。よって，必ず正しいとは言えない。　　エ．▲に「う」が見えた場合，Eが透明でGが「う」となるので，Cも透明ということになる。しかし，透明な立方体は2個だけなので条件に合わない。したがって，▲が「う」になることはないので，正しい。　　オ．▲の部分の見え方は「う」ではないので，「か」「き」「く」のいずれかである。「か」が見えればAは透明に決まる。「き」か「く」が見えた場合，Eが透明ではないとすると，Eが「き」または「く」で，Aは透明ではなく「か」となり，Eが透明だとすると，Gが「き」または「く」で，透明は2個までだからAは透明ではなく「か」となる。したがって，▲の部分の見え方がわかればAが透明か透明でないか判断できるので，正しい。

カ．左側から見ても，DとHのどちらが「い」でどちらが「え」かはわからないので，正しいとは言えない。

以上より，ア，ウ，カが「×」，イ，エ，オが「○」である。

《解答例》

□ (1)エ　(2)Ⅰ．冷えた体を温めるためではないだろうか　Ⅱ．ア　(3)ウ　(4)海面と深いところとを行き来する回数を減らし、餌を食べる時間を増やせるという利点。　(5)ウ

□ (1)ウ　(2)ア　(3)Ⅰ．4　Ⅱ．フィールドワーク感覚　Ⅲ．自分たちできれいな町を作る、毎日使う場所なので続けることが大切だという思いによって、公園の美化がたもたれている

□ (例文)

　私の考えは、井上さんの意見に近いです。

　自分のやりたいことをつきつめて学び、自分の強みを持つことも大切だと思いますが、その前に物事をはば広く学び、色々なことに対応できる力をつけておく必要があると思います。その理由は、二つあります。

　一つ目は、「人口の減少や人工知能の飛躍的な進化などにより」、これからの社会は大きく変化することが予想されていますが、どのように変化するかは、まだわからないからです。二つ目は、様々な場面で「多様化」という言葉を耳にするように、物事に対する考え方や、行動の様式が一つではなく、それぞれの個性を認める社会になってきたと思うからです。

　以上のことから、私たちは今後、はば広い対応力をつけておくことが大切だと思います。その上で、どのような職業に就くかを決めて、自分の専門性を身につけるような学び方をすべきだと思います。

《解　説》

□ (1)　(中略)の後で、深海でも写るように工夫したカメラで撮った画像からわかったことが述べられている。「マンボウは〜深いところへと潜り、カメラに餌とする生物を写してくれた〜クラゲの類〜ハチクラゲ類〜クシクラゲ類まで、多様性に富んでいた。なかでも〜クダクラゲ類がいちばん多く写っていた」「主食は〜クダクラゲ類だということが〜カメラを取りつけることで初めて明らかとなったのだ」より、エが適する。

(2)Ⅰ　──線部②の2段落後の「マンボウは外温動物なので〜体温が下がってしまうはずだ。だとすると、海面に戻るのは冷えた体を温めるためではないだろうか、という仮説をたててみた」より、下線部。　Ⅱ　Ⅰで読みとった「仮説」に続けて、「そこで、放流するマンボウに、カメラと同時に体温計を取りつけ、マンボウの体温の挙動を測ってみた」とあるので、アが適する。

(4)　「体温を回復するときのマンボウは冷えるときの3倍効率よく周りの海水と熱を交換している〜体温の回復に必要な時間を短縮し、深いところで餌を食べる時間を増やしているのだろう」「じっさい、大きなマンボウほど長時間にわたって深いところにいる傾向がみられた」と説明されているが、「体が大きかろうが小さかろうが、冷やされた時間と失った体温を回復するのにかかる時間の比は変わらない」と述べていることに注意する。「体が大きく体温が下がりにくいこと」の利点を問われているので、最後の段落で「海面と深いところとをひんぱんに行き来すると移動にかかる時間がかさむ〜行き来の回数を減らすほうが望ましい〜体が大きければ大きいほど行き来する回数を減らせるため、餌を探して食べるのに使える時間が増えるのだ」と述べていることからまとめる。

(5) アの「結論のみを提示している」，イの「実験をするたびに，『翻車考』に書かれたことから疑問を提起し」，エの「他の可能性を考えるのではなく」は誤り。

□ (1) 「どうでもよさそうな情報から大事な情報まで，私たち一人ひとりは，数え切れないほどの情報をもっています。しかし〜一部は自分しか知らないし，一部は身近な人しか知りません〜ほとんどどこにも『書いて』いませんし〜ＳＮＳ〜もっている情報のごくごく一部でしょう」と述べていることに，ウが適する。

(2) 「そうしたプロセス」と前行の「このプロセス」は同じ内容を指す。それは，直前で述べた「こちら（調査をする人）の解釈と人びと（調査の対象である人びと）の解釈がぶつかりあい，ひびきあうことで，新しい解釈が生まれます」というプロセスのことである。よって，アが適する。このプロセスは，フィールドワークをすることで得られる「単にデータを得るということ以上のもの」の一つとして，ここまでに説明されてきた「私たちがもっているフレーム（考え方の枠組み）そのものが壊れたり再構築されたりすることが多い」「現場に身を置いて〜仮説，調査の前提として考えていたフレームが壊れていきます」「調査のプロセスでは，フレームは何度も何度も修正する必要が出てきます」ということにあたるものである。

(3)Ⅰ　４段落で「調べ学習の初めには〜のデータをとればよいと考えていました。しかし，実際の美化活動に参加し〜考えが変わりました。そこで〜を中心にして調べ学習を進めることにしました」と述べていることが，「調査事項の修正」にあたる。　　Ⅱ　文章２（発表原こうの一部）の波線部は，文章１の最後の段落で「フィールドワークの経験によって〜雑多な情報がうごめく現場の感覚，そこからフレームが壊れ再構築されていく感覚を身につけることができます。論文や記事を読む際にも，メディアの情報に接する際にも，そうしたフィールドワーク感覚が，それらを批判的に読む素地，立体的に読む素地になります〜認識を深化させる練習場としての機能がある」と述べていることに重なる。　　Ⅲ　４段落で「実際の美化活動に参加し〜考えが変わりました。そこで〜を中心にして調べ学習を進めることにしました」と調査事項を修正し，その結果が５段落に述べられている。「自分たちで町を作っているという思いを多くの人がもち，毎日使う場所であるということを考えて活動を続けていらっしゃるから，公園の美化がたもたれているのだ」という考えをまとめる。

《解答例》

1　(1)ウ，オ　　(2)国内で生産する農産物の量は減り，輸入する食料の量が増え，食料自給率が低下する。

(3)ア，エ，オ　　(4)①エ　②カ　③ケ　　(5)ウ，エ　　(6)うたがわひろしげ　　(7)①エ　②ア　③イ　④ウ

(8)エ

2　(1)Ⅰ．水の量が2倍，3倍になると，ミョウバンがとける量も2倍，

3倍になる。　　Ⅱ．右グラフ　　Ⅲ．①11.0　②13.0

(2)①，②にあてはまる語句の組み合わせ…エ

| X |　にあてはまる内容…カ　　(3)B　　(4)カ　　(5)イ

3　(1)工場の数…A　　働く人の数…C　　生産額…F　　(2)キ→オ→ア

(3)兵庫県…G　徳島県…L　岡山県…I　香川県…J　広島県…H

愛媛県…K　　(4)Ⅰ．エ，オ　　Ⅱ．地域の住民が直接選んだ首長や

議員が，議会で話しあって決める。　　(5)ウ　　(6)Ⅰ．14，27

Ⅱ．エ　　(7)①X　②Z　③Y　　(8)京都…b　観測地m…a

観測地n…c

水の量と食塩がとける量
（水の温度が60℃のとき）

縦軸：食塩が水にとける量(g)　横軸：水の量(mL)

《解　説》

1　(1)　ウとオが正しい。　ウ．資料2より，日本の農業人口における65歳以上がしめる割合は，平成7年が1800÷4140×100＝43.4…(％)，平成22年が1605÷2606×100＝61.5…(％)である。　オ．資料1より，平成27年の日本の農家数は平成7年の1330÷2651×100＝50.1…(％)，資料2より，平成27年の日本の農業人口は平成7年の2097÷4140×100＝50.6…(％)となる。　ア．資料1より，日本の農家数は約30～40万戸ずつ減少している。資料2より，日本の農業人口は，平成7年～平成12年が約20万人，平成17～平成22年が約70万人減少している。

イ．資料2より，日本の農業人口が最も減少しているのは平成17年～平成22年である。　エ．資料2より，平成27年の農業人口全体にしめる15歳～64歳の割合は766÷2097×100＝36.5…(％)なので，約4割になった。

(2)　農業人口が減っていくと労働力も減っていくので，国内の農作物が不足するようになる。その不足分を外国からの輸入で補うため，食料自給率が低下する。

(3)　アとエとオが正しい。　ア．静岡県と鹿児島県の茶の生産量は全国の総生産量の57700÷83600×100＝69.0…(％)をしめる。　エ．都道府県名と都道府県庁所在地が異なるのは三重県津市である。なお，上位5位ではないが10位(愛知県名古屋市)も都道府県名と県庁所在地名が異なる。　オ．茶の生産量は，静岡県が33100トン，三重県・京都府・奈良県の合計が11500トンである。　イ．茶の生産量は，静岡県の5分の1が33100×$\frac{1}{5}$＝6620(トン)，鹿児島県の4分の1が24600×$\frac{1}{4}$＝6150(トン)なので，京都府(2920トン)の2倍以上になる。　ウ．資料3

に関東地方の都道府県(東京都・神奈川県・埼玉県・千葉県・群馬県・栃木県・茨城県)は見当たらない。

(4)①③　右図参照

(5)　ウとエが正しい。　ア．田楽が行われるようになったのは平安時代である。また，身分の区別のはっきりした江戸時代に農民と武士がともに田植えをすることはない。　イ．飛鳥時代から奈良時代にかけての記述である(右下表参照)。　オ．弥生時代の記述である。

(6)　歌川広重の浮世絵は，長崎での貿易が許可されていたオランダを通してヨーロッパへと伝わり，ゴッホをはじめとする多くの画家に強い影響を与えた(ジャポニスム)。

(7)　現状ではスマートフォンを使って商店街の情報を手に入れられないから，アとウは②と④と判断できる。イとウはそれぞれのお店で行う個別の取り組みだから，③と④と判断できる。よって，ウは④なので，アは②，イは③，エは①となる。

名称	内容
租	収穫した稲の約3％
調	布または特産物
庸	10日間の労役にかわる布
衛士	1年間の都の警備
防人	3年間の九州北部の警備

(8)　【発表1】と【発表2】は農業，【発表3】は商業についての内容なので，エと判断する。

2 (1) I　温度が一定であれば，水の量ととけるものの量は比例する。　II　表2より，60℃の水50mLにとける食塩の量は19ｇとわかるから，水の量が2倍の100mLのときには19×2＝38(ｇ)，3倍の150mLのときには19×3＝57(ｇ)までとける。　III　II解説と同様に考えると，20℃の水50mLにとけるミョウバンが5.5ｇとすると，水100mLには5.5×2＝11.0(ｇ)までとけ，20℃の水50mLにとけるミョウバンが6.5ｇとすると，水100mLには6.5×2＝13.0(ｇ)までとけることになる。

(2)　20℃の水100mLに食塩は18×2＝36(ｇ)，ミョウバンは6×2＝12(ｇ)までとける。よって，とけきれなくなって固体として出てきたのは，20℃の水100mLにとける量が30ｇより少ないミョウバンで，その量は30－12＝18(ｇ)である。また，ろ過によって水にとけていない固体と液体を分けることはできるが，水にとけている固体を取り出すことはできないから，ろうとの下から出てきた液(ろ液)には12ｇのミョウバンがふくまれている。

(3)　晴れの日の方が昼と夜の気温の差が大きい。

(4)　ア×…スイッチを入れたとき，かん電池から流れる電流の向きが図4のときと逆になるため，プロペラがまわる向きが図4のときと逆になり，風が水よう液に当たらない。　イ，エ，オ×…スイッチを入れていない状態で，かん電池から電流が流れる(エでは電流の向きが図4のときと逆になる)。　ウ×…光電池から流れる電流の向きも，かん電池から流れる電流の向きも図4のときと逆になる。

(5)　アルミニウムを塩酸にとかすと，水素が発生し，塩化アルミニウムという金属のアルミニウムとはちがう固体ができる。

3 (1)　大工場(働く人が300人以上の工場)と中小工場(働く人が1～299人の工場)を比較すると，数はおよそ1：99，従業員数は3：7，工業生産額は52：48。工場の生産額は大工場と中小工場がほとんど同じであるが，工場数は中小工場の方が多いので，1人あたりの年間生産額は中小工場の方が少ない。よって，中小工場はAとCとFとなる。

(2)　8世紀はじめから120年間(701～821年)は飛鳥時代・奈良時代・平安時代にあたるから，キ(奈良時代／741年)→オ(奈良時代／752年)→ア(平安時代／794年)の順になる。イは平安時代(9世紀末期)，ウは古墳時代，エは弥生時代，カは飛鳥時代(7世紀初期)，クは平安時代(11世紀初期)。

(3)　資料7に着目すると，製造品出荷額が圧倒的に高いGは阪神工業地帯の兵庫県，次いで高いH・Iは瀬戸内工

業地域の岡山県・広島県と判断できる。広島県は地方中枢都市(広島市)があるので人口が多いH，岡山県はモモやブドウの栽培が盛んなので果実の産出額が高いIである。残ったうち，香川県は日本最小なので面積の小さいJ，愛媛県はミカンの栽培が盛んなので果実の産出額の高いK，徳島県は人口と貿易貨物の輸出量が少ないLと判断する。

(4)I　エとオが正しい。　ア．佐渡市が「国や県から受ける補助金など」の金額は，屋久島町や西之表市よりも高くない。　イ．佐渡市の「住民や会社が納める税金」の割合は「事業をするために借りるお金など」の割合よりも高くない。　ウ．「事業をするために借りるお金など」の割合が最も低いのは西之表市である。　カ．資料8より，税金による収入の合計金額は分からない。　　　Ⅱ　首長(市長村長)や議員は，その地域の住民によって直接選挙で選ばれる。このような，地域の住民が住んでいる地域の政治を自らの手で行うことを「地方自治」と呼ぶ。地方自治を通して民主政治のあり方を学ぶことができることから，「地方自治は，民主主義の学校である」と言われる。

(5)　右図の塗りつぶした部分が陸地となるから，ウが正しい。

(6)I　日の出の時刻が4：49，日の入り時刻が19：16だから，昼の長さは2つの時刻の差である14時間27分となる。　　　Ⅱ　エが正しい。
ア．2022／6／22の昼の長さが最も短いのはW地点である。　イ．2022／6／22，2022／12／22ともに，東にある地点ほど日の入りが早い。　ウ．2022／6／22は北にある地点ほど昼が長く，2022／12／22は南にある地点ほど昼が長い。

(7)　磁石のS極が示した方向は南だから，②はXまたはYの南にあるZである。また，①からZの方を向いて立つと，左におよそ60度の位置に③が見えるから，①はX，③はYである。

(8)　サクラはあたたかいほど早く開花するから，サクラの開花した日付を早い順に並べたものと，3月から4月ごろの気温が高い順に並べたものはどちらも，m→京都→nとなると考えられる。したがって，mがa，京都がb，nがcである。

《解答例》

1 (1)ア. 288　イ. 3　ウ. 35
　(2)右図　　(3)エ. 3　オ. 30

2 (1)ア. 2.25　イ. 12　(2)8：3
　(3)右グラフ　　(4)15日

3 (1)ア. D　イ. A　ウ. C
　(2)㋒　　(3)右図のうち1つ
　(4)ア，エ，オ

4 (1)X. 6　Y. 3　Z. 2
　(2)X. 4　Y. 2　Z. 1
　(3)図5から〈セット〉を1回行うたびに，
図6→図7→図5→…と変化するから，
　3回で図5にもどる。したがって，〈セット〉の回数が3で割ると2余る数のとき，図7のようになる。

1 (2)の図

3 (3)の図

《解　説》

1 (1) 新幹線の速さは，秒速80m＝時速$\frac{80×60×60}{1000}$km＝時速ア$\underline{288}$km，普通電車の速さは，時速$\frac{288}{4}$km＝時速72km

図2の行き方だと，AC間が新幹線で，$(120＋240)÷288＝\frac{5}{4}＝1\frac{1}{4}$(時間)かかり，C駅での乗りかえに

15分＝$\frac{15}{60}$時間＝$\frac{1}{4}$時間かかり，CE間が普通電車で，$(54＋96)÷72＝\frac{25}{12}＝2\frac{1}{12}$(時間)かかる。

よって，合計で，$1\frac{1}{4}＋\frac{1}{4}＋2\frac{1}{12}＝3\frac{7}{12}$(時間)，つまり，3時間($\frac{7}{12}×60$)分＝イ$\underline{3}$時間ウ$\underline{35}$分かかる。

(2) 新幹線でF駅まで行ってから，普通電車でE駅まで行く行き方があることに気がつきたい。

(3) (2)でかいた図を右のように
①～③とする。また，各区間で
かかる時間を計算してまとめる
と，右表のようになる。

①でかかる時間は，
$1\frac{11}{12}＋2\frac{1}{12}＝4$(時間)
②(乗りかえ1回)でかかる時間は，
$1\frac{1}{4}＋1\frac{3}{4}＋\frac{1}{4}＋\frac{1}{4}＝3\frac{1}{2}$(時間)
③(乗りかえ2回)でかかる時間は，$1\frac{11}{12}＋\frac{1}{4}＋1\frac{3}{4}＋\frac{1}{4}＋\frac{1}{4}＝4\frac{5}{12}$(時間)

図①　　図②　　図③

	新幹線	普通電車
AC間	$1\frac{1}{4}$時間	$1\frac{11}{12}$時間
CE間		$2\frac{1}{12}$時間
CF間	$1\frac{3}{4}$時間	
EF間		$\frac{1}{4}$時間

よって，1番早く行ける行き方は②で，$3\frac{1}{2}$時間＝エ$\underline{3}$時間オ$\underline{30}$分かかる。

2 (1) 健さんの残り枚数のグラフから，13日の残り枚数は42枚，14日の残り枚数は24枚とわかるから，14日は

42－24＝18(枚)書いた。これは13日に書いた枚数の，18÷8＝ア$\underline{2.25}$(倍)である。

15日の残り枚数が24枚，16日の残り枚数が6枚，17日の残り枚数が0枚だから，16日に24－6＝18(枚)，17日

に6枚書いたので，16日に書いた枚数は17日に書いた枚数よりも，18－6＝ィ<u>12</u>(枚)多い。

(2)(3)　彩さんの枚数について右表のようにまとめられる。

a＝8×1.5＝12だから，b＝44－12＝32

c＝10÷$\frac{5}{8}$＝16だから，d＝32－16＝16

e＝16－10＝6　　　よって，ウにあてはまる比は，16：6＝8：3

	12日	13日	14日	15日	16日	17日
書いた枚数(枚)	0	6	a	c	e	10
残り枚数(枚)	50	44	b	d	10	0

(4)　(3)でかいたグラフを見ると，彩さんの残り枚数が健さんの残り枚数より少ない日は，15日だけとわかる。

3　(1)　図3のあみだくじで，2，3，4を選んだ結果はそれぞれ

右図⑦のように，ァ<u>D</u>，ィ<u>A</u>，ゥ<u>C</u>となる。

(2)　「1からBまでたどる道すじ」と「5からEまでたどる道

すじ」は，図④の○をつけたところでとなりあうから，㋐に横

線をかき加えればよい。

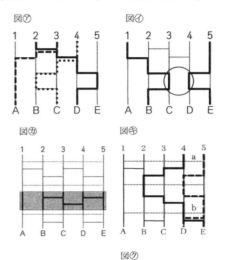

(3)　組み合わせが(C，A，B，E，D)なのだから，かくされて

いる部分は右図㋕のようになっている。(C，A，B，E，D)を

(A，B，C，D，E)に変えるためには，まずDとEを入れかえ

る必要がある。

「4からEまでたどる道すじ」と「5からDまでたどる道すじ」

は，図㋖のようになっているので，aかbの位置に横線をかき加

えれば，DとEを入れかえることができる。

また，CとAを入れかえて，さらにCとBを入れかえる必要がある。「1からCまでたど

る道すじ」と「2からAまでたどる道すじ」と「3からBまでたどる道すじ」は，図㋗

のようになっているので，cとf，または，dとeの位置に横線をかき加えればよい。

よって，解答例のようになる。

(4)　横線を1本かき加えるたびに，2つの結果を入れかえることができる。奇数本の横線をかき加えると入れか

わりが起こるが，ほぼ同じ位置に偶数本の横線をかき加えると，結果的に入れかえは起きない。

したがって，縦線1と2の間に8本の横線を加えると，組み合わせは(A，B，C)のままとなる。

1本の横線でAとBを入れかえてから，もう1本でAとCを入れかえると(B，C，A)となり，残りが偶数本なの

で，組み合わせを(B，C，A)にすることはできる。同様に，BとCを入れかえてからAとCを入れかえると

(C，A，B)となるので，組み合わせを(C，A，B)にすることはできる。よって，ア，エ，オは作ることができる。

4　(1)　図3の状態から操作を順に追っていくと，すべての数字の位置をはあくしながら進めていかなければならな

い。それでは大変なので，図4の状態から3回の操作をさかのぼって，XとZの位置だけを追っていく(XとZの

数字がわかればYの数字がわかる)。図4から図3までは，立方体Aを，下奥→左上→右上，と回転させればよい。

順に図をかくと，右図のようになる(向きは考

えない)。よって，Xは図3で後ろの面の6，

Zは下の面の2だから，Yは右の面の3である。

(2) (1)と同様に，図6から図5までの操作をさかのぼって，XとZの面の位置を考えていくと，次の図のようになる(向きは考えない)。

よって，Xは図5で左の面の4，Zは前の面の1だから，Yは下の面の2である。

(3) 図5から〈セット〉を1回行うと図6になる。したがって〈セット〉1回で，立方体Aは，右図の直線mを中心に上に90°回転し，直線nを中心に上から見て反時計まわりに90°回転する。

よって，〈セット〉を1回行うたびに，図5→図6→図7→図5→…と変化する。

《解答例》

□ (1)だれにも言えない心の中の葛藤をめぐってもう一人の自分とやりとりする、自己との対話の場が、必要である

(2)a.周囲　b.開発　c.課題　d.結局　　(3)ウ　　(4)A.イ　B.エ　C.ア　D.ク　E.カ

(5)ア　　(6)他者に対して閉じられた個として

□ (1)環境に最も適した種のみが占有するのではなく、複数の近縁種が同じ場所に共存している　　(2)イ

(3)Ⅰ.イ，ウ　　Ⅱ.新女王アリは、植物表面の物質だけでなく光などの条件も参考にして共生相手を選ぶのだ

(4)[初め／終わり]　ア.[熱帯の／のなぞ]　イ.[野外の／現する]　ウ.[自分の／着する]

□ (例文)

　　私は、「海の豊かさを守ろう」という言葉から、海洋プラスチックごみの問題を思いうかべます。新聞記事を読んで、私たちが使っているペットボトルやビニールぶくろなどのプラスチックごみが、年間約八百万トンも海に流れ出ているということを知りました。プラスチックごみは、海をよごすだけでなく、そこにすむ生き物にもえいきょうをあたえています。

　　私たちの身の回りには、使い捨てのプラスチック製品がたくさんあります。それらが適切に処分されずに海に流されると、有害な海洋プラスチックごみになります。だから私は、海の豊かさを守るためには、使い捨てのプラスチック製品の利用をひかえ、利用する場合はリサイクルするためにきちんと分別して捨てることが必要だと考えます。具体的には、買い物に行く際はマイバッグを持参する、ペットボトル飲料を買わずにマイボトルに飲み物を入れて持参する、シャンプーなどはつめかえ用を買う、よごれたプラスチック容器はリサイクルできないのできれいに洗ってから捨てるといった行動が考えられます。

《解　説》

□ (1)　1行目の「日記というのは，もう一人の自分との対話の場である」ということをおさえた上で，「自己意識が高まる青年期」に，なぜ「自分との対話」が必要なのかという点を中心に読んでいく。すると，──線部①の9〜11行後に「だれにも言えない心の中の葛藤をめぐって，ああだこうだと思う存分やりとりできる相手は，もう一人の自分しかいない。自己意識の高まる青年期は，このように自己との対話が頻繁に行われるようになる時期」とあるので，この部分を中心にまとめる。

(3)　人は「ずっと自分と向き合っている」のは「きつい」ので，「気晴らし」をするが，その気晴らしの一つとして「とくに見たいものがないのにテレビをつけ，バラエティ番組などを意味もなく見続ける」ことがあげられている。「こうした気晴らしをしている間は，自意識から逃れることができる」ともあるから，テレビを見ている間は「自分と直面する(＝自分と向き合う・自意識)のを避けることができる」と言える。よってウが適する。おしゃべりや音楽，小説も自意識から逃れるための「気晴らし」の例なので，アの「自己との対話を頻繁に行うことができる」，イの「自分〜を見つめ直すことができる」は，本文と逆のことを言っていることになり，適さない。エについて，日記やブログを書くことは自分と対話をすることになるので，「自意識を麻痺させる」のではなく，自意識を高めることになる。

(4)D　4段落前に「そのような文化(欧米の「自己中心の文化」)においては，他者の影響を受けることは，個

が確立していないという意味で未熟とみなされる」とあるから,「『自己中心の文化』においては～否定的にみられる」ことは,クの「他者の影響を受ける」ことである。　　E　3段落前に「『間柄の文化』とは～相手の気持ちや立場に配慮して判断すべき,とする文化」とあるから,カの「他者に配慮できる」が適する。

⑸　最後から4段落目に着目する。「日本人は,何ごとに関しても自分だけを基準とするのではなく他者の気持ちや立場に配慮して判断する」が,山本さんが空らんの前で言っていることとほぼ同じである。この後に「ゆえに,たえず相手の期待が気になり,できるだけそれに応えようとする」と続くことから,これと同じようなことを言っている,アが適する。

⑹　「他者との関係性を生きる」とは「反対の意味になるように」とあることに注意。——線部④の直前に「個を生きるのではなく」とあるのがヒントになる。これでは字数に合わないので,他者からの影響を受けず個人として生きることを15字で言い表した——線部③の3行後の「他者に対して閉じられた個として」をぬき出す。

二　著作権に関係する弊社の都合により本文を非掲載としておりますので,解説を省略させていただきます。ご不便をおかけし申し訳ございませんが,ご了承ください。

《解答例》

1 (1)Ⅰ．地方公共団体／25　Ⅱ．［県庁所在地名／記号］［こうべ／A］［おおつ／D］［つ／E］　Ⅲ．ウ

(2)Ⅰ．かがわ　Ⅱ．(例文)大阪湾を埋め立てた　(3)Ⅰ．①ぶっきょう　②しょいんづくり　③へいじ

④しょうむ　⑤あしかがよしみつ　⑥やまとちょうてい　Ⅱ．①，②，④，⑤　Ⅲ．⑥→①→④→③→⑤→②

2 (1)A．オ　B．イ　C．ア　D．キ　しくみ…アメダス　(2)①ア　②ウ　③カ　④コ　(3)画像ア…画像C

画像イ…画像A　画像ウ…画像B　(4)ⅰ．ア　ⅱ．日光が当たるとデンプンができる

(5)Ⅰ．AとC／BとD／EとG／FとH　Ⅱ．ふりこの長さを変えると，10往復する時間が変わる

3 (1)エ　(2)Ⅰ．組み合わせ…ア　⑤急　Ⅱ．A．しんしょく　B．うんぱん　C．たいせき

(3)Ⅰ．さんけんぶんりつ　Ⅱ．イ　Ⅲ．エ　(4)Ⅰ．記号…イ　理由…左側の軍は，大量の鉄砲を使っているから。

Ⅱ．けんち　(5)ウ　(6)ア，ウ　(7)新たな空気が炎に届きやすくなる

《解　説》

1 (1)Ⅰ　立候補することができるようになる年齢は，市町村長が満25歳以上，都道府県知事が満30歳以上である。

Ⅱ　県庁所在地名は，神戸市(兵庫県)，大津市(滋賀県)，津市(三重県)である。

表1の直線距離において，神戸市は大阪府に近いからA，大津市は京都府に

近いからDと判断できる。残ったうち，奈良市や和歌山市よりも大阪府から

離れているEを津市と判断する(右図参照)。Bは和歌山県庁，Cは奈良県庁。

Ⅲ　近畿地方は，人口が関東地方に次いで多く，農業生産額が低いから，ウ

と判断する。また，近畿地方には阪神工業地帯があるため，工業生産出荷額

が比較的高い。アは中部地方，イは関東地方，エは中国地方，オは九州地方，

カは東北地方。

(2)Ⅰ　2021年時点，日本最小の都道府県は香川県である。　　Ⅱ　大阪府にある関西国際空港は，1987年〜1991

年に人口島を造成してつくられた。そのため，1985年度〜1995年度の間に，大阪府の面積が香川県を抜いている。

(3)Ⅰ①　法隆寺には釈迦三尊などの仏像があり，世界文化遺産に登録されている。　　②　書院造には，障子やふ

すま，たたみ，床の間・ちがいだななどが設けられている。また，銀閣は室町幕府8代将軍の足利義政によって東

山に建てられた。　　③　平治の乱に勝利した平清盛は，一族の者を朝廷の高い位につけ，自らは武士として初め

て太政大臣の地位に就いて，西日本を中心として政治の実権をにぎった。また，娘の徳子を高倉天皇にとつがせ，

その子を安徳天皇とした。　　④　東大寺の正倉院には聖武天皇の遺品が納められている。その1つである螺鈿紫

檀五弦琵琶には，西アジアの文化が唐に伝わっていた証拠として，ヤシの木，ラクダ，ペルシャ風の吟遊詩人な

どがデザインされている。　　⑤　室町幕府3代将軍の足利義満は，寝殿造・武家造・禅宗様を取り入れて，北山

に金閣を建てた。　　⑥　大和(現在の奈良県)の豪族が強い勢力をほこり，やがて大和朝廷を中心にまとまるよう

になった。大和朝廷の中心となった大王は，後に天皇と呼ばれるようになった。　　Ⅱ　①の法隆寺と④の正倉院

は奈良県，②の銀閣と⑤の金閣は京都府にある。厳島神社は広島県(中国地方)，稲荷山古墳は埼玉県(関東地方)に

ある。　　Ⅲ　⑥古墳時代→①飛鳥時代→④奈良時代→③平安時代末期→⑤室町時代前半→②室町時代後半

2 (1) aは温度計，bは雨量計，cは風向風速計，dは日照計である。

(2) ①晴れの日には，太陽からの熱が地面，空気の順に伝わって，気温が上がりやすいので，くもりの日に比べて，気温の変化が大きい。　②太陽が出ていない夜間に気温が下がるので，日の出のころに最も気温が低くなる。

③④　空全体にしめる雲の割合が0〜8のときは晴れ，9，10のときはくもりである。

(3) 画像ア〜ウの雨が降っている地域と，画像A〜Cの雲がかかっている地域が同じになるものを選ぶ。

(4) ア○…ヨウ素液はデンプンにつけると青紫色に変化する。葉アでは，実験2日目の朝すぐに，アルミニウムはくを外して葉をとったものにデンプンがないことが確かめられた。また，葉イと葉ウでは，実験2日目の朝から4〜5時間，アルミニウムはくを外すか外さないか(葉に日光が当たるか当たらないか)によって，デンプンができるかどうかを調べている。結果より，葉に日光が当たるとデンプンができることがわかる。

(5)I　ある条件について調べたいときは，その条件だけが異なる実験の結果を比べる。おもりの重さだけが異なる組み合わせは，AとC，BとD，EとG，FとHの4組である。　Ⅱ　AとEでは，ふりこの長さの条件だけが異なるので，ふりこの長さについて調べることができる。AよりもEの方が10往復する時間の平均が長いので，ふりこの長さを変えると，10往復する時間が変わることがわかる。なお，BとF，CとG，DとHを比べても同様である。

3 (1) エ○…地面に垂直に100cmの棒を立て，かげの長さが70cmになったので，棒の長さを資料1の一辺の長さの10cmとすると，かげの長さは $70 \times \frac{10}{100} = 7$ (cm)である。このとき，棒と太陽の光の間の角度は35度だから，太陽の光が地面に当たる角度は $180 - (90 + 35) = 55$ (度)となる。

(2)I　ア○…川の曲がっているところの外側では水の流れが速く，川底や川岸がしん食されてがけができやすい。また，川の曲がっているところの内側では水の流れがゆるやかで，小石や砂がたい積して川原ができやすい。

(3)I　立法権を持つ国会・行政権を持つ内閣・司法権を持つ裁判所の三権が分散・独立し，それぞれが互いに抑制し合い，バランスを保つことで権力の集中やらん用を防いでいる。さらに，三権の中央にいる国民には，自由と権利を保障するために三権それぞれを監視する役割がある。　Ⅱ　イが誤り。<u>裁判員裁判は重大な刑事事件の第一審で開かれる。</u>くじで選ばれた裁判員が裁判官とともに裁判に参加し，有罪か無罪か，有罪であればどのような量刑が適当かを決定する。　Ⅲ　エが正しい。　A．国会議員は国民の直接選挙によって選ばれる。　B．「世論」は様々な問題に対する考え方を意味し，世論がまとまった方向に動くと政治を動かす大きな力となる。　C．国民審査は，衆議院議員総選挙のときに最高裁判所の裁判官の適任・不適任を審査する制度である。

(4)I　長篠の戦いでは，織田信長・徳川家康連合軍(左側の軍)が鉄砲を有効に用いて，武田勝頼の騎馬隊(右側の軍)を破った。　Ⅱ　豊臣秀吉がものさしの長さを統一するまで，地方によって長さの基準が違ったため，年貢の量もそろっていなかった。しかし，秀吉が行った太閤検地では予想される収穫量を米の体積である石高で表したため，年貢を確実に集めることができるようになった。

(5) ウが正しい。　ア．秋田県・青森県・福島県・岩手県・山形県は東北地方に位置している。　イ．秋田県・島根県・山口県・山形県は日本海に面している。　エ．2045年の沖縄県と東京都の高齢化率は，2018年の高齢化率5位の徳島県よりも低くなると予想されている。

(6) 初めて武士によって開かれたのは鎌倉幕府だから，その後の室町時代の文化のアとウが正しい。イとオは奈良時代，エは平安時代の文化である。

(7) ものが燃えるには酸素が必要である。写真のように，まきの方向を段ごとに変えて組み上げると，炎に新たな空気が届きやすくなるため，まきが燃えやすくなる。これと同様に，和ろうそくでは，まわりの空気に加えて，しんの空どうの中の空気が上しょうして炎に届くため，より安定して燃え続けることができる。

《解答例》

1 (1)ア. 40　イ. 3240　ウ. 45　エ. 1035　(2)オ. 58　カ. 660

2 (1)ア. 1000　イ. 1250　(2)398

(3)球の表面積÷円周率の値をおよその数にすると，右表のように
なります。表に並んでいる球の表面積÷円周率の値について，

直径(cm)	10	20	30	40
球の表面積÷円周率	100	400	900	1600

100＝10×10，400＝20×20，900＝30×30，1600＝40×40 だから，直径×直径の値と等しいです。したがって，球
の表面積を直径から求める式は，直径×直径×円周率＝直径×直径×3.14 と予想できます。

3 (1)合計…4　種類…4　(2)1：2　(3)10cmが4本，20cmが1本　(4)合計…10　色の混ざったリボン…2

(5)

4 (1)A. 24　B. 12　C. 32　(2)時間…14, 24　B. 768　C. 864　(3)ア. 32　イ. 4　ウ. 72　エ. 8

《解説》

1 (1)　1から80までの80個の数を2個1組にするのだから，和が81になる組み合わせが，80÷2＝ア40(個)できる。したがって，すべてのタイルの枚数は，81×40＝イ3240(枚)である。なお，80が偶数であるためにすべての
数を2個1組のペアにすることができたが，1から偶数までの和でも1から奇数までの
和でも，右のような筆算で考えると同じ求め方をすることができる。

$$\begin{array}{r} 1+2+3+\cdots\cdots+80 \\ +)\ \ 80+79+78+\cdots\cdots+1 \\ \hline 81+81+81+\cdots\cdots+81 \end{array}$$

1から80までの連続する整数の和の2倍は，右の筆算より，81×80となるから，1から80までの連続する整数
の和は，$\frac{81×80}{2}$＝3240となる。つまり，1からnまでの連続する整数の和は$\frac{(1＋n)×n}{2}$で求めることができる。
タイルの枚数が初めて1000枚をこえるときについては，この式のnにいろいろな数をあてはめて，条件に合うと
ころを探す。まずはnに10の倍数をあてはめていくと，$\frac{(1＋40)×40}{2}$＝820，$\frac{(1＋50)×50}{2}$＝1275より，条件に
合うnの値は40と50の間にあるとわかる。1000は820と1275の真ん中より少し小さい数なので，nに44を
あてはめてみると，$\frac{(1＋44)×44}{2}$＝990となり，45をあてはめてみると，$\frac{(1＋45)×45}{2}$＝1035となる。
よって，ウ45列目まで並べると，タイルの枚数が全部でエ1035枚になり，初めて1000枚をこえる。

(2)　15列目に並んでいるタイルの枚数は，30に2を15－1＝14(回)加えた数だから，30＋2×14＝オ58(枚)
すべてのタイルの枚数の計算では，(1)の筆算の考え方を利用できる。

15列目までのすべてのタイルの枚数の和の2倍は，右の筆算より88×15となるから，

$$\begin{array}{r} 30+32+34+\cdots\cdots+58 \\ +)\ \ 58+56+54+\cdots\cdots+30 \\ \hline 88+88+88+\cdots\cdots+88 \end{array}$$

15列目までのすべてのタイルの枚数の和は，$\frac{88×15}{2}$＝カ660(枚)

2 (1)　直方体の2つの底面の面積の和は，10×10×2＝200(cm²)　柱体の側面積は(底面の周の長さ)×(高さ)で求め
られるから，直方体の側面積は，10×4×20＝800(cm²)　よって，直方体の表面積は，200＋800＝ア1000(cm²)
ペンキをぬった量はペンキの重さに比例し，球にぬったペンキは直方体にぬったペンキの$\frac{4.5}{3.6}$＝$\frac{5}{4}$(倍)である。
よって，球の表面積は直方体の表面積の$\frac{5}{4}$倍の，1000×$\frac{5}{4}$＝イ1250(cm²)と計算できる。

(2)　1250÷3.14＝398.0…より，$\frac{1}{10}$の位(小数第1位)を四捨五入すると，398になる。

(3)　解答例では，(球の表面積)＝(直径)×(直径)×3.14となった。中学で学習するが，球の表面積を求める公式は

ふつう，4×(円周率)×(半径)×(半径)と表記される。この式を変形すると，2×2×(半径)×(半径)×(円周率)＝(直径)×(直径)×(円周率)となり，この問題の解答と同じ式になる。ただし，問題文では「球の表面積を直径から求める式」とあるので，4×(円周率)×(半径)×(半径)はまちがいとされたであろう。球の表面積の公式を暗記していたとしても問題文をよく読まなければならなかったということである。

3 (1) ≪2：3で切る≫とき，②の長さと③の長さに切り分けたとする。右図は【3つ折り】にしたリボンの重なりを表した図であり，長方形の縦の辺が線で結んであるところは，リボンが実際につながっているところを表す。アとイをふくむ長方形は，$\frac{1}{3}$にしたリボンのうち一番上に位置する部分であり，上から順にウとエをふくむ部分，オとカをふくむ部分が重なっていることを表す。≪2：3で切る≫ことをしたあとのリボンは，長さが②のアのリボン，長さが③×2＝⑥のイとウをふくむリボン，長さが②×2＝④のエとオをふくむリボン，長さが③のカのリボンになるから，本数は4本，長さの種類は4種類である。

(2) 右図は，【2つ折り】にしたリボンを≪a：bで切る≫ときを表した図である(表し方は(1)と同様)。切り分けられたあと，長さがb，a×2，bの3本のリボンができるので，a×2とbが等しい。よって，a：b：＝1：2

(3) 60cmのリボンは【2つ折り】を2回することで2×2＝4(等分)され，見た目が60÷4＝15(cm)になり，≪1：2で切る≫ことをした結果，$15×\frac{1}{1+2}=5$(cm)と，15−5＝10(cm)になる。図はその様子を表したものである(表し方は(1)と同様であり，最後に③，②，①，④の順に上から重なっている)。よって，切ったところから左側にあるリボンは，5×2＝10(cm)が2本であり，切ったところから右側にあるリボンは，10×2＝20(cm)が1本，10cmが2本である。よって，できるリボンは，10cmが4本，20cmが1本である。

(4)

【3つ折り】を2回することで3×3＝9(等分)されるので，リボンを①～⑨の部分に分けると，図のように表せる(表し方は(1)と同様)。切ったところから左側に5本，右側に5本のリボンがあるから，合計5＋5＝10(本)のリボンができる。そのうち白色と黒色の混ざったリボンは，③と④をふくむリボンと，⑥と⑦をふくむリボンの2本である。

(5)

【2つ折り】と【3つ折り】をすることで2×3＝6(等分)されるので，リボンを①～⑥の部分に分けると，図のように表せる(表し方は(1)と同様)。①～⑥各部分の長さは180÷6＝30(cm)で，これを2：1に分けると，$30×\frac{2}{2+1}=20$(cm)と30−20＝10(cm)になる。よって，折る前の図において，①の左端10cmと⑥の右端10cmを黒色にし，さらに，②と③の間の20cm，④と⑤の間の20cmを黒色にすればよい。

4 ランプは5分ごとに点灯と消灯をくり返すのだから，$5 \times 2 = 10$（分）ごとに点灯する。したがって，3人が出発してからt分後のランプの状態を知るためには，tの十の位より上の位の数は関係ない。tの一の位より下の数が，0.5から5.5の間のときランプは点灯していて，それ以外のときは消灯している。

また，Aは$960 \div 120 = 8$（分）ごと，Bは$960 \div 80 = 12$（分）ごと，Cは$960 \div 60 = 16$（分）ごとに1周する。

(1) Aがスタート地点に到着するのは，8分後，16分後，24分後，…だから，初めて左回りに移動し始めるのは24分後である。Bがスタート地点に到着するのは，12分後，24分後，…だから，初めて左回りに移動し始めるのは12分後である。Cがスタート地点に到着するのは，16分後，32分後，…だから，初めて左回りに移動し始めるのは32分後である。

(2) AとBが初めて出会う時間とAとCが初めて出会う時間を別々に計算する。

(1)より，12分後にBが3人の中で初めて左回りに移動し始め，AとBが出会うのはこのあとである。12分後の時点で，Aは2周目に入ってから$120 \times (12 - 8) = 480$（m）進んでいるから，スタート地点まで$960 - 480 = 480$（m）の地点にいる。このあとAとBが出会うのは，$480 \div (120 + 80) = 2.4$（分後）だから，出発してから$12 + 2.4 = 14.4$（分後）である。12分後の時点でCは1周目を走っていて，スタート地点から$60 \times 12 = 720$（m）進んでいるから，2周目のAの$720 - 480 = 240$（m）前を走っている。このあとAがCに追いつくのは，$240 \div (120 - 60) = 4$（分後）だから，出発してから$12 + 4 = 16$（分後）であり，ちょうどスタート地点で追いつく。

よって，AはCより先にBと出会う。その時間は14.4分後＝14分(0.4×60)秒後＝14分24秒後であり，Bはスタート地点から右回りに，$960 - 80 \times 2.4 = 768$（m）の位置にいて，Cはスタート地点から右回りに，$60 \times 14.4 = 864$（m）の位置にいる。

(3) A，B，Cの移動の様子を表などにまとめて，条件に合う時間を探す。そのさい，8と12と16の最小公倍数が48であることから，48分ごとに3人が同時にスタート地点に到着することを意識するとよい。

まとめると右表のようになるから，初めて全員が左回りになるのは，ア32分後から36分後までのイ4分間であり，2回目に全員が左回りになるのは，ウ72分後から80分後までのエ8分間である。

A	0	→	8	→	16	→	24	⇒	32	⇒	40	→	48	→	56	→	64	⇒	72	⇒	80	→	88	→	96	…
B	0	〉	12		⇒		24	→	36	→		48		→	60		→	72		⇒	84		⇒	96	…		
C	0		→		16		→		32	⇒			48		→	64		⇒		80		→		96	…	

※→は右回りを，⇒は左回りを表す。

《解答例》

一 (1)高鳴ら　(2)イ　(3)A．持続　B．不都合　C．天敵　D．最適　(4)高い体温を保つために、多くの食べ物を食べ続けなければならないこと。　(5)ア．予想　イ．調査　ウ．結果　エ．他にはないだろうかオ．広範囲な回遊〔別解〕規模の大きな回遊

二 (1)A．ウ　B．ア　C．イ　(2)ウ　(3)エ　(4)問題自身の設定が誤っている、または、人によっていろいろな意見があり理由を聞いてもそれぞれに一理あるからだと考えている。　(5)相手の経験や振る舞いや考え方に驚き、問いを発して、相手のことを理解し、自分との違いを明確にしようとする会話。

三 (例文)

　「知識を身につけること」と「考えること」がどちらも大切な理由は、知識が考える際の材料になるからだ。

　私は自由研究で、食べ終えた果物や野菜の種を植えて、発芽するかどうかを調べたことがある。発芽して成長したものもあれば、発芽しなかったものや、発芽しても成長しなかったものもあった。なぜそのような結果になったのかを考える際に、発芽には酸素と水分と適度な温度が必要だという知識が必要だった。また、その植物自体の性質を知っている必要もあった。それらの知識がなかったら、実験結果から何が言えるのかを順序立てて考えることはできなかっただろう。この体験から、何かを考える際には、基本となる知識が必要だということがわかった。

　知識がなかったら、物事を論理的に考察することはできない。また、知識を持っていることに満足し、自分自身で考えることをしなかったら、新たな何かを生み出すことはできない。このように、「知識を身につけること」と「考えること」は切りはなせないので、どちらも大切だと言える。

《解　説》

一 (1)　直前に「もしもそれをデータとしてはっきり示すことができれば〜すばらしい論文（ろんぶん）が書けるはずだと私は大いに期待していた」とある。「胸（むね）を高鳴らせる」は、喜びや期待などで胸をどきどきさせるという意味。

(2)　直前に「これ以上なく明らかな結果が出た」「私の予想は正しかった！」とある。「私の予想」とは、2〜3段落目に書かれている、「マグロ類やホホジロザメは」「筋肉（きんにく）が温かいのだから」「筋肉の活性が上がっている」と考えられ、「他の変温性の魚に比べて尾（お）びれをすばやく振（ふ）ることができ」「より速い遊泳スピードを長時間にわたって維持（いじ）できるのではないか」というもの。この予想が正しかったということなので、イが適する。

(3)　A　──線部①に「(マグロ類やホホジロザメは他の変温性の魚に比べて)継続（けいぞく）的に速く泳ぐことができる」とある。これは、「持続可能な遊泳スピードが引き上げ」られていると言いかえられる。　　B　少し後に「避（さ）けることができる」とあるので、「　B　な海洋環境（かんきょう）」は、魚にとってよくない環境であると考えられる。よって、「不都合」が適する。　　C　　D　に入る言葉を先に決めてから解く。子どもは大人に比べて体が小さく、力も弱いので、敵に襲（おそ）われると逃（に）げるのが難しい。よって、「子どもの生育に最適な海域」は、「天敵の少ない」海域である。　　D　直後の「な海域」につながる言葉は、「不都合」か「最適」のどちらかである。　B　に「不都合」が入るので、「最適」が適する。

(4)　直前に「中温性という」とあるので、──線部②は「中温性」の特徴（とくちょう）である。同じ段落に「多くの食べ物を食べ続けなければ生きていけないという深刻なデメリットを抱（かか）えている」とある。筆者が発見した「速い遊泳スピ

ードと広範囲な回遊」というメリットがなければ、このデメリットは「割に合わない奇妙な」特徴だと言える。

⑸　**ア、イ、ウ**　２、３段落で筆者の予想を、４〜６段落でこの予想に関する調査を、７段落で調査の結果を説明している。　イ　の後に「データを集め、比較したり、分析したりして」とあるので、　イ　に「調査」が入ることがわかる。すると、調査で「得られた」ものである　ウ　には「結果」が入る。　　　**エ**　　エ　の前の行の「一つの結論」とは、７段落に書かれている「速く泳げる」という結論である。筆者はこの結論を得た後に、「しかし他にはないだろうか」と考え、研究を続けた。　　　**オ**　「中温性魚類が高い体温を持つ意味」のうち、「速い遊泳スピードを可能にした」ことではない方の意味が入る。最後の段落に「速い遊泳スピードと広範囲な回遊。これが私の発見した高い体温の進化的な意義である」とある。

□二

⑵　ウの「自分の考えにうたがいをもち」「本当に正しいことは何かと考え見つけ出そうとする」が、それぞれ——線部①の「思い込みを排して」「真理を愛して探求する」と対応するので、適する。

⑶　ア〜ウは——線部②の前の一文にある「調べれば済む種類の問題」にあたるので、「現在、沖縄の那覇市では雨が降っているか」という問いと同様の問題である。エは、哲学的な問いであり、「調べれば済む種類の問題」ではない。よって、エが正解。

⑷　次の行に「では、なぜ、簡単に答えが出ないのでしょうか」とあり、ここからの２段落で理由を説明している。「ひとつは問題自身が誤って設定されている場合です」「哲学的な問題で答えが出ないのは、多くの場合、人によっていろいろな意見があり、理由を聞いてもそれぞれの立場にそれぞれ一理あるから、なのではないでしょうか」とあるので、これらをまとめる。

⑸　同じ段落で具体的に説明しているので、その部分をまとめる。

《解答例》

1 (1)I．平清盛　II．b．イ　c．エ　III．⑥→②→⑤→③→④→①　(2)時代…④　適切なもの…ア，エ

(3)I．イ，エ　II．国民の義務

(4)まず紙テープを使って地球儀上の赤道一周の長さを測ります。次に，択捉島から与那国島までの長さを紙テープ
で測ります。そうすれば，$40000 \times \dfrac{\text{択捉島から与那国島までの紙テープの長さ}}{\text{赤道一周の紙テープの長さ}}$ で求められます。

(5)ア，オ　(6)I．A．ウ　B．ア　C．イ　II．海面より低い土地が広い範囲に分布していること。

III．国土が細長く，中央に山脈がそびえる

2 (1)I．下グラフ　II．ア　(2)カ　(3)イ　(4)イ　(5)エ

3 (1)a．海　b．内陸　県の名称…ながの　県の形…イ　(2)語群…ア，エ，オ　写真…セ

(3)奈良…エ　西安…ウ　サマルカンド…イ　ローマ…ア　説明している文として正しいもの…ケ　(4)エ

(5)適切な組み合わせ…イ　川に流れ込むまでの道すじ…下図

(6)[実験方法／アルミニウムの場合に得られる結果／鉄の場合に得られる結果]

[磁石に近づける。／磁石に引きつけられない。／磁石に引きつけられる。]

[水酸化ナトリウム水よう液を加える。／あわを出しながらとける。／変化しない。] などから1つ

(7)c．さなぎ　d．イ　e．ウ　f．ア　g．Y　(8)h．きこう　i．イ

《解　説》

1 (1)I　保元の乱・平治の乱に勝利した平清盛は，一族の者を朝廷の高い位につけ，自らは太政大臣の地位に就いて，
西日本を中心として政治の実権をにぎった。　　II　bはイを選ぶ。鎌倉幕府8代執権北条時宗が元による服属の
要求をしりぞけた後の，元軍による襲来を元寇と言う。元寇は防衛戦であったため，幕府は十分な恩賞を武士(御
家人)たちに与えることができなかった。そのため生活に困る武士が増え，幕府に不満を持つ者も出てきた。cは
エを選ぶ。百姓は，検地によって勝手に土地を離れられなくなり，刀狩によって武器を使って戦うことができなく
なったため，武士との身分がはっきりと区別されるようになった(兵農分離)。アは鉄砲伝来，ウは聖徳太子の遣隋
使派遣，オは地租改正，カは織田信長の楽市・楽座についての記述である。　　III　⑥大化の改新(飛鳥時代)→
②遣唐使の停止(平安時代)→⑤鎖国政策(江戸時代)→③不平等な修好通商条約の締約(幕末)→④関東大震災(大正

時代)→①真珠湾攻撃(昭和時代)

(2)**時代** ④資料1は「天橋立図」である。　**文化**　アとエを選ぶ。床の間は書院造の特徴であり，書院造を取り入れた建築物には，室町幕府8代将軍足利義政が建てた銀閣がある。能を大成させた観阿弥・世阿弥親子は，室町幕府3代将軍足利義満に保護された。イとオは平安時代，ウは江戸時代についての記述である。

(3) I　イとエが正しい。エは弾劾裁判についての記述である。　ア．大日本帝国憲法下の明治時代は，衆議院と貴族院の二院制であった。　ウ．外国との条約の締結は内閣の持つ権限である。　オ．衆議院の解散は内閣総理大臣の専権事項である。　II　「納税の義務」「教育の義務」「勤労の義務」が国民の三大義務である。

(4)　日本の端は，北が択捉島(北海道)，西が与那国島(沖縄県)，南が沖ノ鳥島(東京都)，東が南鳥島(東京都)。

(5)　アとオが正しい。　ア．熊本県が98以上99未満，鹿児島県が98未満であり，少なくなっている。　オ．青森県・岩手県・秋田県・山形県・福島県が98未満，宮城県が99以上100未満であり，全県で2010年を下回っている。

イ．2011年から2014年までの人口がわからないので，「毎年，人口が前年より減った」と判断できない。

ウ．埼玉県・沖縄県・東京都が同じ101以上なので，「東京都は…日本で最も人口が増えた」と判断できない。

エ．埼玉県・東京都・沖縄県・千葉県・神奈川県・愛知県・滋賀県・福岡県の八つが2010年を上回っている。

(6) I　A．神戸市(兵庫県)だからウを選ぶ。1995年に発生した大地震は阪神大震災である。　B．三宅島(東京都)だからアを選ぶ。　C．つくば市(茨城県)だからイを選ぶ。　II　海面より低い土地(0m地帯)では，大雨などで川があふれると，建物に流れこんで浸水被害が発生する恐れがある。Pの濃尾平野は日本最大の0m地帯であるため，堤防のかさ上げや長良川河口堰(せき)の建設などが進められている。　III　日本の国土の$\frac{3}{4}$は山地や山脈であり，本州の中央部には飛驒山脈(北アルプス)・木曽山脈(中央アルプス)・赤石山脈(南アルプス)がある。

2 (1) II　資料と図3のボールを落とした高さが250cmのときの結果から，○がゴルフ，●が卓球，■がテニスのボールだとわかる。「ボールを落とした高さ」をもとにした「ボールが床にはね返って上がった高さ」の割合は，例えば，ゴルフのボールを25cmの高さから落としたときは，$\frac{18}{25}=0.72$と求めることができる。　ア○　この割合が一定になるということは，比例のグラフになるということである。ゴルフのボールのグラフが最も比例のグラフに近い。　イ×…「ボールを落とした高さ」が25cmのときに，この割合が大きいのは卓球のボールである。

ウ×…卓球のボールでは，「ボールを落とした高さ」を大きくしていくと，この割合がしだいに小さくなっていく。

(2)　カ○…太陽は東の地平線からのぼり，南の空で最も高くなって，西の地平線にしずんでいく。また，影(かげ)は，太陽がある方向と反対側にできる。図4，図5では，東から西へ向かって走っているから，前側が西，後ろ側が東，左側が南，右側が北である。以上のことから，太陽が東の空にあるスタート時には影は西(前側)にでき，太陽が南の空にある正午ごろには影は北(右側)にでき，太陽が西の空にある午後3時ごろには影は東(後ろ側)にできる。

(3)　イ○…中央部分がへこんだ鏡で光を反射させて一点に集めることで点火することができる。つまり，より多くの鏡で反射した光が当たっている部分ほどあたたかくなっていると考えればよい。あたたかくなっている順に並べると，　イ　＞　ア　＞　ウとなる。
（3枚分　2枚分　1枚分）

(4)　同じ体積での重さを重い順に並べると，金＞銀＞銅となるから，同じ重さでの体積を大きい順に並べると，銅＞銀＞金となる。したがって，金と銀では，同じ重さでも銀の方が体積が大きいから，集まった重さが重い銀の方が体積が大きい(金の方が体積が小さい)と断定できる。同様に考えて，金と銅では銅の方が体積が大きいと断定できる。銀と銅では，同じ重さでの体積は銅の方が大きいが，集まった重さは銀の方が重いので，それぞれの一定体積当たりの重さなどがわからなければ，どちらの方が体積が大きいのか断定することはできない。したがって，イ

が正答となる。

(5) エ○…ヒトは肺で空気中の酸素を血液中に取り入れる。魚はえらで水中の酸素を血液中に取り入れる。

③ (1) <県の形>は，アが岐阜県，イが長野県，ウが埼玉県，エが奈良県，オが山梨県，カが群馬県である。長野県の右(東)に群馬県，左(西)に岐阜県がとなりあう。

(2) 《語群》 アとエとオを選ぶ。大陸から日本に移り住んだ渡来人は，儒学や須恵器の製法なども伝えた。イは旧石器時代，ウとカは縄文時代。　《写真》 セが正しい。奈良時代，日本は遣唐使を送り，唐の進んだ制度や文化を学んでいた。当時の唐には，シルクロードを通って西アジアから様々な宝物が伝わっており，その一部は遣唐使によって日本に持ちこまれ，東大寺の正倉院に納められた。資料1の螺鈿紫檀五弦琵琶には，西アジアの文化が中国に伝わっていた証拠として，ヤシの木，ラクダ，ペルシャ風の吟遊詩人などがデザインされている。サは厳島神社(平安時代)，シは銀閣(室町時代)，スは法隆寺(飛鳥時代)。

(3) 雨温図　「奈良」はエを選ぶ。月平均気温が20度以上になる月は6月から9月までであり，3月から10月までの月降水量は100mmを上回る月が多い。　「西安」はウを選ぶ。月平均気温の最高月と最低月の気温差は約25度であり，月降水量は7月から9月までが75mm以上，1月・2月・11月・12月が25mm以下である。　「サマルカンド」はイを選ぶ。月平均気温が15℃以上になる月は4月から10月までであり，夏が乾季，冬から春までが雨季である。　「ローマ」はアを選ぶ。月平均気温の最高月と最低月の気温差は約15度であり，10月から12月までの月降水量の合計は約270mmである。　説明　ケが正しい。イギリスの旧グリニッジ天文台を通る経度0度の経線を本初子午線と言う。　カ.「奈良」は北緯30から35度の間，東経135度から140度の間にある。　キ.「西安」と「奈良」の経度差は25度より大きい。　ク.「サマルカンド」は東経65度から70度の間にある。

(4) 「生糸の輸出額は，全体の半分には満たない」から40%，「輸出額が最も多かった国…は，日本がのちに太平洋戦争では敵対し，戦後には安全保障条約を結ぶことになった国」からアメリカ合衆国を導き，「フランスへ輸出された生糸の輸出額は，イギリスへ輸出された生糸の輸出額の約5倍」と結び付けて，エと判断する。

(5) 1つ下の等高線の最も近い点を順につないでいけば，雨水がたどる道すじがわかる。それぞれの地点に降った雨水がたどる道すじは右図のようになる。XとYに降った雨水は川A，Zに降った雨水は川Bに流れ込む。

(7) カイコは，まゆの中でさなぎになっているとあるから，変化の仕方はYである。カイコやチョウのように，さなぎになる成長の仕方を完全変態，トンボやバッタのようにさなぎにならない成長の仕方を不完全変態という。

(8) i．資料4より，0.1×0.1＝0.01(mm²)あたり4個の気孔があるから，資料3の1マス→1cm²→100mm²あたりでは$4×\frac{100}{0.01}＝4$万(個)になる。アでは最高でも30万個であり，これはマスの数にすると30万÷4万＝7.5(マス)である。資料3で，葉が重なっているマスはこれより明らかに多いので，アよりは多い。また，ウでは最低でも900万個であり，これはマスの数にすると900万÷4万＝225(マス)である。資料3で，方眼のマスの数は全部で13×12＝156(マス)であり，すべてのマスに葉が重なっていたとしても気孔の数は900万個にはとどかないので，ウよりは少ない。したがって，イが正答となる。

《解答例》

1 　(1)ア. 8.58　イ. 1.02　　(2)33.92　　(3)直線部分…ゆうと／いつき　半円部分…りこ／かほ

2 　(1)1318　※(2)範囲…238 円以上 250 円以下　　(3)15％引き…B　8％引き…D　5％引き…H　代金の合計…3388

3 　(1)右図　(2)100：173　(3)辺ＡＤ…10.9　辺ＡＦ…2.9

4 　(1)184.8　　(2)一の位の数が1 または6 である数

　　(3)イ. 21　ウ. 12　エ. 8100

5 　(1)ア. 10　イ. 2600　ウ. 2574　　(2)右図

　　(3)6　値…2470, 2520, 2574, 2600, 2660, 2700

3 (1)の図

5 (2)の図

※の説明は解説を参照してください。

《解　説》

1 　(1)　いつきさんが半円部分 50m を走るタイムは，7.8×1.1＝ア8.58(秒)である。

りこさんが半円部分 50m を走るタイムは，直線部分 50m を走るタイムの，8.67÷8.5＝イ1.02(倍)である。

(2)　Aからスタートするから，直線部分を走るのはあさみさんとりこさん，半円部分を走るのはゆうとさんといつきさんである。あさみさんとりこさんの直線部分を走るタイムは，それぞれ 8.1 秒と 8.5 秒，ゆうとさんといつきさんの半円部分を走るタイムは，それぞれ 8.74 秒と 8.58 秒だから，求める時間は，8.1＋8.5＋8.74＋8.58＝33.92(秒)である。

(3)　かほさんが半円部分 50m を走るタイムは，8.0×1.05＝8.4(秒)だから，5 人のタイムをまとめると，右表のようになる。

	直線部分 (50m)	半円部分 (50m)
あさみ	8.1 秒	8.91 秒
ゆうと	7.6 秒	8.74 秒
りこ	8.5 秒	8.67 秒
いつき	7.8 秒	8.58 秒
かほ	8.0 秒	8.4 秒

直線部分と半円部分で，それぞれ速い方から 2 人選ぶと，直線部分はゆうとさんといつきさん，半円部分はかほさんといつきさんとなるが，いつきさんが 2 回走ることはできないので，どちらかを他の 1 人にかえなければならない。

直線部分のいつきさんを直線部分のタイムが 3 番目に速いかほさんにかえると，8.0－7.8＝0.2(秒)遅くなり，このとき，半円部分のかほさんを半円部分のタイムが 3 番目に速いりこさんにかえなければならず，さらに 8.67－8.4＝0.27(秒)遅くなるから，合計 0.2＋0.27＝0.47(秒)遅くなる。

直線部分のいつきさんを直線部分のタイムが 4 番目に速いあさみさんにかえると，8.1－7.8＝0.3(秒)遅くなる。半円部分のいつきさんを半円部分のタイムが 3 番目に速いりこさんに変えると，8.67－8.58＝0.09(秒)遅くなる。これらのことから，直線部分はゆうとさんといつきさん，半円部分はりこさんとかほさんを選べばよいとわかる。

2 　値引き後の代金を計算したとき，$\frac{1}{10}$ の位を切り捨てるから，実際に値引きされる金額は，$\frac{1}{10}$ の位を切り上げる。例えば 130 円の商品に「15％引き」のシールを貼った場合，$130×\frac{15}{100}＝19.5$ より，実際に値引きされる金額は 20 円である。

(1)　「15％引き」のシールを貼った商品は，$280×\frac{15}{100}＝42$(円)引きとなり，「40 円引き」のシールを貼った商品は 40 円引きだから，値引き後の代金の合計はもとの代金の合計から 42＋40＝82(円)引きした代金である。よって，280×5 －82＝1318(円)である。

(2)　「8%引き」のシールを貼ったときに，実際に値引きされる金額が20円となればよいから，代金を計算したときに値引きされる金額が，19円より高く20円以下となる場合が考えられる。

8%引きで値引きされる金額が19円より高くなるのは，もとの値段が，$19 \div \frac{8}{100} = 237.5$ より，238円以上のときである。また，8%引きで値引きされる金額が20円以下となるのは，もとの値段が，$20 \div \frac{8}{100} = 250$（円）以下のときである。よって，「8%引き」のシールを貼るときと「20円引き」のシールを貼るときの，値引き後の代金が同じになるのは，もとの値段が238円以上250円以下の商品である。

(3)　「40円引き」，「20円引き」，「10円引き」のシールはどの商品に貼っても，値引きされる金額の合計は変わらず，$40+20+10=70$（円）である。この3枚のシールについてはとりあえず考えない。

「15%引き」，「8%引き」，「5%引き」のシールは，商品の値段が高いものから順に貼ればよい。

牛肉1kgは，Aを10個買うより，Bを1個買った方がもとの値段も安くなるので，Bを1個買う。また，他の商品にBよりも高いものはないから，Bに「15%引き」のシールを貼ればよいとわかる。

とり肉800gは，Cを3個とDを1個買う場合と，Dを2個買う場合が考えられる。Cを3個とDを1個買う場合のもとの値段は $98 \times 3 + 480 = 774$（円），Dを2個買う場合のもとの値段は $480 \times 2 = 960$（円）である。Dに「8%引き」のシールを貼ると，$480 \times 0.08 = 38.4$ より，39円引き，「5%引き」のシールを貼ると，$480 \times 0.05 = 24$（円）引きとなるので，Dを2個買う場合に，最も安くした代金は $960 - 39 - 24 = 897$（円）である。これはCを3個とDを1個買う場合のもとの値段より高いから，とり肉はCを3個とDを1個買えばよい。また，B以外にDよりも高い商品はないから，Dに「8%引き」のシールを貼ればよいとわかる。

玉ねぎ3個は，Eを3個買う場合と，Fを1個買う場合が考えられる。Eを3個買う場合のもとの値段は，$80 \times 3 = 240$（円）である。Fに「5%引き」のシールを貼ると，$298 \times 0.05 = 14.9$ より，15円引きとなるので，Fを1個買う場合に，最も安くした代金は $298 - 15 = 283$（円）である。これはEを3個買う場合のもとの値段より高いから，玉ねぎはEを3個買えばよい。

いも3本は，Gを3個買う場合と，Hを1個買う場合が考えられる。Gを3個買う場合のもとの値段は，$65 \times 3 = 195$（円）である。Hに「5%引き」のシールを貼ると，$198 \times 0.05 = 9.9$ より，10円引きとなるので，Hを1個買う場合に，最も安くした代金は $198 - 10 = 188$（円）である。また，Gを3個買う場合に，1個に「5%引き」のシールを貼っても，$65 \times 0.05 = 3.25$ より，4円しか値引きされず，G3個の代金が $195 - 4 = 191$（円）となるから，いもはHを1個買えばよく，これに「5%引き」のシールを貼ればよい。

よって，「15%引き」，「8%引き」，「5%引き」のシールで値引きされる金額は，それぞれ $2700 \times 0.15 = 405$（円），39円，10円であり，「40円引き」，「20円引き」，「10円引き」の3枚のシールもすべていずれかの商品に貼ることができるので，求める代金は，$2700 + 774 + 240 + 198 - 405 - 39 - 10 - 70 = 3388$（円）である。

③ (1)　角EDA＝60度だから，三角定規の60度の角を使って作図する。
角FDA＝15度＝60度－45度だから，角CDF＝45度となるように，三角定規の45度の角を使って作図する。角EGF＝90度だから，三角定規の90度の角を使って作図する。

(2)　三角形EGFは，角GEF＝30度の直角三角形だから，図3より，GF：GE＝10：17.3とわかる。三角形GDFは直角二等辺三角形だから，図3より，GF：DG＝10：10とわかる。よって，DG：GE＝10：17.3＝100：173である。

(3)　(2)の解説をふまえる。EF：GF：EG＝20：10：17.3だから，$GF = EF \times \frac{10}{20} = 16 \times \frac{1}{2} = 8$ (m)，$EG = EF \times \frac{17.3}{20} = 16 \times \frac{17.3}{20} = 13.84$ (m)である。また，GF：GD＝10：10＝1：1だから，GD＝GF＝8 m

である。したがって，ED＝EG＋GD＝13.84＋8＝21.84(m)となり，ED：AD：EA＝20：10：17.3だから，AD＝ED×$\frac{10}{20}$＝21.84×$\frac{1}{2}$＝10.92(m)，EA＝ED×$\frac{17.3}{20}$＝21.84×$\frac{17.3}{20}$＝18.8916(m)である。

よって，辺ADの長さは10.9m，辺AFの長さはEA－EF＝18.8916－16＝2.8916(m)より，2.9mである。

4 (1) 294.8－110＝184.8(g)

(2) 500円玉は1枚あたり7gだから，何枚あっても重さに$\frac{1}{10}$の位の数がでることはない。100円玉は1枚あたり4.8gで，中身だけの重さが184.8gだから，4.8に整数をかけて，$\frac{1}{10}$の位の数が8となる数を探す。0.8に1，2，3，…をかけると，$\frac{1}{10}$の位の数は，8，6，4，2，0，8，…となるから，一の位の数が1または6であるとき，$\frac{1}{10}$の位の数が8になるとわかる。

(3) ㋐中身の重さ(184.8g)から，㋑100円玉の重さの合計を引いた重さが7の倍数であればよい。100円玉の枚数は，184.8÷4.8＝38余り2.4より，38枚以下だから，考えられる最大の枚数は36枚である。このとき500円玉の重さは184.8－4.8×36＝12(g)だから，7の倍数にならない。この状態から100円玉を5枚減らすごとに500円玉の重さは4.8×5＝24(g)増えるから，7の倍数になるところを探すと，右表より，100円玉が21枚のときとわかる。7と24の最小公倍数は168だから，次に500円玉の重さが7の倍数となるのは84＋168＝252(g)のときであり，これは問題に合わない。よって，100円玉は㋑21枚，500円玉は84÷7＝㋒12(枚)で，中身の合計金額は，100×21＋500×12＝㋓8100(円)である。

100円玉	㋑	㋐－㋑
36枚	172.8 g	12 g
31枚		36 g
26枚		60 g
21枚		84 g
⋮	⋮	⋮

5 (1) 図5の水が入る部分の高さは，Aのたての長さから，底板の厚さを引いた，11－1＝㋐10(cm)である。

図5の水が入る部分の底面は右図のようになり，その面積は，(15－2)×20＝260(cm²)だから，図5の箱の容量は260×10＝㋑2600(cm³)である。

同じように考えると，図6の箱の容量は，(15－2)×(20－2)×11＝㋒2574(cm³)である。

(2) 水が入る部分の高さが最も高い場合と，底面積が最も大きい場合の箱の容量を比べる。

高さが最も高い場合の箱は，図6のようになり，そのときの容量は2574cm³である。

底面積を最も大きくする場合は，底板の上に重ねることなく横板を接着したいが，横板の横の長さを見ると，それはできないとわかる。したがって，右図のように，Dの横板を底板の上に重ねずに手前と奥に接着し，Aの横板を底板の上に接着すると，底面積が15×(20－2)＝270(cm²)となり，このときの高さは10cmだから，この箱の容量は270×10＝2700(cm³)である。よって，容量が最も大きい箱は，底面積が最も大きい箱とわかる。

(3) 図5，6の箱と，(2)で求めた容量が最も大きい箱以外にどのような箱ができるか考える。

図6の箱は，すべての横板が底板の上に接着されていて，図5の箱と容量が最も大きい箱は2枚の横板が底板の上に接着されている。2枚の横板が底板の上に接着されている箱として，右図aのような箱も考えられる。この箱は図a－2で示したように下の方に空白の部分があるが，これは問題の《きまり》の図3の「へこみ」にはあたらないため，条件に合う。aの箱の容量は，(15－1)×(20－1)×10＝2660(cm³)

3枚の横板が底板の上に接着されている箱として，右図bとcのような形が作れる。bの容量は，(15－2)×(20－1)×10＝2470(cm³)，cの容量は，(15－1)×(20－2)×10＝2520(cm³)である。

■ ご使用にあたってのお願い・ご注意

（1）問題文等の非掲載

著作権上の都合により，問題文や図表などの一部を掲載できない場合があります。

誠に申し訳ございませんが，ご了承くださいますようお願いいたします。

（2）過去問における時事性

過去問題集は，学習指導要領の改訂や社会状況の変化，新たな発見などにより，現在とは異なる表記や解説になっている場合があります。過去問の特性上，出題当時のままで出版していますので，あらかじめご了承ください。

（3）配点

学校等から配点が公表されている場合は，記載しています。公表されていない場合は，記載していません。

独自の予想配点は，出題者の意図と異なる場合があり，お客様が学習するうえで誤った判断をしてしまう恐れがあるため記載していません。

（4）無断複製等の禁止

購入された個人のお客様が，ご家庭でご自身またはご家族の学習のためにコピーをすることは可能ですが，それ以外の目的でコピー，スキャン，転載（ブログ，ＳＮＳなどでの公開を含みます）などをすることは法律により禁止されています。学校や学習塾などで，児童生徒のためにコピーをして使用することも法律により禁止されています。

ご不明な点や，違法な疑いのある行為を確認された場合は，弊社までご連絡ください。

（5）けがに注意

この問題集は針を外して使用します。針を外すときは，けがをしないように注意してください。また，表紙カバーや問題用紙の端で手指を傷つけないように十分注意してください。

（6）正誤

制作には万全を期しておりますが，万が一誤りなどがございましたら，弊社までご連絡ください。

なお，誤りが判明した場合は，弊社ウェブサイトの「ご購入者様のページ」に掲載しておりますので，そちらもご確認ください。

■ お問い合わせ

解答例，解説，印刷，製本など，問題集発行におけるすべての責任は弊社にあります。

ご不明な点がございましたら，弊社ウェブサイトの「お問い合わせ」フォームよりご連絡ください。迅速に対応いたしますが，営業日の都合で回答に数日を要する場合があります。

ご入力いただいたメールアドレス宛に自動返信メールをお送りしています。自動返信メールが届かない場合は，「よくある質問」の「メールの問い合わせに対し返信がありません。」の項目をご確認ください。

また弊社営業日（平日）は，午前９時から午後５時まで，電話でのお問い合わせも受け付けています。

2025 春

株式会社教英出版

〒422-8054　静岡県静岡市駿河区南安倍３丁目 12-28

TEL　054-288-2131　　FAX　054-288-2133

URL　https://kyoei-syuppan.net/

MAIL　siteform@kyoei-syuppan.net

教英出版 2025年春受験用 中学入試問題集

学校別問題集
★はカラー問題対応

北 海 道
① [市立] 札幌開成中等教育学校
② 藤 女 子 中 学 校
③ 北 嶺 中 学 校
④ 北 星 学 園 女 子 中 学 校
⑤ 札 幌 大 谷 中 学 校
⑥ 札 幌 光 星 中 学 校
⑦ 立 命 館 慶 祥 中 学 校
⑧ 函 館 ラ・サール 中 学 校

青 森 県
① [県立] 三本木高等学校附属中学校

岩 手 県
① [県立] 一関第一高等学校附属中学校

宮 城 県
① [県立] 宮城県古川黎明中学校
② [県立] 宮城県仙台二華中学校
③ [市立] 仙台青陵中等教育学校
④ 東 北 学 院 中 学 校
⑤ 仙 台 白 百 合 学 園 中 学 校
⑥ 聖ウルスラ学院英智中学校
⑦ 宮 城 学 院 中 学 校
⑧ 秀 光 中 学 校
⑨ 古 川 学 園 中 学 校

秋 田 県
① [県立] 大館国際情報学院中学校
秋田南高等学校中等部
横手清陵学院中学校

山 形 県
① [県立] 東桜学館中学校
致道館中学校

福 島 県
① [県立] 会津学鳳中学校
ふたば未来学園中学校

茨 城 県
① [県立] 日立第一高等学校附属中学校
太田第一高等学校附属中学校
水戸第一高等学校附属中学校
鉾田第一高等学校附属中学校
鹿島高等学校附属中学校
土浦第一高等学校附属中学校
竜ヶ崎第一高等学校附属中学校
下館第一高等学校附属中学校
下妻第一高等学校附属中学校
水海道第一高等学校附属中学校
勝田中等教育学校
並木中等教育学校
古河中等教育学校

栃 木 県
① [県立] 宇都宮東高等学校附属中学校
佐野高等学校附属中学校
矢板東高等学校附属中学校

群 馬 県
① [県立] 中央中等教育学校
[市立] 四ツ葉学園中等教育学校
[市立] 太 田 中 学 校

埼 玉 県
① [県立] 伊 奈 学 園 中 学 校
② [市立] 浦 和 中 学 校
③ [市立] 大宮国際中等教育学校
④ [市立] 川口市立高等学校附属中学校

千 葉 県
① [県立] 千 葉 中 学 校
東 葛 飾 中 学 校
② [市立] 稲毛国際中等教育学校

東 京 都
① [国立] 筑波大学附属駒場中学校
② [都立] 白鷗高等学校附属中学校
③ [都立] 桜修館中等教育学校
④ [都立] 小石川中等教育学校
⑤ [都立] 両国高等学校附属中学校
⑥ [都立] 立川国際中等教育学校
⑦ [都立] 武蔵高等学校附属中学校
⑧ [都立] 大泉高等学校附属中学校
⑨ [都立] 富士高等学校附属中学校
⑩ [都立] 三 鷹 中 等 教 育 学 校
⑪ [都立] 南多摩中等教育学校
⑫ [区立] 九 段 中 等 教 育 学 校
⑬ 開 成 中 学 校
⑭ 麻 布 中 学 校
⑮ 桜 蔭 中 学 校
⑯ 女 子 学 院 中 学 校
★⑰ 豊島岡女子学園中学校
⑱ 東京都市大学等々力中学校
⑲ 世 田 谷 学 園 中 学 校
★⑳ 広尾学園中学校 (第2回)
★㉑ 広尾学園中学校 (医進・サイエンス回)
㉒ 渋谷教育学園渋谷中学校 (第1回)
㉓ 渋谷教育学園渋谷中学校 (第2回)
㉔ 東京農業大学第一高等学校中等部
(2月1日 午後)
㉕ 東京農業大学第一高等学校中等部
(2月2日 午後)

神奈川県

① [県立] 相模原中等教育学校／平塚中等教育学校
② [市立] 南高等学校附属中学校
③ [市立] 横浜サイエンスフロンティア高等学校附属中学校
④ [市立] 川崎高等学校附属中学校
✿⑤ 聖 光 学 院 中 学 校
✿⑥ 浅 野 中 学 校
⑦ 洗 足 学 園 中 学 校
⑧ 法 政 大 学 第 二 中 学 校
⑨ 逗 子 開 成 中 学 校（1次）
⑩ 逗 子 開 成 中 学 校（2・3次）
⑪ 神奈川大学附属中学校（第1回）
⑫ 神奈川大学附属中学校（第2・3回）
⑬ 栄 光 学 園 中 学 校
⑭ フェリス女学院中学校

新 潟 県

① [県立] 村上中等教育学校／柏崎翔洋中等教育学校／燕中等教育学校／津南中等教育学校／直江津中等教育学校／佐渡中等教育学校
② [市立] 高 志 中 等 教 育 学 校
③ 新 潟 第 一 中 学 校
④ 新 潟 明 訓 中 学 校

石 川 県

① [県立] 金 沢 錦 丘 中 学 校
② 星 稜 中 学 校

福 井 県

① [県立] 高 志 中 学 校

山 梨 県

① 山 梨 英 和 中 学 校
② 山 梨 学 院 中 学 校
③ 駿 台 甲 府 中 学 校

長 野 県

① [県立] 屋代高等学校附属中学校／諏訪清陵高等学校附属中学校
② [市立] 長 野 中 学 校

岐 阜 県

① 岐 阜 東 中 学 校
② 鶯 谷 中 学 校
③ 岐阜聖徳学園大学附属中学校

静 岡 県

① [国立] 静岡大学教育学部附属中学校（静岡・島田・浜松）
② [県立] 清水南高等学校中等部／[県立] 浜松西高等学校中等部／[市立] 沼津高等学校中等部
③ 不二聖心女子学院中学校
④ 日 本 大 学 三 島 中 学 校
⑤ 加 藤 学 園 暁 秀 中 学 校
⑥ 星 陵 中 学 校
⑦ 東海大学付属静岡翔洋高等学校中等部
⑧ 静 岡 サ レ ジ オ 中 学 校
⑨ 静 岡 英 和 女 学 院 中 学 校
⑩ 静 岡 雙 葉 中 学 校
⑪ 静 岡 聖 光 学 院 中 学 校
⑫ 静 岡 学 園 中 学 校
⑬ 静 岡 大 成 中 学 校
⑭ 城 南 静 岡 中 学 校
⑮ 静 岡 北 中 学 校
⑯ 常葉大学附属常葉中学校／常葉大学附属橘中学校／常葉大学附属菊川中学校
⑰ 藤 枝 明 誠 中 学 校
⑱ 浜 松 開 誠 館 中 学 校
⑲ 静岡県西遠女子学園中学校
⑳ 浜 松 日 体 中 学 校
㉑ 浜 松 学 芸 中 学 校

愛 知 県

① [国立] 愛知教育大学附属名古屋中学校
② 愛 知 淑 徳 中 学 校
③ 名古屋経済大学市邨中学校／名古屋経済大学高蔵中学校
④ 金 城 学 院 中 学 校
⑤ 椙 山 女 学 園 中 学 校
⑥ 東 海 中 学 校
⑦ 南 山 中 学 校 男 子 部
⑧ 南 山 中 学 校 女 子 部
⑨ 聖 霊 中 学 校
⑩ 滝 中 学 校
⑪ 名 古 屋 中 学 校
⑫ 大 成 中 学 校

⑬ 愛 知 中 学 校
⑭ 星 城 中 学 校
⑮ 名 古 屋 葵 大 学 中 学 校（名古屋女子大学中学校）
⑯ 愛知工業大学名電中学校
⑰ 海陽中等教育学校（特別給費生）
⑱ 海陽中等教育学校（Ⅰ・Ⅱ）
⑲ 中部大学春日丘中学校
新刊⑳ 名 古 屋 国 際 中 学 校

三 重 県

① [国立] 三重大学教育学部附属中学校
② 暁 中 学 校
③ 海 星 中 学 校
④ 四日市メリノール学院中学校
⑤ 高 田 中 学 校
⑥ セントヨゼフ女子学園中学校
⑦ 三 重 中 学 校
⑧ 皇 學 館 中 学 校
⑨ 鈴 鹿 中 等 教 育 学 校
⑩ 津 田 学 園 中 学 校

滋 賀 県

① [国立] 滋賀大学教育学部附属中学校
② [県立] 河 瀬 中 学 校／守 山 中 学 校／水 口 東 中 学 校

京 都 府

① [国立] 京都教育大学附属桃山中学校
② [府立] 洛北高等学校附属中学校
③ [府立] 園部高等学校附属中学校
④ [府立] 福知山高等学校附属中学校
⑤ [府立] 南陽高等学校附属中学校
⑥ [市立] 西京高等学校附属中学校
⑦ 同 志 社 中 学 校
⑧ 洛 星 中 学 校
⑨ 洛南高等学校附属中学校
⑩ 立 命 館 中 学 校
⑪ 同 志 社 国 際 中 学 校
⑫ 同志社女子中学校（前期日程）
⑬ 同志社女子中学校（後期日程）

大 阪 府

① [国立] 大阪教育大学附属天王寺中学校
② [国立] 大阪教育大学附属平野中学校
③ [国立] 大阪教育大学附属池田中学校

④[府立]富田林中学校
⑤[府立]咲くやこの花中学校
⑥[府立]水都国際中学校
⑦清　風　中　学　校
⑧高槻中学校（Ａ日程）
⑨高槻中学校（Ｂ日程）
⑩明　星　中　学　校
⑪大阪女学院中学校
⑫大　谷　中　学　校
⑬四天王寺中学校
⑭帝塚山学院中学校
⑮大阪国際中学校
⑯大阪桐蔭中学校
⑰開　明　中　学　校
⑱関西大学第一中学校
⑲近畿大学附属中学校
⑳金蘭千里中学校
㉑金光八尾中学校
㉒清風南海中学校
㉓帝塚山学院泉ヶ丘中学校
㉔同志社香里中学校
㉕初芝立命館中学校
㉖関西大学中等部
㉗大阪星光学院中学校

兵　庫　県
①[国立]神戸大学附属中等教育学校
②[県立]兵庫県立大学附属中学校
③雲雀丘学園中学校
④関西学院中学部
⑤神戸女学院中学部
⑥甲陽学院中学校
⑦甲　南　中　学　校
⑧甲南女子中学校
⑨灘　　中　　学　　校
⑩親　和　中　学　校
⑪神戸海星女子学院中学校
⑫滝　川　中　学　校
⑬啓明学院中学校
⑭三田学園中学校
⑮淳心学院中学校
⑯仁川学院中学校
⑰六甲学院中学校
⑱須磨学園中学校（第1回入試）
⑲須磨学園中学校（第2回入試）
⑳須磨学園中学校（第3回入試）
㉑白　陵　中　学　校

㉒夙　川　中　学　校

奈　良　県
①[国立]奈良女子大学附属中等教育学校
②[国立]奈良教育大学附属中学校
③[県立]（国際中学校／青翔中学校）
④[市立]一条高等学校附属中学校
⑤帝塚山中学校
⑥東大寺学園中学校
⑦奈良学園中学校
⑧西大和学園中学校

和　歌　山　県
①[県立]（古佐田丘中学校／向陽中学校／桐蔭中学校／日高高等学校附属中学校／田辺中学校）
②智辯学園和歌山中学校
③近畿大学附属和歌山中学校
④開　智　中　学　校

岡　山　県
①[県立]岡山操山中学校
②[県立]倉敷天城中学校
③[県立]岡山大安寺中等教育学校
④[県立]津　山　中　学　校
⑤岡　山　中　学　校
⑥清　心　中　学　校
⑦岡山白陵中学校
⑧金光学園中学校
⑨就　実　中　学　校
⑩岡山理科大学附属中学校
⑪山陽学園中学校

広　島　県
①[国立]広島大学附属中学校
②[国立]広島大学附属福山中学校
③[県立]広　島　中　学　校
④[県立]三　次　中　学　校
⑤[県立]広島叡智学園中学校
⑥[市立]広島中等教育学校
⑦[市立]福　山　中　学　校
⑧広島学院中学校
⑨広島女学院中学校
⑩修　道　中　学　校

⑪崇　徳　中　学　校
⑫比治山女子中学校
⑬福山暁の星女子中学校
⑭安田女子中学校
⑮広島なぎさ中学校
⑯広島城北中学校
⑰近畿大学附属広島中学校福山校
⑱盈　進　中　学　校
⑲如水館中学校
⑳ノートルダム清心中学校
㉑銀河学院中学校
㉒近畿大学附属広島中学校東広島校
㉓ＡＩＣＪ中学校
㉔広島国際学院中学校
㉕広島修道大学ひろしま協創中学校

山　口　県
①[県立]（下関中等教育学校／高森みどり中学校）
②野田学園中学校

徳　島　県
①[県立]（富岡東中学校／川島中学校／城ノ内中等教育学校）
②徳島文理中学校

香　川　県
①大手前丸亀中学校
②香川誠陵中学校

愛　媛　県
①[県立]（今治東中等教育学校／松山西中等教育学校）
②愛　光　中　学　校
③済美平成中等教育学校
④新田青雲中等教育学校

高　知　県
①[県立]（安芸中学校／高知国際中学校／中村中学校）

福　岡　県

①[国立] 福岡教育大学附属中学校
（福岡・小倉・久留米）

②[県立]
　育徳館中学校
　門司学園中学校
　宗像中学校
　嘉穂高等学校附属中学校
　輝翔館中等教育学校

③西南学院中学校
④上智福岡中学校
⑤福岡女学院中学校
⑥福岡雙葉中学校
⑦照曜館中学校
⑧筑紫女学園中学校
⑨敬愛中学校
⑩久留米大学附設中学校
⑪飯塚日新館中学校
⑫明治学園中学校
⑬小倉日新館中学校
⑭久留米信愛中学校
⑮中村学園女子中学校
⑯福岡大学附属大濠中学校
⑰筑陽学園中学校
⑱九州国際大学付属中学校
⑲博多女子中学校
⑳東福岡自彊館中学校
㉑八女学院中学校

佐　賀　県

①[県立]
　香楠中学校
　致遠館中学校
　唐津東中学校
　武雄青陵中学校

②弘学館中学校
③東明館中学校
④佐賀清和中学校
⑤成穎中学校
⑥早稲田佐賀中学校

長　崎　県

①[県立]
　長崎東中学校
　佐世保北中学校
　諫早高等学校附属中学校

②青雲中学校
③長崎南山中学校
④長崎日本大学中学校
⑤海星中学校

熊　本　県

①[県立]
　玉名高等学校附属中学校
　宇土中学校
　八代中学校

②真和中学校
③九州学院中学校
④ルーテル学院中学校
⑤熊本信愛女学院中学校
⑥熊本マリスト学園中学校
⑦熊本学園大学付属中学校

大　分　県

①[県立] 大分豊府中学校
②岩田中学校

宮　崎　県

①[県立] 五ヶ瀬中等教育学校

②[県立]
　宮崎西高等学校附属中学校
　都城泉ヶ丘高等学校附属中学校

③宮崎日本大学中学校
④日向学院中学校
⑤宮崎第一中学校

鹿　児　島　県

①[県立] 楠隼中学校
②[市立] 鹿児島玉龍中学校
③鹿児島修学館中学校
④ラ・サール中学校
⑤志學館中等部

沖　縄　県

①[県立]
　与勝緑が丘中学校
　開邦中学校
　球陽中学校
　名護高等学校附属桜中学校

もっと過去問シリーズ

北　海　道

北嶺中学校
　7年分（算数・理科・社会）

静　岡　県

静岡大学教育学部附属中学校
（静岡・島田・浜松）
　10年分（算数）

愛　知　県

愛知淑徳中学校
　7年分（算数・理科・社会）
東海中学校
　7年分（算数・理科・社会）
南山中学校男子部
　7年分（算数・理科・社会）

南山中学校女子部
　7年分（算数・理科・社会）
滝中学校
　7年分（算数・理科・社会）
名古屋中学校
　7年分（算数・理科・社会）

岡　山　県

岡山白陵中学校
　7年分（算数・理科）

広　島　県

広島大学附属中学校
　7年分（算数・理科・社会）
広島大学附属福山中学校
　7年分（算数・理科・社会）
広島学院中学校
　7年分（算数・理科・社会）
広島女学院中学校
　7年分（算数・理科・社会）
修道中学校
　7年分（算数・理科・社会）
ノートルダム清心中学校
　7年分（算数・理科・社会）

愛　媛　県

愛光中学校
　7年分（算数・理科・社会）

福　岡　県

福岡教育大学附属中学校
（福岡・小倉・久留米）
　7年分（算数・理科・社会）
西南学院中学校
　7年分（算数・理科・社会）
久留米大学附設中学校
　7年分（算数・理科・社会）
福岡大学附属大濠中学校
　7年分（算数・理科・社会）

佐　賀　県

早稲田佐賀中学校
　7年分（算数・理科・社会）

長　崎　県

青雲中学校
　7年分（算数・理科・社会）

鹿　児　島　県

ラ・サール中学校
　7年分（算数・理科・社会）

※もっと過去問シリーズは
　国語の収録はありません。

K 教英出版

〒422-8054
静岡県静岡市駿河区南安倍3丁目12-28
TEL 054-288-2131
FAX 054-288-2133

詳しくは教英出版で検索

教英出版　　検索

URL https://kyoei-syuppan.net/

令和６年度入学考査

適性をみる検査Ⅰ

京都府立中学校

次の文章を読んで、あとの(1)〜(5)の問いに答えなさい。

（注意）　＊のついている語句の説明が2ページにあります。

モズがはやにえをつくる理由は、これまでさまざまな解釈がなされてきました。例えば、なわばりを主張する＊マーキング行動であるとか、なわばりのエサの豊富さを誇示するための行動、＊獲物を食べている途中で放置しただけでとくに意味のない行動などです。その中でも、とくに人気のあるのが「冬の保存食説」です。この仮説では、モズはエサの少ない冬を乗り越えるためにはやにえを貯える、と解釈されています。

エサを貯える習性は専門的には「貯食」といい、越冬のための貯食はモズ以外のさまざまな鳥類で知られています。例えば、ヤマガラやホシガラス、カケスなどは、木の実を樹皮の割れ目や土の中などに貯えて、冬にこれを食べ物として利用します。

はたして、モズのはやにえにも同様の役割があるのでしょうか。（中略）

もし、はやにえが冬の保存食ならば、モズは気温の低い（＝エサの少ない）時期にはやにえを活発に消費するはずです。そこで、この予想を確かめるため、私ははやにえの生産や消費の時期をつぶさに観察することにしました。

①調査地は大阪府南部の里山で、私がモズの生態調査を長年してきた場所です。モズは9月ごろにここに渡ってきて、越冬のためのなわばりを巡って争い始めます。10月になるとなわばり争いも落ち着き、モズはなわばりの中にはやにえをせっせと貯えるようになります。はやにえの生産は越冬シーズン（10〜1月）後の繁殖シーズン（2〜5月）にも続いていく可能性があったため、はやにえ調査は10〜5月に月1回の頻度で行ないました。

調査方法はいたってシンプルです。なわばりの中にある木の枝先や＊鉄条網、農作用の＊杭先などをすべて見て回り、はやにえの生産時期と消費時期をひたすらモニタリングするだけです。約2100個のはやにえをモニタリングした結果、おもしろいことがわかってきました。

まず、はやにえの生産時期についてですが、モズは本格的に寒くなる前の時期である10〜12月に、はやにえを集中的に生産することがわかりました。月々の平均生産数は約40個で、合計120個ほどのはやにえがオスのなわばりに貯えられることになります。モズは1日あたり10個程度のはやにえを食べるため、貯えたはやにえは単純計算で、12日分のエサに相当すると考えられます。

次に、＊肝心のはやにえの消費時期についてです。モズは貯えたはやにえを、繁殖シーズンが始まる前までに食べ尽くしました。月々のはやにえの消費数は、気温が低くなるにつれてどんどん増えていき、もっとも寒い1月にピークに達していました。これはつまり、モズが真冬のエサ不足を補うためにはやにえを貯えていたことを示しています。

モズが真冬に何を食べているかを、彼らの吐き戻した物から調べた過去の研究によると、冬には植物の実を多く食べていることがわかっています。モズは肉食性の小鳥です。普段は食べない植物の実に頼らねばならないほど、エサが不足しているのでしょう。つまり、はやにえは真冬の貴重なエネルギー源だったのです。

②これにて一件落着！　とはならないのです。研究のおもしろいところです。私はひとつ不思議なことに気づきました。はやにえの主な役割が冬の保存食ならば、1月と同じくらい寒い2月に、なぜはやにえがもっと多く消費されなかったのでしょうか。もしかすると、はやにえには「冬の保存食以外」の役割もあるのかもしれません。（中略）

モズのオスは繁殖シーズンになると、早口で（＝速い歌唱速度で）歌うオスほどメスからモテること、体調のよかったオスほど早口で魅力的に歌えることがわかっていました。私の先行研究で、早口で（＝速い歌唱速度で）歌うオスほどメスの気を引こうとして、なわばりの中で活発に歌い始めます。

そこで私は、はやにえの第二の役割として、「オスははやにえを食べることで、歌声の魅力を高められる？」という大胆な仮説を思いつきました。

この仮説を検証するため、はやにえのモニタリング調査と並行して、繁殖シーズンにはオスの歌声の録音も行ない、はやにえの消費数とオスの歌唱速度（歌声の魅力の指標）の関係を調べてみました。すると、おもしろいことがわかってきたのです。

なんと！　予想どおり、はやにえを多く消費したオスほど、歌唱速度の速い魅力的な歌声をもつことが明らかになったのです。この結果には椅子から転げ落ちるほど驚きました。しかし、注意しなければならないのは、因果関係（はやにえを食べたことが原因となり、歌が上手になったのか）は本当のところはわからない点です。もしかすると、歌がはじめから上手なオスがいて、エサのよいなわばりを偶然手に入れて、はやにえをたくさん貯えられただけかもしれません。そこで、私は実験によるアプローチでこれを再検証することにしました。

実験では３つのオスのグループを用意しました。オスのなわばりからはやにえを取り除いた「除去群」、はやにえに手を加えないでそのままの「対照群」、はやにえの通常の消費量の３倍相当のエサをオスに与えた「給餌群」です。もしはやにえの消費が歌の魅力のアップに重要ならば、グループ間で歌唱速度が大きく異なるはずです。

その結果、対照群に比べて、除去群のオスは歌唱速度が遅くなり、メスと早く結婚できなくなったのに対して、給餌群のオスは歌唱速度が速くなり、メスと早く結婚できるようになったのです。つまり、モズのはやにえは「プロポーズを成功させるための栄養補給食」の役割をもつことが、これではっきりとしました。

貯食は多くの鳥類に共通する行動であり、多数の研究例があります。これまでは、貯食はエサ不足を補うことで生存率を高める行動として、主に解釈されてきました。モズのはやにえにも同様の役割がありました。さらに今回の発見で、繁殖相手の獲得を成功させるための役割も併せもつことが、世界で初めて明らかになりました。

生きものの究極的な目的は、自分の遺伝子つまり子孫を多く残すことです。それには、繁殖相手をうまく見つけることの両方を達成せねばなりません。モズのはやにえは、まさにその「生存率の向上」と「繁殖相手の獲得」をうまく達成させられるように進化した行動だったのです。

（西田有佑「モズのはやにえの不思議」
上田恵介監修『日本野鳥の会のとっておきの野鳥の授業』による）

〈注〉

*はやにえ　　　モズ科の小鳥が木々の枝先などに刺しておいた獲物や、そのような獲物を刺す行動のこと。

*解釈　　　　　物事や文章などの意味・内容を自分なりに理解すること。

*誇示する　　　見せびらかす。

*繁殖　　　　　動物や植物が子孫を増やすこと。

*鉄条網　　　　鉄線で作られた柵。

*杭先　　　　　地中に打ち込んで目印や支柱にする棒の先。

*モニタリング　定期的に観察・記録すること。

*肝心　　　　　最も大切なさま。

*先行研究　　　以前に行われた研究。

*アプローチ　　学問・研究で一定の対象に迫る方法。

－2－

（1）──線部①の「つぶさに」の意味として最も適切なものを、次のア～エから一つ選び、記号で答えなさい。

ア　適切に

イ　早めに

ウ　わかりやすく

エ　くわしく

（2）──線部②にあるように筆者は「これにて一件落着！　とはならない」として、ここで研究を終えずに、さらに研究を続けました。どのような疑問が出てきたから、研究を続けたのですか。次の文の空らん　　　　　にあてはまるように、本文中の言葉を使って、二十字以上、三十字以内で答えなさい。

（注意）句読点（。、）やかぎ（「　」）などの記号は、それぞれ字数に数えます。

はやにえが冬の保存食であるなら、[　　　　　　　　　　]という疑問。

（3）本文中に見られる筆者の調査や実験のしかたについて説明したものとして最も適切なものを、次のア～エから一つ選び、記号で答えなさい。

ア　疑問やわからないことは、本や資料を使って細かく調べ、解決するようにしている。

イ　一つの疑問が解決すると、その疑問とは別の疑問を探している。

ウ　調査をして出た結果とその理由の関係がわからない場合は、実験を行い検証している。

エ　仮説に対して、先行研究をふまえず、調査・実験をし、結論を見い出している。

（4）筆者が行った調査や実験で初めて明らかになったこととして最も適切なものを、次のア～エから一つ選び、記号で答えなさい。

ア　モズのはやにえは、なわばりを主張するマーキング行動だということ。

イ　モズのはやにえは、繁殖相手の獲得に成功するための行動だということ。

ウ　モズのはやにえは、歌の上手なオスがエサのよいなわばりを偶然手に入れたとき、たくさん貯えられるものであるということ。

エ　モズのはやにえは、冬の保存食であり、越冬のための貯食は、モズ以外の鳥類にも見られる習性だということ。

（5）本文の内容として適切なものを、次のア～オから二つ選び、記号で答えなさい。

ア　モズは2～5月の繁殖シーズンに、メスをめぐって激しいなわばり争いを行う。

イ　モズは貯えたはやにえを、1月中に最も消費し、繁殖シーズンに備えている。

ウ　モズは本格的に寒くなる12～2月の間に、はやにえを集中的に消費する。

エ　モズは肉食性の小鳥だが、冬の間は保存食として植物の実を好んで多く食べる。

オ　モズははやにえをたくさん消費することによって、速く歌えるようになる。

次の文章を読んで、あとの(1)〜(5)の問いに答えなさい。
（注意）＊のついている語句の説明が5〜6ページにあります。

（岡根谷実里『世界の食卓から社会が見える』による）

〈注〉
＊紀元前……西暦1年（紀元）よりも前。現在は西暦2024年。
＊需要……必要とするものを求めること。
＊右肩上がり……時間がたつにつれて増えていること。
＊ヒスパニック系住民……メキシコなどのスペイン語を話す地域から来た人やその子孫である
　　　　　　　　　　　　住民のこと。
＊ワカモレ……アボカドをつぶして味付けした食品。メキシコ料理で作られる。
＊拍車をかけて……進行を速くさせて。
＊侮れない……軽く見ることができない。
＊潤って……豊かになり、ゆとりができて。
＊礎……もとになる大切なもの。
＊アイデンティティ……そのものが他とはちがう独自のものであるということをはっきりさ
　　　　　　　　　　　せるもの。

* 脅がされて
　　あぶない状態にされて。
* 概念
　　本文では、物事の考え方のこと。
* 灌漑
　　田畑に必要な水を、ひき入れて使うこと。
* 希釈
　　水などを加えて、うすめること。
* 地盤沈下
　　地面がしずんで、地表が低くなること。
* 代替品
　　ある物の代わりに使う品。
* 動物倫理
　　人と動物との関係がどうあるべきかについての考え。

(1) ──線部①に「そんな世界の状況」とありますが、筆者が、日本や世界の状況として述べている内容として適切なものを、次のア～オから二つ選び、記号で答えなさい。

ア アボカドはビタミンやミネラルを多く含んでいて、美容や健康によい食材であるというイメージをもたれ、アボカドを使って作ったメニューも人気があり、日本での需要が高まった。

イ メキシコは、中央アメリカ地域の中で最大のアボカド生産国であり、メキシコで生産されたアボカドの半分以上が日本に運ばれ、おしゃれなカフェでワカモレをつくるために使われている。

ウ 日本では、バレンタインデーのたった1日だけで、侮れないほどたくさんの量のアボカドが消費されており、そのおかげで、アボカドを生産しているメキシコの全ての農家の生活が大変豊かになった。

エ アメリカでは、スーパーボウルという大きなイベントと関連付けられる食材になるなど、アボカドがアメリカ文化に入り込んでおり、一人あたりにすると年間3・8キログラムも消費している。

オ 中央アメリカ地域はアボカドの原産地とされ、紀元前に栽培をしていた痕跡があるが、今も多く消費されており、アメリカで生産されるアボカドの大部分が中央アメリカ地域に輸出されている。

(2) ──線部②に「単純に比較すると、バナナの2倍以上、トマトの10倍近くも水を飲むのだ」とありますが、この部分の表現の説明として最も適切なものを、次のア～エから一つ選び、記号で答えなさい。

ア 飲み水にもなる地下水がアボカドの生産ではほとんど使われていないことを、くわしい数字を使って伝えている。

イ 大きな数字を使って述べたことを、2や10という数字に整理することで、バナナが多くの水分をふくむことを印象づけている。

ウ アボカドが生育のために多量の水を必要とすることを、バナナが多くの水を飲むことを、アボカドを人間のようにたとえて表現している。

エ アボカドを育てる人が多くの水を飲むことを、トマトの場合と比べて印象づけ、生産の大変さに目を向けさせている。

(3) 空らん a 、 b に入る言葉の組み合わせとして最も適切なものを、次のア～エから一つ選び、記号で答えなさい。

ア a たとえば b なぜなら
イ a たとえば b さらに
ウ a しかし b ところが
エ a しかし b また

－6－

（4）──線部③に「こういった問題は、何もアボカドに限ったことではなく多くの食品に関して起こっている」とありますが、筆者の文章の組み立て方や「問題」の述べ方について、山本さんと川上さんが話し合っています。次の会話文の空らん　あ　〜　う　にあてはまる内容として最も適切なものを、それぞれ答えなさい。ただし、　あ　については本文中から十六字でぬき出して初めの五字を、　い　についてはあとのア〜エから一つ選んで記号で、　う　については本文中から三十三字でぬき出して初めの五字をそれぞれ答えなさい。

（注意）句読点（。　）やかぎ（「　」）などの記号は、それぞれ字数に数えます。

山本　「こういった問題」とありますが、筆者はこの文章の中で、アボカドに関係して生じる問題」に話題をかえる段落と、実際に問題を次々と挙げていく段落とに分けて、その具体的な内容を次々と挙げています。

川上　そうですね。それまで述べてきた「日本や世界の状況」から「アボカドに関係して生じる問題」に話題をかえる段落と、実際に問題を次々と挙げていくように、段落に役割を持たせて組み立てています。そして、筆者がそれらの問題を述べていく順番は、よく整理されていますね。

山本　はい。それらの問題は、全体を大きく分けると　い　という二つのグループに分けることができます。また、この二つのグループは、一つ目のグループであれば、「生産地域の食文化を脅かしているという問題」と、「生産地域の土地によくない影響を与えているという問題」というように、さらに分けて整理することができます。文章を読むときには、内容を整理しながら読むことが大切ですね。

川上　そうですね。内容を整理するということでは、問題を述べたときのまとめにも注目できます。たとえば、「生産地域の土地によくない影響を与えているという問題」の二つ目こうして挙げた内容は、　う　にまとめています。このように、文章の中で述べたことをまとめながら進めていくという書き方は、自分で書く時の参考になりますね。

（5）──線部④に「よかれと思った選択が、思わぬところでよくない結果をもたらすこともある」とありますが、拡大しているアーモンドの生産では、消費者のどのような「よかれと思った選択」が、どのような「よくない結果」をもたらしていると筆者は述べていますか。どのような面からその選択がよいと思ったのかをふくめ、次の文の空らんにあてはまるように、本文中の言葉を使って、三十五字以上、四十五字以内で答えなさい。

（注意）句読点（。　）やかぎ（「　」）などの記号は、それぞれ字数に数えます。

　　　　　　　　　　　　　　　　　　　　　　　と筆者は述べている。

ア　アボカドを生産する側に影響を与える問題と、消費する側に影響を与える問題
イ　アボカドの生産や消費を続けることで起こる問題と、やめることで起こる問題
ウ　アボカドを栽培するときに使われる水に関係した問題と、栽培している地域の動植物に関係した問題
エ　アボカドの利用をプラントベースという点から見たときの問題と、健康面から見たときの問題

三　次の　　　　に示したように、課題を発見し、考えを深めていく学習がよく行われます。

```
┌─────────────────────────┐
│   課題を発見する         │
│       ↓ ←─────┐         │
│   発見した課題の解決に必要な情報を集める │
│       ↓                  │
│   課題の解決に向けて考えを深めたりまとめたりする │
│       ↓                  │
│   新たな課題を発見する ──┘│
└─────────────────────────┘
```

あなたは、このように学習を進めていくためには何が大切だと考えますか。大切だと考えることを、そう考える理由とともに、記入用紙2に、三百六十一字以上、四百五十字以内（二十五行以上、三十行以内）で書きなさい。ただし、大切だと考えることは二つまでとし、自分自身の体験や、見たり聞いたりした内容を例にあげて書くこと。

〈書き方の注意〉

①　題や氏名は書かないで、一行目から書き始めます。

②　段落を変えるときの残りのマス目は、字数として数えます。

③　最後の段落の残りのマス目は、字数として数えません。

令和６年度入学考査

適性をみる検査Ⅱ

注　意

1　「解答を始めなさい」の合図があるまで，この問題用紙を開いてはいけません。

2　問題は，１ページから14ページまであります。問題用紙のあいている場所は，下書きや計算などに使用してもかまいません。

3　記入用紙は，記入用紙１と記入用紙２があります。指示にしたがい，記入用紙１には２か所に，記入用紙２には１か所に受付番号を書きなさい。

4　検査時間は50分間です。

5　①・②の解答は記入用紙１に，③の解答は記入用紙２に記入しなさい。

6　記入用紙の※印のらんには何も記入してはいけません。

7　「解答をやめなさい」の合図があるまで，問題に取り組んでいてもかまいません。

1 次の文章は太郎さんが給食をテーマにまとめた**レポートの一部**です。これについて，あとの（1）～（5）の問いに答えなさい。

レポートの一部

> ある日の給食の献立はカレーライス，オレンジ，牛乳でした。食材について調べてみると，外国産の食材もいろいろあり，世界とのつながりを感じました。そして，a国内で消費された食料のうち，国内で作られている食料の割合を調べてみました。そこから，b貿易や世界の地域について興味を持つようになりました。
> <献立（食材）>
> カレーライス（c米，牛肉，じゃがいも，にんじん，玉ねぎなど），オレンジ，牛乳

（1） 下線部aについて，次のⅠ・Ⅱの問いに答えなさい。

Ⅰ 下線部aを何といいますか，**ひらがな12字**で答えなさい。

Ⅱ 下の**グラフ**は，日本における，果物，小麦，米，肉類，野菜の下線部aのうつり変わりを示したものです。米のうつり変わりを示したものを**グラフ中の**ア～オから１つ選び，記号で答えなさい。

グラフ

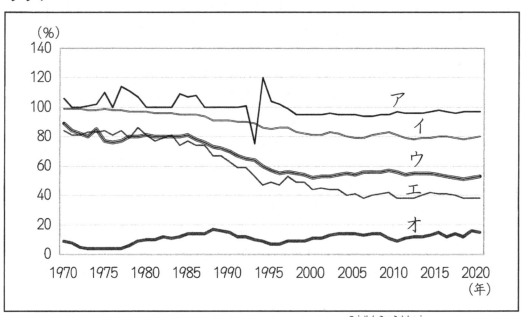

（農林水産省統計より作成）

（2）　下線部ｂについて，次のⅠ・Ⅱの問いに答えなさい。

Ⅰ　日本の貿易がスムーズにできるように働きかけたり，パスポートの申請手続きを決めたりするなど，外交に関わる仕事を担当する省の名前は何か，**ひらがな**で答えなさい。

Ⅱ　太郎さんは，日本がオレンジを輸入する相手国を調べ，年間輸入量の1位がアメリカ合衆国，2位がオーストラリアであることを知り，月ごとの輸入量（kg）を表にまとめ**資料1**を作りました。また，**資料2**はそれぞれの国のオレンジ主要産地の月ごとの降水量（mm）と平均気温（℃）を表したグラフです。下の「**輸入オレンジの特ちょう**」，**資料1・2**から分かる，日本におけるオレンジの輸入量を安定させる工夫について，**記入用紙1**の空らんに適するように，**15字以上20字以内**で答えなさい。

「輸入オレンジの特ちょう」

> 輸入オレンジで最も輸入量の多い種類がネーブルオレンジです。寒い時期に収穫されます。

資料1

	アメリカ合衆国	オーストラリア
1月	199万 kg	42万 kg
2月	446万 kg	5万 kg
3月	410万 kg	0 kg
4月	1027万 kg	0 kg
5月	293万 kg	0 kg
6月	472万 kg	78万 kg
7月	18万 kg	797万 kg
8月	0 kg	910万 kg
9月	0 kg	886万 kg
10月	0 kg	361万 kg
11月	0 kg	301万 kg
12月	16万 kg	208万 kg

（2022年農林水産物輸出入概況より作成）

資料2

ロサンゼルス
（アメリカ合衆国）

シドニー
（オーストラリア）

（気象庁「世界の気候」より作成）

-2-

（3）　下線部 c について，下の**絵**の **A・B** は米作りのために，江戸時代に使われ
ていた代表的な農具です。**A** の農具の名前を**ひらがな**で答えなさい。また，
下の**表1**は米作りのカレンダーを表しています。**A・B** の農具を米作りで主
に使用する時期を，**表1**を参考に，次のア〜エからそれぞれ1つ選び，記号
で答えなさい。

　　　ア　3月初めごろ　　〜　5月初めごろ
　　　イ　3月中ごろ　　　〜　4月終わりごろ
　　　ウ　5月中ごろ　　　〜　9月中ごろ
　　　エ　9月中ごろ　　　〜　10月終わりごろ

絵

表1

3月	4月	5月	6月	7月	8月	9月	10月
	苗つくり						乾燥・もみすり
田おこし	代かき		草とり・水の管理・肥料				稲刈り・脱穀
	肥料	田植え					

（農林水産省ホームページ「くらべてみよう昔といまのコメ作り」より作成）

（4）　給食から世界とのつながりを感じた太郎さんは，地球儀を眺めてみると，
縦と横に線が引かれていたり，地表の起伏が表面の色分けで表されていたり
することに気づきました。地球儀に興味を持った太郎さんは，地球儀を北
極側と南極側から見た**地図**をそれぞれかきました。次の**地図**を見て，下の
Ⅰ・Ⅱの問いに答えなさい。

北極側から見た地図　　　　　南極側から見た地図

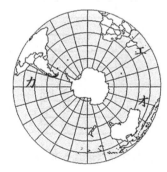

Ⅰ　太郎さんは，これから**地図**中に日本をかこうとしています。**地図**中のア〜カ
の中から，日本の位置として最も適当な場所を選び，記号で答えなさい。

Ⅱ　記入用紙の**北極側から見た地図**と**南極側から見た地図**のそれぞれに，西経
30度の経線を黒くなぞって示しなさい。ただし，陸地部分には経線が引かれ
ていないので，西経30度の線の陸地部分にはあらたに線を引いて示しなさい。

（5）　次の**資料3**は，太郎さんが地球儀の色分けに注目し，①〜⑦の地域ごとに総面積のなかでの土地の高さの割合（％）をまとめたものです。**資料3**を見て，下の I 〜 III の問いに答えなさい。

資料3

	以上　未満	① アジア	② ヨーロッパ	③ アフリカ	④ 北アメリカ	⑤ 南アメリカ	⑥ オーストラリア と周辺の島々	⑦ 南極
土地の高さ	200m	24.6	52.7	9.7	29.9	38.2	39.3	6.4
	200〜500m	20.2	21.2	38.9	30.7	29.8	41.6	2.8
	500〜1000m	25.9	15.2	28.2	12.0	19.2	16.9	5.0
	1000〜2000m	18.0	5.0	19.5	16.6	5.6	2.2	22.0
	2000〜3000m	5.2	2.0	2.7	9.1	2.2	0.0	37.6
	3000〜4000m	2.0	0.0	1.0	1.7	2.8	0.0	26.2
	4000〜5000m	4.1	0.0	0.0	0.0	2.2	0.0	0.0
	5000m	1.1	−	0.0	0.0	0.0	−	−
	平均の高さ	960m	340m	750m	720m	590m	340m	2200m

＊その高度の陸地は存在するが割合が0.1％に満たない場合は「0.0」を示し，その高度の陸地が存在しない場合は「−」で表記しています。
＊調整と誤差により，アジアとヨーロッパの合計は100％になりません。

（データブック オブ・ザ・ワールド 2020年版より作成）

I　**資料3**の①・②の両方の地域の大部分をふくむ大陸の名前を答えなさい。

II　**資料3**から読み取れる内容として**適切でない**ものを，次のア〜オから**すべて**選び，記号で答えなさい。
　　ア　500m未満の土地の高さの割合が50％以上を占める地域は全部で3つある。
　　イ　赤道が通る地域のうち，平均の高さが最も高いのはアジアである。
　　ウ　200m以上500m未満の土地の高さの割合がその地域内で最も多い地域は3つある。
　　エ　0度の経線が通る地域のうち，平均の高さが最も高いのはアフリカである。
　　オ　2000m以上の高さの割合が50％以上を占めるのは南極のみである。

III　世界の国々に興味を持った太郎さんは，日本人が多く住んでいる外国を調べ，右の**表2**にまとめました。**表2**にのっている国が3つ以上含まれる地域を**資料3**の①〜⑦から**すべて**選び，番号で答えなさい。

表2

	国名
1位	アメリカ合衆国
2位	中国
3位	オーストラリア
4位	タイ
5位	カナダ
6位	イギリス
7位	ブラジル
8位	ドイツ
9位	韓国
10位	フランス

（海外在留邦人数調査統計 2022年版より作成）

② 一郎さんは先生，友だちの次郎さん，花子さん，三郎さんといっしょに，生物の観察に海へ出かけました。出かけた先の海には，磯と呼ばれる岩の多い波打ちぎわが見られました。その岩の上でいくつかの種類の生物を観察することができました。**図1**はその一例です。生物と生物の間の矢印は，それらの生物の「食べる・食べられる」の関係を示しています。矢印の向きは「食べられる」生物から「食べる」生物になっています。

図1

　図1の中のフジツボ，イガイ，カメノテは岩にはりついて，ほとんど移動せずに生活していますが，ヒトデ，ヒザラガイ，カサガイ，イボニシは岩場を動きまわって生活しています。次の（1）〜（5）の問いに答えなさい。

（1）　一郎さんは貝の仲間であるイガイがこの磯に何びきすんでいるか調べようと考えました。磯には危険な場所もあったので，安全に調べることのできる5つの岩（岩1〜5）にいるイガイの数から，磯全体にいるイガイの数を推測することにしました。岩1〜5で数えられたイガイの数（ひき）は**表**のようになりました。

表

岩1	岩2	岩3	岩4	岩5
84	79	80	81	76

　また，この磯にはイガイが岩1〜5と同じようにすんでいる岩が，岩1〜5をふくめて70個あり，それぞれの岩の大きさもほぼ同じであることがあらかじめ知られています。

　この磯の岩には，全体で何びきのイガイがすんでいると推測できますか。ただし，岩から別の場所への移動については考えないものとします。次の①〜⑤から，最も適切なものを1つ選び，番号で答えなさい。

　　①　500 〜 1000　　　②　1000 〜 2000　　　③　5000 〜 6000
　　④　10000 〜 20000　　⑤　50000 〜 60000

（2）　一郎さんが磯のイガイの数を推測したのと同じ方法で数を推測できるのは次の①～③のうちどれですか。最も適切なものを1つ選び，番号で答えなさい。
　　①　等間隔にイネが植わっている水田において，水田の一部のイネの数とその面積，水田の全面積から，水田全体に植わっているイネの本数を推測する。
　　②　ミツバチが巣箱から出ていく1時間あたりの回数とその巣箱の大きさから，巣箱内にいるミツバチの数を推測する。
　　③　池1m²あたりにすむザリガニの数と大きさ，池の総面積から，ザリガニの餌となる魚が池全体に何びきいるか推測する。

（3）　次郎さんは水50mLに1.5gの食塩を入れて完全に溶かし，海水と同じこさの食塩水を作ろうとしています。図2は水の体積を測るのに使った器具と目盛りを読むときの目線を，それぞれ表しています。次のⅠ～Ⅳの問いに答えなさい。

図2

Ⅰ　右の図2の器具の名前をカタカナで答えなさい。

Ⅱ　目盛りを読み取るときの目線として正しいものはどれですか。右の図2中のア～ウから1つ選び，記号で答えなさい。

Ⅲ　下の図は図2の器具に水を入れたときの液面のようすを表しています。液面のようすとして最も適切なものはどれですか。次の①～③から1つ選び，番号で答えなさい。

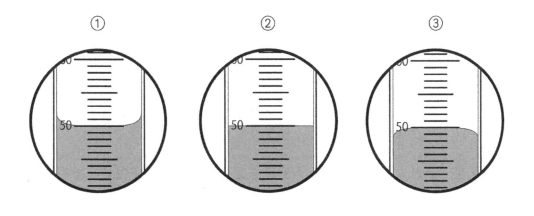

①　　　　　　　　　②　　　　　　　　　③

Ⅳ 次郎さんは作った海水と同じこさの食塩水をろ紙でこして，ろ過する前の食塩水とろ過された後の液体を比べてみました。次の①〜③から，正しいものを１つ選び，番号で答えなさい。
　　① ろ過された後の液体には食塩はふくまれていない。
　　② ろ過する前と後で食塩水は同じこさである。
　　③ ろ過された後のほうがこい食塩水である。

（4） フジツボは**図3**に見られるような貝に似た殻を持っていますが，花子さんが図鑑で調べたところ，かたい殻の中には足に節のある生物が入っており，フジツボは下の①〜⑤にあげた特ちょうをもつ，昆虫に近い仲間だということが分かりました。

図3

　　① 卵から生まれる。
　　② からだは，頭とむねの２つの部分に分かれる。
　　③ 足は左右で対になっていて，全部で12本ある。
　　④ 脱皮をして（皮をぬいで）大きくなる。
　　⑤ 成長する間に，からだの形が何度か大きく変わる。
　　上のフジツボの特ちょう①〜⑤のうち，すべての昆虫に共通して見られる特ちょうを**すべて**選び，番号で答えなさい。

（5） 三郎さんは学校の近くにすんでいる生物（植物，バッタ，ネズミ，キツネ）を観察して，興味を持ったことを先生に相談しました。これについて，あとのⅠ〜Ⅲの問いに答えなさい。

　　三郎：学校の近くで見られた植物，バッタ，ネズミ，キツネの４種類の生物とそれらの間の関係に興味をもちました。
　　先生：この学校周辺の地域でそれらの生物を研究した結果をまとめたレポートが図書館にありますよ。
　　三郎：それらの生物はそれぞれ何を食べて生活しているんですか。
　　先生：この４種類の生物の中では，<u>キツネはネズミだけを食べ，バッタは植物だけを食べ，ネズミは植物だけを食べている</u>そうです。
　　三郎：なるほど。この地域ではそれぞれ１種類の生物を食べているんですね。
　　先生：それらの生物どうしの関係を図に整理してみてはどうでしょう。

Ⓚ教英出版

Ⅰ 三郎さんが調べている生物（植物，バッタ，ネズミ，キツネ）の間にみられた，下線部の「食べる・食べられる」の関係を，5ページの**図1**のように生物どうしを矢印でつなぎ，表しなさい。

Ⅱ 三郎さんが調べている4種類の生物どうしの関係から考えると，もしバッタが減ったら，そのせいで最初に増える生物は何だと推測できますか。4種類の生物から最も適切な生物を1つ選び，生物の名前を答えなさい。

Ⅲ 「この地域の4種類の生物どうしの関係から考えると，キツネが減ったら，バッタも減るだろう。」と先生が説明してくれました。どうしてキツネの数が減ったらバッタの数が減るのか，その理由を説明しなさい。

3　次のみくさんと先生の会話文を読み，あとの（1）〜（6）の問いに答えなさい。

みく：先週，家族で宮津市にある天橋立に行きました。そして，天橋立では_a船に乗って，美しい景色を一望することができました。

先生：天橋立は，社会の授業で取り上げましたね。_b雪舟がかいた「天橋立図」という水墨画では，自然のようすをていねいにかいていましたね。

みく：次の日に，舞鶴市の旧海軍の赤レンガ倉庫群や赤れんが博物館を見学して帰りました。舞鶴市は明治時代から有名な港のある街として知られていて，「_c日本近代化の躍動を体感できるまち」として日本遺産にも認定されているとのことでした。

（1）　下線部aについて，みくさんは時代ごとの船に関連したできごとについて調べることしました。次のア〜エのできごとを歴史的に古い順に並び替え，記号で答えなさい。

ア

ペリーの上陸

イ

ノルマントン号事件

ウ

欧米へ向かう岩倉使節団

エ

朱印状を用いた貿易

（2） 下線部ｂについて，次のⅠ・Ⅱの問いに答えなさい。

Ⅰ　次のア～エの人物の中から雪舟を選び，記号で答えなさい。

Ⅱ　下の**資料１**は雪舟のかいた「天橋立図」の一部です。国ごとに国分寺を建てるように聖武天皇から命令が出されてから，この絵がかかれるまでの期間のできごととして正しいものを次のア～オから**すべて**選び，記号で答えなさい。

資料１

国分寺

ア　種子島に鉄砲が伝来した。
イ　天智天皇が天皇中心の政治を本格的に始めた。
ウ　都が平安京に移された。
エ　五街道が整備され，各地の産業がいっそう栄えた。
オ　モンゴルが中国にせめ込んで，元という大きな国を築いた。

（3）　下線部 c について，「日本近代化の躍動を体感できるまち」として選ばれたのは，舞鶴市に横須賀市（神奈川県），呉市（広島県），佐世保市（長崎県）を加えた4都市です。これらの4都市はいずれも，明治時代に鎮守府という海軍の拠点が置かれた町でした。この4都市の現在のようすを比較した下の**資料2**と**文章**を見て，下のⅠ～Ⅲの問いに答えなさい。

資料2

	面積	人口	65歳以上の人口	流出人口	流入人口
横須賀市	100 km²	388,078 人	124,875 人	77,082 人	44,226 人
舞鶴市	342 km²	80,336 人	25,881 人	6,365 人	4,447 人
呉市	352 km²	214,592 人	76,207 人	20,738 人	18,437 人
佐世保市	426 km²	243,223 人	77,833 人	13,560 人	17,162 人

（2020年国勢調査より作成）

文章

> 　4都市の中で面積が最も広いのは佐世保市です。1 km² あたりの人口を調べてみると，（　①　）が最も多く，次に多い都市の6倍以上です。65歳以上の高齢者数が人口に占める割合について，4都市とも約（　②　）となっています。**資料2**の人口は，夜間人口とも言われ，現在居住している都市の人口を示しています。流出人口は昼間に通学や通勤でその都市から出る人口を，流入人口は昼間に通学や通勤でその都市に入って来る人口を表し，③様々な取組に利用されるデータとなっています。
> 　④佐世保市は他の都市と違い，流出人口より流入人口の方が多くなっています。

Ⅰ　**文章**中の空らん①に適した語句をア～エから，空らん②に適した語句をカ～ケからそれぞれ1つ選び，記号で答えなさい。
　　ア　横須賀市　　　　イ　舞鶴市　　　　ウ　呉市　　　　エ　佐世保市
　　カ　3分の1　　　　キ　4分の1　　　　ク　5分の1　　　ケ　6分の1

Ⅱ　**文章**中の下線部③について，**資料2**中の流出人口と流入人口は，どのような取組に主に活用されるデータか，次のア～カより適切なものを**すべて**選び，記号で答えなさい。
　　ア　その都市の工業生産出荷額　　　イ　新しい店の出店計画
　　ウ　65歳以上の人口調査　　　　　エ　病院の通院者の人数の調査
　　オ　交通網の整備　　　　　　　　カ　一家庭あたりの車の保有台数調査

Ⅲ　**文章**中の下線部④について，昼間の佐世保市は夜間人口に比べて人口が何％上昇するか**資料2**をもとに答えなさい。なお，$\frac{1}{100}$ の位を四捨五入した数で答えなさい。

（4）　宮津市への移動中に，みくさんが自動車の窓（まど）から外の景色をながめていると，たくさんの太陽光パネルが並んでいるところがありました。太陽光や水力のように，石油や天然ガスのような二酸化炭素を出す燃料を使わないエネルギーを，再生可能なエネルギーとよびます。ただし，原子力は再生可能なエネルギーにふくまれません。次のⅠ・Ⅱの問いに答えなさい。

Ⅰ　再生可能なエネルギーの例を太陽光と水力以外で**2つ**答えなさい。

Ⅱ　日本における 2022 年度の総発電量に対して，再生可能なエネルギーによる発電（全ての再生可能なエネルギーによる発電量の合計），火力発電，原子力発電のそれぞれの発電量が占める割合を多い順に並べたものとして，正しいものはどれですか。次のア〜カから1つ選び，記号で答えなさい。
　　ア　原子力，再生可能なエネルギー，火力
　　イ　原子力，火力，再生可能なエネルギー
　　ウ　火力，原子力，再生可能なエネルギー
　　エ　火力，再生可能なエネルギー，原子力
　　オ　再生可能なエネルギー，火力，原子力
　　カ　再生可能なエネルギー，原子力，火力

（5）　みくさんは発電のしくみを知るために，**資料3**の手回し発電機を使い，電気をつくる**【実験1】**を行いました。これについて，あとの問いに答えなさい。

資料3

手回し発電機

【実験1】の手順は次のようにしました。

手順1　手回し発電機に豆電球をつなぎ，ハンドルを回したときの豆電球のようすを観察する。

手順2　ハンドルを手順1と逆の向きで，同じ速さで回して，手順1の結果と比較する。

手順3　ハンドルを手順1と同じ向きで，より速く回して，手順1の結果と比較する。

　　豆電球の代わりに発光ダイオード，モーターにそれぞれつなぎかえ，手順1〜3と同じ手順をくり返す。

【実験1】の結果をまとめると下の**資料4**のようになりました。

資料4

	手順1の結果	手順2の結果	手順3の結果
豆電球	明かりがついた（①）	①と同じ明るさで明かりがついた	A
発光ダイオード	明かりがついた（②）	B	②よりも明るく明かりがついた
モーター	回転した（③）	③と逆向きに同じ速さで回転した	C

　　手順1の結果①〜③と比較しながら，上の**資料4**の空らんA〜Cにはどのような文が当てはまるか考え，それぞれ答えなさい。

（6）　みくさんは夏休みの自由研究で「植物では取り入れた水がどこから出ていくのか」を調べるために，ホウセンカを用いて【実験2】を行うことにしました。これについて，あとのⅠ〜Ⅲの問いに答えなさい。

【実験2】

　　三角フラスコを4つ（A〜D）用意して，それぞれ水を100 mLずつ入れる。

　　茎（くき）の長さと太さを同じにそろえた4つのホウセンカを用意して，**図**のように1つずつ水の入った三角フラスコに入れる。

　　A〜Dのフラスコのホウセンカそれぞれに，次のページの**＜処理＞**のような処理を行う。

　　12時間後にA〜Dの三角フラスコに残っている水の量を調べる。

図

＜処理＞

A　どこにも*ワセリンをぬらない。

B　ホウセンカの葉の表だけにワセリンをぬる。

C　ホウセンカの葉の裏だけにワセリンをぬる。

D　ホウセンカの葉をすべて切り取り，その切り口にワセリンをぬる。

　＊ぬった部分から水が蒸発するのを防ぐ油

Ⅰ　この【実験2】で使う4つのホウセンカを選ぶときに，外見の特ちょうでは，
　【実験2】の下線部に加えて何をそろえる必要がありますか，1つ答えなさい。

Ⅱ　水が水蒸気となって植物の体から出ていくことを何と言いますか。**ひらがな**
　で答えなさい。

Ⅲ　【実験2】から得られる結果を用いて，葉全体から出ていく水の量(mL)を
　計算する式として正しいものはどれですか。次のア～エから1つ選び，記号で
　答えなさい。

　　ア　100－（Aに残っている水の量）

　　イ　（Dに残っている水の量）－（Aに残っている水の量）

　　ウ　（Aに残っている水の量）－（Dに残っている水の量）

　　エ　（Bに残っている水の量）＋（Cに残っている水の量）

【適性をみる検査Ⅱ おわり】

令和6年度入学考査

適性をみる検査Ⅲ

1 太郎さんは，図のような1辺8cmの立方体の形をした容器と，1辺5cmの立方体の形をした金属，プラスチック，木材の3種類の立体を用いて，立体を水に入れたときの浮き沈みについて実験をしました。太郎さんと先生の会話文を読み，あとの（1）～（3）の問いに答えなさい。ただし，容器の厚みは考えないものとします。

容器　金属
プラスチック　木材

太郎：3種類の立体の浮き沈みを調べてみると，金属は沈み，プラスチックと木材は浮きました。ものの浮き沈みにはどんな法則があるのですか？

先生：実は比重というものが関係しています。この金属は鉄でできているのですが，まずは重さをてんびんで測ってみてください。

太郎：ちょうど984gでした。

先生：では，この金属の1cm³あたりの重さを求められますか。

太郎：計算すると，1cm³あたり約　ア　gになります。

先生：正解です。1cm³あたりの重さのことを密度といい，単位はg/cm³（グラム毎立方センチメートル）を使います。また，水は1cm³あたり1gなので，密度は1g/cm³になります。

太郎：もしかして，密度が水より大きいものは沈むのですか？

先生：すばらしい発想です！正確にはものの比重が1より大きいか小さいかで判断できます。ものの比重とは，「ものの密度÷水の密度」で計算できる値です。水の密度が1g/cm³なので，鉄の比重は　ア　になりますね。

太郎：木材やプラスチックの比重はどれくらいなのですか？

先生：実験で求めてみましょう。《実験1》のように，水平に置いた容器に水をいっぱいに入れた後，プラスチックの立体を静かに入れると，プラスチックは浮き，119cm³の水が押しのけられて容器からあふれました。なお，ものが水に浮くとき，「ものの重さ」と「ものによって押しのけられた水の重さ」は等しくなります。

《実験1》

プラスチック
水
容器からあふれた水

太郎：ということは，プラスチックの比重を計算すると約　イ　になりますね。

先生：その通りです。では，木材の比重についても実験してみましょう。《実験2》のように，水平に置いた容器に高さ6cmまで水を入れた後，木材の立体を静かに入れると，水面が0.8cm上がり，木材は浮きました。ₐこの結果から，この木材の比重を求められますか。また，木材

《実験2》

木材

の比重は，その種類や状態によって異なるのですが，b太郎さんが求めた比
重から，木材の比重をまとめた資料を使って，この木材の種類を予想してく
ださい。

太郎：｜　　X　　｜。

先生：よくできました。この木材の種類も資料から正しく予想できています。

太郎：ものの浮き沈みと比重の関係がよく分かりました。ところで氷は，もともと
　　　水が凍ったもののはずなのに，どうして水に浮くのですか？

先生：するどい質問ですね！実は水が氷になるとき，重さは変化しませんが，体積
　　　が約9％増えます。この値を用いて，氷の比重を計算してみてください。

太郎：比重は約｜　ウ　｜なので1より小さくなります！氷が水に浮く理由がよく分
　　　かりました。

（1）《実験1》でプラスチックの立体が浮いている状態において，体積が等し
　　いものの組み合わせと，重さが等しいものの組み合わせを，次のA～Fか
　　らそれぞれ記号で答えなさい。

　　　A　容器からあふれた水の体積
　　　B　水に沈んでいる部分の，プラスチックの体積
　　　C　プラスチック全体の体積
　　　D　容器からあふれた水の重さ
　　　E　水に沈んでいる部分の，プラスチックの重さ
　　　F　プラスチック全体の重さ

（2）会話文中の｜　ア　｜～｜　ウ　｜にあてはまる数を答えなさい。ただし，
　　すべて$\frac{1}{1000}$の位を四捨五入した小数で答えることとします。

（3）会話文中の｜　　X　　｜には，木材の比重を求め，
　　木材の種類を予想する説明が入ります。また，右
　　の表は，先生が用意した資料で，様々な木材を乾
　　燥させたときの比重を表しています。

木材（植物）	比重
クヌギ	0.86
コナラ	0.78
ヤマザクラ	0.56
アカマツ	0.49
ヒノキ	0.41
スギ	0.34
キリ	0.26

　　　下線部aと下線部bについて，実験で用いた**木
　　材の比重**を求め，**木材の種類が何か**予想しなさい。
　　ただし，ことばと式を使って説明することとします。会話文の形式でなく
　　ても構いません。また，木材の比重は$\frac{1}{1000}$の位を四捨五入した小数で答える
　　こととし，木材の種類は，表から予想できるものとして最も適切なものを
　　答えなさい。

－2－

2 学校から図書館までの道のりが1600ｍである一直線の道があり，その途中には公園があります。Ａさん，Ｂさん，Ｃさん，Ｄさんのそれぞれは，学校を出発し，この道を通って図書館へ移動します。次の（1）～（3）の問いに答えなさい。

（1）Ａさんとｂさんは，同じ日の午前10時ちょうどに学校を出発し，図書館に向かってそれぞれ一定の速さで移動しました。**図1**のグラフは，2人が出発してからの時間 x 分と学校からの道のり y ｍの関係を途中まで表したものです。ただし，グラフが，目もりの縦線と横線が交わる点を通っていることを，点（・）で表しています。次の会話文は，**図1**のグラフを見てＣさんとＤさんが話し合ったものです。会話文中の下線部ａ～ｄについて，内容が正しいものを**すべて**選び，記号で答えなさい。

図1

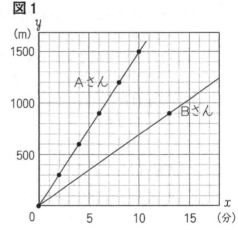

Ｃさん：2つのグラフを見れば，ａＢさんよりもＡさんの方が速いことがすぐ分かるね。

Ｄさん：Ａさんの移動する速さも計算できそうだよ。計算すると，ｂＡさんの移動する速さは，分速150ｍだね。

Ｃさん：すると，ｃＡさんが図書館に到着した時刻は午前10時10分30秒ということも計算できるね。

Ｄさん：グラフが途中までしかないから，Ｂさんが図書館に到着した時刻はすぐには読み取れないけど，ｄＢさんが図書館に到着した時刻を求めることはできるね。

（2）Cさんは，午前10時ちょうどに学校を出発して一定の速さで歩き，学校からの道のりが860mである公園でしばらく休みました。その後，公園を出発して一定の速さで走り，10時20分ちょうどに図書館に到着しました。なお，走った速さは，歩いた速さの1.5倍でした。**図2のグラフは，Cさんが移動し始めてからの時間x分と学校からの道のりymの関**

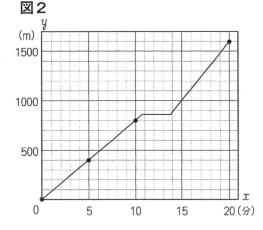

図2

係を表したものです。ただし，グラフが，目もりの縦線と横線が交わる点を通っていることを，点（・）で表しています。次の文章中の　ア　〜　ク　にあてはまる数を答えなさい。

> Cさんの歩いた速さは分速　ア　mになるので，公園に到着した時刻は午前10時　イ　分　ウ　秒になります。また，Cさんの走った速さは分速　エ　mなので，走った時間は，　オ　分　カ　秒になります。よって，公園で休んでいた時間は，　キ　分　ク　秒となります。

（3）Cさんが（2）のように移動するとき，Dさんは，同じ日の午前10時6分30秒に学校を出発し，自転車を使って一定の速さで図書館に移動したところ，Cさんが公園で休んでいるときに，公園を通過しました。このときのDさんの移動する速さについて，次の文章中の　ケ　，　コ　にあてはまる数を，それぞれ，$\frac{1}{10}$の位を四捨五入した整数で答えなさい。

> Dさんが分速　ケ　mで移動すれば，Cさんが公園に到着したときに公園を通過し，Dさんが分速　コ　mで移動すれば，Cさんが公園を出発したときに公園を通過するので，Dさんは分速　コ　mから分速　ケ　mの間の速さで移動したことになります。

3 　真也さんは，水にぬれたタイヤの跡が地面にあるのを
見つけ，その跡が途切れて点線のようになっていること
に興味を持ちました。そこで，厚さが一定の木の板を様々
な半径で円形にくりぬき，図1のような円盤を作ること
にしました。図1のように，円盤の表面を決め，表面に
垂直である12本の平行な点線によって，円盤の曲面を
12個の区画に等分します。そして，点線，または区画に
ペンキを塗り，次の《操作Ⅰ》を行います。

図1

―《操作Ⅰ》―――――――――
紙の上で円盤を，表面の方から見て右回りに，すべ
らないようにまっすぐ転がす

図2

　図2は，半径4cmの円盤の1つの点線と1つの区画をペンキで塗った状態
を表しています。また，図3は図2の円盤を表面の方から見た図で，ペンキを
塗った点線を • で，ペンキを塗った区画を ⌒ で表します。この円盤に《操
作Ⅰ》を行うと，図4のようにペンキが紙につきました。なお，《操作Ⅰ》
を行ったときに，円盤のそれぞれの区画が紙と触れる部分を，24個の長方形
のマスとして点線で表します。次の（1），（2）の問いに答
えなさい。ただし，円周率を3.14とします。

図3

図4

（1）半径4cmの円盤を新たに作り，1つの点線にペンキを塗り，《操作Ⅰ》
　　を行うと，紙の上に平行なペンキの線が等間隔で並びました。紙の上にお
　　ける隣り合う平行な2本のペンキの線の幅は何cmですか。

（2）半径4cmの円盤を新たに作り，1つの点線といくつかの区画にペンキを
　　塗り，《操作Ⅰ》を行うと，図5のようにペンキが紙につきました。この円
　　盤にはどのようにペンキが塗られていたか記入用紙の図にかきなさい。た
　　だし，記入用紙の図にはペンキを塗った点線を1つ • でかいてあります。

　　　　図5

一

(1)

(2)
はやにえが冬の保存食であるなら、

30字

という疑問。

20字

(3)

(4)

(5)
（　　）と（　　）

※

※

※

※

※

※

※100点満点
（配点非公表）

受付番号

2

			※
(1)			※
(2)			※
(3)	Ⅰ		※
	Ⅱ		※
	Ⅲ		※
	Ⅳ		※
(4)			※
(5)	Ⅰ	ネズミ　　キツネ 植物　　バッタ	※
	Ⅱ		※
	Ⅲ		※

受　付　番　号

※

3

(1)		（　　　　　）→（　　　　　）→（　　　　　）→（　　　　　）	※
(2)	Ⅰ		※
	Ⅱ		※
(3)	Ⅰ	①	※
		②	※
	Ⅱ		※
	Ⅲ	（　　　　　　　　　）％上昇	※
(4)	Ⅰ		※
	Ⅱ		※
(5)	A		※
	B		※
	C		※
(6)	Ⅰ		※
	Ⅱ		※
	Ⅲ		※

【解答

3

（1）		cm
（2）	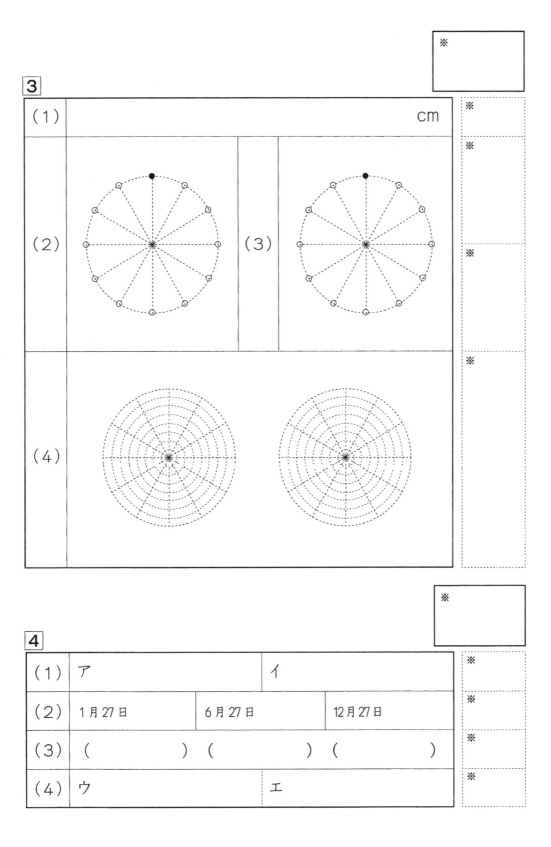	（3）
（4）		

4

（1）	ア		イ	
（2）	1月27日	6月27日	12月27日	
（3）	（　　　　　）	（　　　　　）	（　　　　　）	
（4）	ウ		エ	

記入用紙　　　適性をみる検査Ⅲ

受　付　番　号

※100点満点
（配点非公表）

※

1

(1)	（　　　と　　　）（　　　と　　　）	※
(2)	ア　　　　　イ　　　　　ウ	※
(3)		※

※

2

(1)		※
(2)	ア　　　　イ　　　　ウ　　　　エ	※
	オ　　　　カ　　　　キ　　　　ク	※
(3)	ケ　　　　　　　　　コ	※

2024(R6) 京都府立中

Ⓚ教英出版

【解答用

受付番号

※

※100点満点
（配点非公表）

1

（1）	Ⅰ			※
	Ⅱ			※
（2）	Ⅰ	（　　　　　　　　　　）省		※
	Ⅱ	日本は，北半球のアメリカ合衆国と南半球のオーストラリアという， することで，オレンジの輸入量を安定させることができる。		※
（3）	A			※
		Aの主な使用時期（　　　　）・Bの主な使用時期（　　　　）		※
（4）	Ⅰ			※
	Ⅱ	北極側から見た地図　　　　南極側から見た地図		※
（5）	Ⅰ	（　　　　　　　　　　）大陸		※
	Ⅱ			※
	Ⅲ			※

450字
(30行)

360字

※　　※　　※　　※　　※

※

受付番号

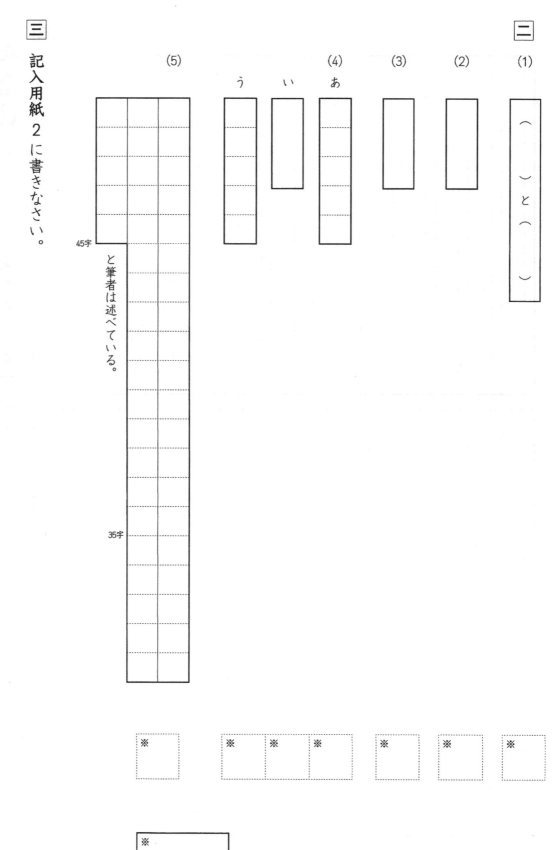

三 記入用紙 2 に書きなさい。

二

(1) （　）と（　）

(2)

(3)

(4) あ　い　う

(5)
45字
と筆者は述べている。
35字

【解答】

半径の異なる2つの円盤に対して，次の《操作Ⅱ》を考えます。下の（3），（4）の問いに答えなさい。

図6

《操作Ⅱ》
図6のように，紙の上で2つの円盤を並べて，それぞれの円盤を表面の方から見て右回りに，すべらないようにまっすぐ80 cm転がす

（3）半径4 cmの円盤を新たに作り，図7のようにペンキを塗ります。また，半径8 cmの円盤を作ってペンキを塗り，この2つの円盤に《操作Ⅱ》を行うと，それぞれのペンキの跡はまったく同じものになりました。半径8 cmの円盤にはどのようにペンキが塗られていたか記入用紙の図にかきなさい。ただし，記入用紙の図にはペンキを塗った点線を1つ ● でかいてあります。

図7

（4）半径4 cmの円盤を新たに作り，2つの点線にペンキを塗ります。また，半径が8 cm未満である**別の円盤**を作ってペンキを塗り，この2つの円盤に《操作Ⅱ》を行うと，それぞれのペンキの跡は，ペンキの線が等間隔に並ぶまったく同じものになりました。このような**別の円盤**およびペンキの塗り方は，半径4 cmの円盤を用いたものの他に**2通り**あります。【記入例】を参考にして，そのような**別の円盤**およびペンキの塗り方を**2通り**，記入用紙の図にそれぞれかきなさい。

なお，【記入例】は，半径7 cmの円盤の1つの点線にペンキを塗る場合について，半径7 cmの円盤を円（〇）で，ペンキを塗った点線を点（ ● ）で表しています。ただし，記入用紙にかかれている円はすべて中心が同じ点であり，一番外側の円の半径は8 cmで，内側の円は半径が1 cmずつ異なります。

【記入例】

4 次の《会話文Ⅰ》と《会話文Ⅱ》は，それぞれ，航太さんと加奈さんが誕生日について話したものです。ただし，《会話文Ⅰ》と《会話文Ⅱ》は，どちらも2023年6月15日にされたものです。2つの会話文を読み，あとの（1）〜（4）の問いに答えなさい。

《会話文Ⅰ》

航太：今日6月15日は僕の誕生日なんだ。

加奈：12才の誕生日おめでとう！たしか，誕生日が同じいとこもいたよね？

航太：そうなんだ。僕と同じ2011年6月15日に生まれたいとこが韓国（大韓民国）に住んでいるんだけど，日本と韓国では年齢の数え方が異なるから，僕とは違う年齢としてあつかわれるんだ。

加奈：どういうこと？

航太：日本では「満年齢」という数え方が一般的で，生まれたときが0才で誕生日をむかえるごとに1才年をとるよね。韓国は「数え年」という数え方が一般的で，生まれたときが1才で1月1日をむかえるごとに1才年をとるんだって。

加奈：そうなんだ。じゃあ「数え年」の数え方だと，もし12月31日に生まれた赤ちゃんは次の日には ア オになっているんだね。

航太：うん。ちなみに僕の年齢を「数え年」の数え方で数えると何オかわかる？

加奈：うーん… イ オだと思う。

航太：そのとおり。数え方が違うとなんだか違和感があるよね。そういえば，いとこから聞いたんだけど，韓国の年齢の数え方が今年2023年の6月28日に，日本と同じ「満年齢」の数え方に変わるんだって。

加奈：じゃあ韓国の人は，6月28日に，急に年齢が変わることになるのか。

航太：うん。ただ，ₐ誕生日によって何オ年齢が変化するかが異なるんだよ。

加奈：どう異なるんだろう。考えてみよう。

《会話文Ⅱ》

航太：加奈さんの誕生日はいつだったっけ？

加奈：当ててみてよ。ヒントは，月と日を足した数を考えると，約数の個数が3個になるよ。

航太：月は1から12の整数で，日は1から31の整数だから，ᵦ月と日を足した数について考えると，約数の個数が3個になる数は，3つあるね。でも，まだ誕生日はわからないな。

加奈：じゃあ2つ目のヒント。日は2けたの数で約数の個数が2個になるよ。

航太：……だいぶしぼれたけど，まだ誕生日はわからないな。

加奈：最後のヒント。今日 6 月 15 日の時点で,「満年齢」の数え方で数えた年齢
　　　と「数え年」の数え方で数えた年齢の差は 1 才だよ。

航太：わかった！ ウ 月 エ 日だね！

加奈：正解だよ。

（1）《会話文Ⅰ》中の ア ， イ にあてはまる数を答えなさい。

（2）《会話文Ⅰ》中の下線部 a について，2023 年 6 月 28 日に韓国の年齢
　　　の数え方が「数え年」から「満年齢」に変わることで，韓国において，
　　　誕生日が 1 月 27 日の人，誕生日が 6 月 27 日の人，誕生日が 12 月 27 日
　　　の人はそれぞれ年齢がどうなるか，次の A〜E から 1 つ選び，記号で答え
　　　なさい。
　　　　A　変化しない
　　　　B　1 増える
　　　　C　2 増える
　　　　D　1 減る
　　　　E　2 減る

（3）《会話文Ⅱ》中の下線部 b にあてはまる整数を **3 つ**答えなさい。

（4）《会話文Ⅱ》中の ウ ， エ にあてはまる数を答えなさい。

【適性をみる検査Ⅲおわり】

K 教英出版

令和5年度入学考査

適性をみる検査Ⅰ

京都府立中学校

一 次の文章を読んで、あとの(1)～(4)の問いに答えなさい。

（注意）＊のついている語句の説明が2～3ページにあります。

マツタケが絶滅危惧種に指定されたことを知っているだろうか。今さら言われなくても、ずっと前から国産マツタケは減多に食べられないキノコじゃないか、と思う人もいるだろうが、これは世界規模での指定なのである。日本で食べるマツタケの多くが輸入物だというのに、外国でも稀少になったのだろうか。

指定したのは、野生生物の専門家などで組織される―UCN（国際自然保護連合）だ。絶滅の恐れのある野生の動植物を記載したレッドリスト最新版で、マツタケは世界的に生育量が減少していることから絶滅危惧種に加えたのである。

正確には絶滅危惧二類（危急）への分類であり、危険度から言えば上から三番目。「絶滅の危険が増大している」種という a 位置づけだ。

日本の森だけの問題ではない。日本の食卓に上るマツタケは、中国産やカナダ産、ときにモロッコ産、ブータン産など国際色豊かだ。世界的にマツタケの生産量（採取量）が減ってきたことを心配して指定したものだ。

マツタケが完全に地球上から消えてしまうとは考えにくいが、少なくとも地球規模で減多に見かけなくなる（だから食べられなくなる）可能性もあるのだろう。そしてマツタケが減った理由について、採りすぎたのか、それとも森が荒れたからか、と騒がれた。

一体、世界の森で何が起きているのか。

まず知ってほしいのは、採りすぎということはない。キノコは地中に広く菌糸を伸ばしていて、地上に出てくる子実体は一部にすぎない。ここを採取したからといって絶滅するものではないし、そもそもマツタケに狂奔して、必死に採って食べるのは日本人ぐらいのものだ。日本への輸出用に採るか、日本の森の一部にあるが、世界的にはさほど人気の高いキノコではない。

報道では―「健全なマツ林が減っているため」と解説されている。が、これも誤解を招きかねない表現だ。どんな状態を「健全なマツ林」と言うのだろうか。

マツタケは、マツ林の中に発生する菌類である。マツタケ菌は、生きたマツの根に菌糸を広げて生育する菌根菌の一種で、枯れた木に寄生する腐生菌とは違って生きたマツの根が必要だ。マツがあっても、落葉が溜まると土は富栄養化し、多くの菌類、微生物が増殖する。するとマツタケ菌は負けてしまうのである。

一方でマツという樹種は、痩せた土地に生える。土壌が肥えるとマツは衰退する。戦前の「赤松亡国論」という言葉が流行った（アカマツしか生えていないのは豊かな森を失って痩せた山だから、という主張。林学者の本多静六が講演で、マツばかり生えている日本の山を見て、訴えた意見を要約した言葉）こともある。

つまりマツタケは、落葉も b 溜まらないような貧栄養状態のマツ林に生育するのだ。

過去、日本の山では過度な草木の採取が続いていた。木材は、建築材料だけでなく多くの道具の素材であり、エネルギー源としても重要だった。【A】日々の煮炊きや暖房から産業に供する燃料まで、薪や木炭の形で木々が燃やされたのである。江戸時代の大坂の町で使われる薪は、遠く四国や九州から運ばれた。【B】

さらに農業でも、山林の落葉を集め、草や枝葉を切り取って農地にすき込み堆肥にした。農地を肥やすために、山の養分を奪ったのである。【C】かくして山の土壌は栄養分を失い、末期的な状況に陥った。そこに生えられるのはマツぐらいしかなかったのである。【D】

つまり「亡国」とさえ言われた荒れた山の状態が、マツの生育にぴったりだったのだ。昭和初期の日本の山に多くのマツが生え、マツが大量に生えていたのは、それだけ山が荒れていた証拠というわけだ。

だが戦後の日本は、エネルギー源を化石燃料に頼るようになり薪や木炭の需要は激減した。農業でも化学肥料が主流となって、わざわざ山から落葉を採取して堆肥をつくらなくなった。素材としては金属製や合成樹脂製が席巻し、また建材も輸入が増えた。すると山に草が茂り落葉が溜まり、富栄養化が進んだ。するとマツは樹勢を弱め、ほかの樹木に生育場所を譲るようになった。また土壌の中には多くの菌類が繁殖するようになる。

加えて日本ではマツクイムシ（マツノザイセンチュウによるマツ枯れ）が蔓延して、多くのマツが枯れたこともある。国産マツタケの生産量もどんどん減って、戦前の一〇分の一以下になってしまっている。

マツタケが生育できる山は少なくなった。国産マツタケの生産量もどんどん減って、戦前の一〇分の一以下になってしまっている。

ただ今回の〝絶滅危惧種〟指定は、日本だけではない。世界的にマツタケ減少が起きているらしい。

海外のマツタケ山の状況はよくわからないが、おそらく日本が歩んだ道と同じことが進行したのではなかろうか。発展途上国では、燃料として薪や落枝が採取されるので、山は痩せて荒れがちだった。だが、化石燃料が普及することが森林の復活に結びついている。結果的に表土の富栄養化が進み、草木がよく繁るようになったのかもしれない。

これを「健全な松林が減った」と言うこともできるが、マツが減ってさまざまな樹木や草が生える「豊かな森が再生した」と見てもいい。

時間軸を長く取って見れば、豊かな森に覆われていた先史時代は、ほとんどマツタケが採れなかったのではないか。そもそもマツは、縄文や弥生時代には生えていなかったようだ。花粉がほとんど見つからないのである。マツは古墳時代に持ち込まれた外来種ではないかという説もあるほどだ。

②マツタケが絶滅を危惧されるほど減少したことを嘆く前に、森の生態系、生物多様性という面から見ると、どちらが好ましいかを考えてみてもいいだろう。

（田中淳夫『虚構の森』による）

〈注〉
*亡国 ――絶滅するおそれのある生物の種。マツタケは二〇二〇年に指定された。
*絶滅危惧種 ――絶滅するおそれのある生物の種。マツタケは二〇二〇年に指定された。
*稀少に ――ひじょうに少ないものに。
*―UCN ――日本では国際自然保護連合と呼ばれる、地球全体の自然環境の保全や野生動物の保護を目的としている団体。
*記載 ――書物や書類などに書くこと。
*レッドリスト ――絶滅のおそれのある野生生物のリスト。絶滅の危険度の高いものから順に、絶滅危惧一A類、一B類、二類に分けられている。
*菌糸 ――菌類（キノコなどの生物）のからだを構成している細い糸状のもの。
*子実体 ――菌類のからだの中で、一般的にキノコと呼ばれている部分のこと。
*狂奔 ――夢中になって追い求め、大変な努力をすること。
*菌類 ――栄養を自分で作らず、他のものから得る、キノコなどの生物。
*富栄養化 ――ふくまれる栄養分が多くなること。
*貧栄養状態 ――ふくまれている栄養分が少なくなっている状態。
*煮炊き ――食物を煮たり炊いたりして食事を作ること。
*供する ――役立てる。
*すき込み ――肥料にするために、耕した土の中に混ぜること。

- 2 -

*堆肥（たいひ）わら・雑草・落葉などを積み重ね、水などをかけてくさらせた肥料。
*末期的状況（まっきてきじょうきょう）物事が最終の段階になり、変化が望めない状況。
*需要（じゅよう）必要とするものを求めること。
*合成樹脂（ごうせいじゅし）化学物質を組み合わせて作った、プラスチックなどのもの。
*席巻（せっけん）はげしく勢力をのばすこと。
*マツノザイセンチュウ　マツの木の中で繁殖する生物。マツ枯れの主な原因とされる。
*発展途上国（はってんとじょうこく）経済や産業を発展させた先進国に対して、経済や産業が発展する途中（とちゅう）の段階にある国。
*先史時代（せんしじだい）文字で書かれた記録の残っていない時代。
*危惧（きぐ）良くないことが起こるのではないかと心配すること。
*生態系（せいたいけい）ある地域にすむ生物と、それを取りまく大気・水・土壌などの環境を、ひとまとまりのものとしてとらえたもの。

(1) 空らん a 、 b に入る言葉として最も適切なものを、次のア〜オからそれぞれ選び、記号で答えなさい。ただし、 a 、 b に同じものは入りません。

ア なぜならば　イ では　ウ したがって　エ もっとも　オ もしくは

(2) ——線部①に「健全なマツ林が減っているため」とありますが、この部分について、山田さんと青木さんが感じたことや考えたことを話し合っています。次の会話文中の空らん あ 、 い にあてはまる内容として最も適切なものを、それぞれ答えなさい。ただし、 あ については本文中から十字でぬき出して答え、 い についてはあとのア〜エから一つ選び、記号で答えなさい。

（注意）句読点（。、）やかぎ（「　」）などの記号は、それぞれ字数に数えます。

山田　この文章では、最初の文で述べた「マツタケが絶滅危惧種に指定されたこと」について、そのあとに、その説明のニュースを知った人々の反応が紹介されていますね。その反応の中で、 あ が二つ挙げられ、説明されていきます。一つ目の内容については、マツタケをふくむキノコについて説明することで、かんちがいであると伝えています。

青木　そうですね。続いて、二つ目の内容について、筆者は「健全なマツ林が減っているため」という表現が「誤解を招きかねない表現だ」と述べています。この表現を誤解すると い というような考えに至りかねないという心配を、筆者は抱いているのではないでしょうか。

山田　わたしもそうだと思います。マツやマツタケについて知らないから、そのような誤解をするのですね。物事について、なぜそうなるのかと深く考えることを、生活の中の多くの場面で大切にしていきたいですね。

ア　マツが育ちやすい健全な林になるように、荒れた山林を豊かにしなければならない。
イ　減った林の面積を正確に調べるには、「健全な」という表現では不十分である。
ウ　健全なマツ林を増やしてマツタケが増えたとしても、それが生態系のためになるのか。
エ　日本の林の中で、最も健全なのがマツ林なので、マツ林を増やしていくことが大切だ。

(3) 本文中に、次の一文が入ります。この一文を入れるには、本文中の【 A 】～【 D 】のどこが最も適切ですか。一つ選び、記号で答えなさい。

> 江戸の町も同じく東北・関東一円からエネルギー源として薪や木炭を集めていた。

(4) ――線部②の「マツタケが絶滅を危惧されたことを嘆く前に、森の生態系、生物多様性という面から見ると、どちらが好ましいかを考えてみてもいいだろう」について、次のⅠ、Ⅱの問いに答えなさい。

Ⅰ かつての日本の山にマツが多かったのは、山がどのような状態であったからだと筆者は述べていますか。そのような状態になった理由もふくめ、次の文の空らん ▮▮▮ にあてはまるように、本文中の言葉を使って、十五字以上、二十五字以内で答えなさい。

（注意）句読点（。）やかぎ（「 」）などの記号は、それぞれ字数に数えます。

> ▮▮▮ 状態であったから。

Ⅱ 「マツタケが絶滅を危惧されるほど減少した」とありますが、今後、マツタケが日本の山で多く採れるようになる場合、本文の内容から考えると、日本の山の樹木と土の中の生物には、それぞれどのような変化が生じていると考えられますか。次の文の空らん ▮▮▮ にあてはまるように、本文中の言葉を使って、二十五字以上、三十五字以内で答えなさい。

（注意）句読点（。）やかぎ（「 」）などの記号は、それぞれ字数に数えます。

> ▮▮▮ という変化が生じていると考えられる。

二 次の文章を読んで、あとの(1)～(5)の問いに答えなさい。

(注意) ＊のついている語句の説明が6ページにあります。

　私がこれまで開発してきたロボットは、どれも人間に似たロボットである。少なくとも、工場で働いている＊マニピュレータや自動搬送車のようなものではない。(中略)では、なぜ人と関わるロボットは、このような人間型でないといけないのか？　その答えは、

からである。

〈人間は人間を認識する脳を持つ〉

　①人間の脳は、どのように進化してきたのだろうか。もちろん、様々な道具を使えるように進化しているのであるが、それ以前に、人どうしで対話したり、協力し合ったりするために、脳が進化してきたことは明らかである。昆虫や動物を見ればさらに明らかで、道具は使えなくても、同種間でコミュニケーションをすることができる。それゆえ人間においては、その脳を、人間を認識し、人間とコミュニケーションをするために進化させてきたと言える。ではその前提において、人間にとって最も理想的な＊インターフェースとはどんなものだろうか？

　それは人間である。人間が最も関わりやすいものは人間なのである。ゆえに、人間と関わるロボットは人間らしくあるべきで、少なくとも部分的には人間らしい機能を持つ必要がある。そうでなければ、そのロボットを利用する人間は、ロボットの使い方をかなり努力して学ぶ必要がある。

　そして、また一方で、

〈人間らしいロボットは、人間を理解するテストベッド（研究材料）になる〉。

　②このような人間に似たロボットを用いて、人間を理解する研究の方法は、「構成的方法」と呼ばれる。(中略)

　構成的方法の反対は、「解析的方法」である。解析的方法において、例えば人間のようなロボットを調べることである。まずやるべきことは、徹底して人間を調べることである。人間を完全に調べた後で、その知識をもとにしてロボットを組み立てる。しかし、人間をそう簡単に調べることはできない。人間そのものを理解することは、多くの研究分野の目的であり、いまだほとんど解っていないと言っても過言ではない。

　例えば、脳の機能について言えば、脳の各部位の機能は徐々に解ってきたのであるが、全体としての働きはまだほとんど理解できていない。その一つの例が意識である。意識はどのような仕組みでもたらされるのか、ほとんど理解ができていない。それゆえ、解析的方法では、意識を持つようなロボットは造ることができないし、意識ほど複雑でないものでも、その仕組みは完全に理解されておらず、解析の結果をもとにロボットを造ることは難しい。

　一方で、人間の精緻な解析結果にもとづかずとも、人間のように振る舞うロボットを造ることはできる。人間らしく二足歩行するロボットは実現されている。そうしたロボットの開発においては、必ずしも完全に人間の二足歩行の原理を理解している必要はないのである。いまだ人間の二足歩行は完全に理解されていない。私たちの知らな

い多くの性質がある。しかし、技術や経験によって、人間の二足歩行の原理を完全に理解していなくても、また人間の二足歩行と多少差が生じても、実際に二足歩行できるロボットを造り出すことはできている。

このようにして、いったん、技術や経験によって二足歩行してしまうと、今度はそれをもとに、人間の複雑な二足歩行について理解を深めることができる。その二足歩行ロボットを使って、二足歩行に関する様々な仮説を検証したり、より効率的に歩くことができる二足歩行ロボットに改良したりすることで、人間の二足歩行の真のメカニズムに近づけることができる。すなわち、

<　　　　>

のである。このように、工学的方法によって、複雑なものを構成し、それをもとに複雑なものの原理を理解する研究方法が構成的方法である。

脳全体や体にも関わる複雑な機能は、従来の解析的方法では、理解が非常に難しい。一方で、構成的方法を用いれば、複雑だが誰もが知っている基本的な人間の機能について、実際にロボットを造ってみることで理解を深めることができる。近い将来、ロボットがより進化し、人間のパートナーとなって働く世界を実現するには、知能や意識や感情といった人間の基本的な機能は非常に重要になる。構成的方法を用いれば、それらについて理解を深められる可能性がある。

ちなみに、このような構成的方法にもとづく研究開発は、人と関わるロボットに限ったものではない。

《世の中の最先端の多くの研究開発が、むしろ構成的方法で研究開発されている》

と考えられる。

例えば、スマートフォンのデザインはどうであろうか？人間の認知機能を精緻に解析して、その結果得られた知見をもとにデザインされたのだろうか？そうではない。直感の優れた技術者がひらめきをもとにデザインし、実際に商品として売り出したら爆発的に普及したということだろう。そして、普及した後に、なって、多くの研究者が、なぜ今のスマートフォンのデザインが、人を惹きつけるかを研究している。これはまさに構成的方法そのものである。ひらめきでデザインされた人を惹きつけるスマートフォンと、それをもとにした人間の性質の理解である。

（石黒浩『ロボットと人間　人とは何か』岩波新書による）

〈注〉

＊マニピュレータ　人間の手作業を、代わりに行うことを目的とした装置・ロボットのこと。

＊自動搬送車　工場や倉庫で物を運んで送る作業などを行うロボットのこと。

＊インターフェース　本文では、人間とロボットなどの装置をつなぐために間に入るものこと。

＊実装　本文では、ロボットに「装備」されるという意味。

＊精緻　非常にくわしく、細かいこと。

＊工学　基礎科学を工業生産に応用する学問。

＊認知機能　理解、判断、論理などの知的な働きのこと。

＊知見　新しく得られた知識。

（1）——線部①に「人間の脳は、どのように進化してきたのだろうか」とありますが、筆者は、人間の脳は、どのように進化してきたと述べていますか。本文中から二十四字でぬき出し、初めの三字と終わりの三字をそれぞれ答えなさい。

（注意）句読点（。、）やかぎ（「 」）などの記号は、それぞれ字数に数えます。

（2）——線部②の「人間に似たロボットを用いて、人間を理解する研究の方法」を本文では「構成的方法」と呼んでいます。次のⅠ、Ⅱの問いに答えなさい。 ——線部②

Ⅰ 「構成的方法」によって、人間を理解するとは具体的にどういうことですか。よりも前の言葉を使って、三十字以上、四十字以内で答えなさい。

（注意）句読点（。、）やかぎ（「 」）などの記号は、それぞれ字数に数えます。

Ⅱ 「構成的方法」と対比される「解析的方法」で、ロボットを開発するとしたら、どのような方法になりますか。本文中の言葉を使って、二十字以上、三十字以内で答えなさい。

（注意）句読点（。、）やかぎ（「 」）などの記号は、それぞれ字数に数えます。

（3）空らん ▢ に入る内容として最も適切なものを、次のア〜エから一つ選び、記号で答えなさい。

ア 人間を理解することで、ロボットを開発するということができる

イ ロボットを開発することで、人間を理解するということができる

ウ 人間を理解するだけでは、ロボットを開発することはできない

エ ロボットを開発しなければ、人間を理解することはできない

（4）本文に述べられていないものを、次のア〜エから一つ選び、記号で答えなさい。

ア 人と関わるロボットは、人間らしいほうがよいといえる。

イ 道具を使えない昆虫や動物も、同種間でコミュニケーションをすることはできる。

ウ 将来、ロボットが進化することで、人間の基本的な機能をすべて理解することができる。

エ スマートフォンのデザインが、なぜ人を惹きつけたのかを考察するのは、構成的方法といえる。

（5）この文章における筆者の述べ方として最も適切なものを、次のア〜エから一つ選び、記号で答えなさい。

ア 筆者は、人間型ロボットの事例のみを挙げながら、研究の方法について自身の意見を述べようとしている。

イ 筆者は、自身の経験をもとに問いを立て、実験結果を提示しながらその問いの答えを述べようとしている。

ウ 筆者は、これまで科学的な知見として不確かだったことを明らかにして、より正確に述べようとしている。

エ 筆者は、用語の説明も交えながら、研究開発の方法を分かりやすく述べようとしている。

三 SF作家アイザック・アシモフは、自ら考えて動くロボットの行動を支配する「ロボット三原則」を、小説の中で示しました。それは、

1　人間に危害を加えてはならない

2　人間の命令に従わなければならない

3　自己を守らなければならない

の三つです。あなたが「ロボット三原則」にもう一つ原則を加えるとしたら、どのような原則にしますか。あなたの考えを、そう考える理由とともに、**記入用紙2**に、三百六十一字以上、四百五十字以内（二十五行以上、三十行以内）で書きなさい。ただし、自分自身の体験や、見たり聞いたりした内容を例にあげて書くこと。

〈書き方の注意〉

①　題や氏名は書かないで、一行目から書き始めます。

②　段落をかえるときの残りのます目は、字数として数えます。

③　最後の段落の残りのます目は、字数として数えません。

【適性をみる検査Ⅰおわり】

令和5年度入学考査

適性をみる検査Ⅱ

注　意

1　「解答を始めなさい」の合図があるまで，この問題用紙を開いてはいけません。

2　問題は，1ページから14ページまであります。問題用紙のあいている場所は，下書きや計算などに使用してもかまいません。

3　記入用紙は，**記入用紙1**と**記入用紙2**があります。指示にしたがい，**記入用紙1**には2か所に，**記入用紙2**には1か所に受付番号を書きなさい。

4　検査時間は50分間です。

5　1・2の解答は**記入用紙1**に，3の解答は**記入用紙2**に記入しなさい。

6　記入用紙の※印のらんには何も記入してはいけません。

7　「解答をやめなさい」の合図があるまで，問題に取り組んでいてもかまいません。

8　配られた検査用品については，指示にしたがいなさい。

1 A班・B班は，環境に関する地方自治体の取り組みや環境問題について述べている文章を読んで調べ学習を行いました。**A班が読んだ文章**と**B班が読んだ文章**を読んで，あとの（1）〜（6）の問いに答えなさい。

A班が読んだ文章

横浜市のＳＤＧｓ達成に向けた取り組み

SDGsとは2015年9月に国連で決められた，人間が活動すると引き起こされる課題に対して，世界各国が協力して解決に取り組んでいこうとする国際社会共通の目標のことをいいます。環境未来都市に選ばれている横浜市では，SDGsでもあげられている「a エネルギーをみんなに　そしてクリーンに」の目標のもと，地球温暖化の原因と考えられている二酸化炭素を減らし，環境に優しい水素をエネルギーとして活用していこうとする「水素社会」の実現に向けて取り組んだり，b 横浜市風力発電所の電力を利用したりするなど，さまざまな形でSDGsの達成を目指しています。

〈参考資料〉環境省『平成29年度環境白書』

B班が読んだ文章

和歌山県出身の南方熊楠と環境問題

和歌山県に生まれた南方熊楠（1867年〜1941年）は，博物学※や生物学など様々な分野で活躍し，国内外で大学者として名を知られました。神社の数を減らしたり，神社をおおう森林を大規模に伐採したりする，当時の明治政府の方針に，南方は反対していました。後に，南方について研究したある学者は，次のように述べています。

南方は，植物学者として，c 森林の伐採がもたらす危険性をうったえました。伐採により森林が消滅すれば，やがてそこに生きる鳥たちも絶滅してしまうため，害虫が増え，農作物に害を与えて農民を苦しませることになるというのです。また，d 村の寄り合いの場である神社をとりこわすことによって，人々の宗教心がおとろえ，村の連帯感がうすらぐことを心配しました。自然を破壊することで，人間の職業と暮らしがおとろえ，生活が成りたたなくなり，人間性をこわしてしまうと警告したのです。

〈参考資料〉鶴見和子『南方熊楠　地球志向の比較学』

※　博物学…動物・植物・鉱物などの性質を研究する学問

（1）　A班が読んだ文章の下線部 a について，右の**資料1**は，世界の未電化人口（電気を使えない生活を送っている人口）と，その国や地域別の割合を示したものです。この資料を見てわかることとして適切なものを，次のア～エから**すべて**選び，記号で答えなさい。

ア　世界の人口のうち約70％がサブサハラに集中している。

イ　面積が広い国や地域ほど未電化人口が多くなっている。

ウ　アジアでは，インドに次いで未電化人口が多いのはパキスタンである。

エ　アフリカでは，サブサハラの北とサブサハラで未電化人口に大きな差がある。

資料1　世界の未電化人口

※　サブサハラ
アフリカのサハラ砂漠とサハラ砂漠より南の地域の総称

（資源エネルギー庁ホームページより作成）

（2）　A班が読んだ文章の下線部 b について，A班は各都道府県に設置されている風力発電所の発電能力を調べ，次の**資料2**にまとめました。設備容量とは発電所の発電能力を表すもので，kW という単位を使います。この資料を見て，都道府県別の風力発電所の設備容量について述べたものとして最も適切なものを，下のア～ウから1つ選び，記号で答えなさい。

資料2　都道府県別の風力発電所の設備容量

（新エネルギー産業技術開発機構ホームページより作成）

ア　設備容量は北海道や東北地方の太平洋側で他の地域より多い。

イ　内陸にある都道府県の設備容量は他の都道府県より少ない。

ウ　東京，大阪，名古屋，福岡，札幌など人口の多い都市を持つ都道府県の設備容量は他の都道府県より少ない。

（3）　A班は，横浜市は江戸時代末に国際的な港が開かれた都市であることを知りました。横浜の港で欧米の国などと貿易が始まったあとの日本のようすについて述べた次のア～エについて，歴史的に古い順に並べかえ，記号で答えなさい。

ア　初めて国会議員を選ぶ選挙が行われ，神奈川県でも7人の衆議院議員が当選した。

イ　東京の新橋から横浜までの鉄道が開通し，それまでより多くの人が両都市間を行きかうようになった。

ウ　輸入品に自国で決めた関税をかけられるようになり，日本が外国と対等に貿易できるようになった。

エ　関東大震災が起こり，神奈川県でも大きな被害を受けた。

（4）　B班が読んだ文章の下線部cについて，B班は全国でも森林の占める割合が多い和歌山県の林業について調べ，**木材価格の一覧表**と，それについてのレポートを作成しました。下の**レポートの一部**中の①～③に当てはまるものとして最も適切なものを，下のア～オからそれぞれ1つずつ選び，記号で答えなさい。

木材価格の一覧表

年	スギ （国産材）	ヒノキ （国産材）	ベイツガ （輸入材）	年	スギ （国産材）	ヒノキ （国産材）	ベイツガ （輸入材）
1960 年	11,300 円	12,000 円	データなし	1990 年	26,600 円	67,800 円	26,500 円
1965 年	14,300 円	18,000 円	12,900 円	1995 年	21,700 円	53,500 円	25,800 円
1970 年	18,800 円	37,600 円	14,800 円	2000 年	17,200 円	40,300 円	22,200 円
1975 年	31,700 円	66,200 円	24,800 円	2005 年	12,400 円	25,500 円	23,000 円
1980 年	39,600 円	76,400 円	35,100 円	2010 年	11,800 円	21,600 円	24,200 円
1985 年	25,500 円	54,000 円	25,500 円	2015 年	12,700 円	17,600 円	24,800 円

（農林水産省木材需給報告書より作成）

レポートの一部

　1970年ごろから和歌山県では林業従事者が減少を続けています。その原因のひとつに，1960年代に国産材に比べ価格の（　①　）外国産の木材の輸入が増えたことがあげられます。その後，国産材も輸入材も木材価格が上昇したのち下落しましたが，**木材価格の一覧表**の木材では，1960年から2015年まで通して見ると，（　②　）の価格の変動が少なく，価格が最も安定しています。いっぽう（　③　）の価格は，2015年では最高値から4分の1以下に下落しています。

ア　安い　　　　　　イ　高い
ウ　スギ（国産材）　エ　ヒノキ（国産材）　　オ　ベイツガ（輸入材）

（5） B班が読んだ文章の下線部dについて，村の寄り合いは古くから行われていましたが，特に地方の武士が登場してから農村の寄り合いが活発になったとされています。次のア～エは，現在使われている言葉で書きかえた，歴史上の資料の一部です。武士が政治を行っていたころについての資料として適切なものを，次のア～エから**すべて**選び，記号で答えなさい。

ア　頼朝様が平氏をたおして鎌倉に幕府を開いてからの御恩は，山よりも高く，海よりも深いのです。名誉を大切にするものは，早く敵をうちとり，源氏3代の将軍がきずいてきたものを守りなさい。

イ　道長は，「この世はまるで私のための世であるように思う。満月の欠けることがないように，私にかなわぬことなどない。」と歌をよみあげた。

ウ　人の和を第一にしなければなりません。仏教をあつく信仰しなさい。天皇の命令は，必ず守りなさい。地方の役人が勝手に，みつぎ物を受け取ってはいけません。

エ　諸国の百姓たちが，刀，弓，やり，鉄砲，その他の武器を所有することを，かたく禁止する。なお，回収した刀などは，むだにするのではなく，新しく大仏をつくるためのくぎなどに役だてる。

（6） B班は和歌山県に南方熊楠記念館があることを知り，彼の考えをより深く知るためにこの記念館をたずねました。しかし，地図はあるものの場所がわからないため，地域の方に聞いてみました。次の**地域の方から聞いたこと**をもとに，記念館の場所と考えられるものを，下の**地図**中の**P～T**から1つ選び，記入用紙1の記号に○をつけなさい。

地域の方から聞いたこと

・南方熊楠記念館の周囲にはあまり住宅地はありません。
・南方熊楠記念館は小学校より西にあります。
・南方熊楠記念館から南を向けば，海が広がっているのが見えます。

地図

（国土地理院ホームページより作成）

2 　一郎さんの学級では，班ごとに食べ物に関する研究をすることになりました。これについて，次の（1）～（5）の問いに答えなさい。

（1）　1班は，缶づめやびんづめなど，食べ物の保存方法について調べました。右の図1のようなびんでは金属製のふたとガラスびんのねじ山がかみ合うことで，しっかりと閉めることができます。このようなふたの場合，いざ開けようとすると，ふたがまわらず，開かなくなっていることがあります。そのようなとき，びんを熱いお湯につけると，ふたが開きやすくなることがあります。ふたが開きやすくなる理由について述べたものとして最も適切なものを，次のア～エから1つ選び，記号で答えなさい。

図1

金属製のふた

ガラスびん

　ア　ガラスに比べ金属は温度が上がることによってふくらみやすいから。

　イ　温度が上がることで金属とガラスがやわらかくなるから。

　ウ　ガラスに比べ金属はお湯がしみこむことによってふくらみやすいから。

　エ　お湯がしみこんで金属とガラスがやわらかくなるから。

（2）　2班は「レモンの汁によってナスの皮の色が変わる」ということを聞いて，そのことについて調べました。次のレポートの一部は2班が作成したものです。文章中の①，②に当てはまるものとして，最も適切なものを，①は下の《液体の性質》ア～ウから，②は《液体の名前》カ～クからそれぞれ1つずつ選び，記号で答えなさい。

レポートの一部

　　レモンの汁やお酢にナスをつけると，ナスの皮が赤みがかった色に変わりました。しかし，さとう水やにがり（豆腐づくりなどに使う液）にナスをつけても皮の色は赤みがかった色には変わりませんでした。これらの液体を，青色のリトマス紙と赤色のリトマス紙によって調べてみると，次の表のようになりました。

表	リトマス紙の色の変化
レモンの汁	青色のリトマス紙が赤色に変わった。
お酢	青色のリトマス紙が赤色に変わった。
さとう水	どちらの色のリトマス紙も色が変わらなかった。
にがり	赤色のリトマス紙が青色に変わった。

　　そこで，私たちは「（　①　）の液体がナスの皮を赤みがかった色に変化させる。」と予想しました。この予想を確かめるために（　②　）にナスをつけてみたところ，予想のとおり，ナスの皮が赤みがかった色に変化しました。

《液体の性質》　ア　酸性　　　　　　イ　中性　　　ウ　アルカリ性
《液体の名前》　カ　アンモニア水　　キ　食塩水　　ク　うすい塩酸

（3）　3班は，インゲンマメ
の発芽や成長について調
べました。植物に肥料を
あたえるとよく育つこと
を知った3班の人たち
は，肥料は発芽にも影響
をあたえるかどうかを調
べようと考えました。右
のア〜エのうちどの2つ
を用意してくらべるのが
最も適しているでしょう
か，ア〜エから2つ選び，
記号で答えなさい。

ア

かわいただっし綿の上に
インゲンマメをのせる。

イ

水をふくませただっし綿の
上にインゲンマメをのせる。

ウ

肥料をとかした水をふく
ませただっし綿の上にイ
ンゲンマメをのせる。

エ

だっし綿の上にインゲンマメ
をのせ，肥料をとかした
水でカップを満たす。

（4）　4班は，加熱した食べ物が
どのくらいの時間で冷める
かについて調べることにしま
した。そのための参考として，
お湯を放置して温度が下がっ
ていくときの水温の変化を調
べる実験を行いました。右の
資料1は結果を表にしたもの
です。また，**資料2**は結果を
折れ線グラフにしようとした
ものですが，途中までしか
かいてありません。これにつ
いて，次のⅠ，Ⅱの問いに答
えなさい。

資料1

時間（分）	0	2	4	6	8	10
水温（℃）	94	76	65	58	53	49

資料2

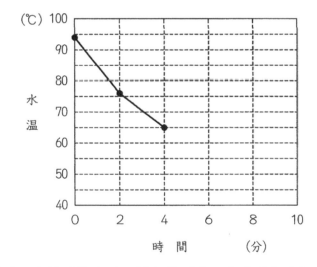

Ⅰ　**資料2**ではまだかかれていな
い結果を，**記入用紙1**の図に
●でそれぞれ示しなさい。また，
三角定規を使って，4分から
10分までの2分ごとの結果を示す●を線で結んで，折れ線グラフを完成させな
さい。

Ⅱ　この結果からわかることとして最も適切なものを，次のア〜ウから1つ選び，
記号で答えなさい。

　　ア　はじめは急速に水温が下がるが，あとはゆっくりと水温が下がる。
　　イ　2分ごとに下がる温度は，はじめから10分後まで常に一定である。
　　ウ　はじめはゆっくりと水温が下がるが，あとは急速に水温が下がる。

（5） 食べ物が腐ってしまう条件について調べて
いた5班の人たちは，「食べ物が腐ってしま
うのは生物が関係している」ということを知
りました。そこで，バナナを使って実験を行
うことにしました。

図2

P

金属のふた
ガラスびん
バナナ

金属のふたをしっかりと
閉めて置いておく。

　まず，2つのガラスびんにバナナをそれぞ
れ3切れずつ入れたあと，腐ってしまう原因
となる生物が生存できなくなるくらいまで，
びんをじゅうぶん加熱して，びんの中に生物
がいない状態にしました。加熱後すぐに，一
方のガラスびんは，右の図2のPのように金
属のふたをしっかりと閉めて置いておきまし
た。もう一方のびんは，図2のQのようにふ
たをせずにそのまま置いておきました。何日
かすると，金属のふたをしていたガラスびん
の中のバナナは腐っていませんでしたが，ふ
たをしなかった方のガラスびんのバナナには
たくさん虫が集まっているようすが見られ，
バナナは腐っていました。

Q

ふたをせずにそのまま
置いておく。

　そこで次に，あらたにガラスびんとバナナ
を用意して，PやQと同様にして加熱したあ
と，図2のRのようにガーゼを輪ゴムでとめ
てふたにして置いておきました。何日かする
と，ガーゼでふたをしたガラスびんの中のバ
ナナに虫が集まっているようすは見られませ
んでしたが，バナナは腐っていました。

R

ガーゼ
輪ゴム

ガーゼを輪ゴムでとめて
ふたにして置いておく。

　これらの実験の結果から，食べ物が腐って
しまうことに関係する生物の特徴についてど
のようなことがわかるか説明しなさい。

③ 次のメモは太郎さんが日本の国土についてのレポートをまとめるために作成したものです。これについて、あとの（1）～（5）の問いに答えなさい。

メモ

> 日本の面積は約38万km²で国土のa約75％が山地であることがわかった。そして、山、海、川などの自然地形はb都道府県境に多く利用されている。
> 都道府県名をみると、「山」という文字が使われている県名はc山形県、富山県、山梨県、和歌山県、岡山県、d山口県の6つがあり、日本と山との関係が強いせいではないかと考えられる。

（1） メモ中の下線部aについて、次の資料1は下のア～エのいずれかの場所の直線に沿った断面図です。資料1の場所を示したものとして最も適切なものを、ア～エから1つ選び、記号で答えなさい。

資料1

（国土地理院ホームページより作成）

－8－

（2）　メモ中の下線部bについて，京都府の府境を調べてみると，三県境（3つの都道府県境が1点に集まる地点）が京都府には5か所あることがわかりました。下の4つの図は，それら5か所の三県境をそれぞれ1または2か所ふくむ地図で，京都府に黒く色をつけてあります。A・B・Cに当てはまる府県名を**ひらがな**で答えなさい。答えには，「府」や「県」は書かなくてもかまいません。なお，いずれの地図も上部が北を表し，地図中の○・△・□の記号はそれぞれ同じ府または県を表しています。

（3）　メモ中の下線部cの各県について，次のⅠ・Ⅱの問いに答えなさい。

Ⅰ　次の**資料2**は岡山市，富山市，山形市の降水量（mm）と気温（℃）を表したグラフです。D～Fの都市の組み合わせとして最も適切なものを，下のア～カから1つ選び，記号で答えなさい。

資料2

（気象庁ホームページより作成）

ア　D：岡山市　　　E：富山市　　　F：山形市

イ　D：岡山市　　　E：山形市　　　F：富山市

ウ　D：富山市　　　E：岡山市　　　F：山形市

エ　D：富山市　　　E：山形市　　　F：岡山市

オ　D：山形市　　　E：岡山市　　　F：富山市

カ　D：山形市　　　E：富山市　　　F：岡山市

Ⅱ　次の**資料3**は米，みかん，もも，ぶどうの年間収穫量について，2019年の上位
　5位の都道府県を示したものです。空らん**K～N**に入る県の組み合わせとして
　最も適切なものを，下のア～カから1つ選び，記号で答えなさい。

資料3

	米	みかん	もも	ぶどう
1位	新潟県	L	M	M
2位	北海道	愛媛県	福島県	長野県
3位	秋田県	静岡県	長野県	K
4位	K	熊本県	K	N
5位	宮城県	長崎県	L	福岡県

(データで見る県勢2021年より作成)

ア　K：富山県　　L：和歌山県　　M：山梨県　　N：岡山県
イ　K：富山県　　L：山形県　　　M：岡山県　　N：山梨県
ウ　K：富山県　　L：岡山県　　　M：和歌山県　N：山形県
エ　K：山形県　　L：和歌山県　　M：岡山県　　N：富山県
オ　K：山形県　　L：和歌山県　　M：山梨県　　N：岡山県
カ　K：山形県　　L：岡山県　　　M：山梨県　　N：富山県

（4）　**メモ**中の下線部dについて，太郎さんが山
　口県を調べてみると，明治維新を主導した地
　域であったこと，山口県出身で内閣総理大臣
　に就任した人が多いことがわかりました。そ
　こで，太郎さんは初代内閣総理大臣の伊藤博
　文について新聞を作ることにしました。右の
　下書きを見て，次のⅠ～Ⅲの問いに答えなさい。

下書き

Ⅰ　**下書き**中の**P**の記事の内容として適切なもの
　を，次のア～オから**2つ**選び，記号で答えなさい。
　　ア　発生した公害のため，住民とともに銅鉱
　　　山の操業停止を社会にうったえた。
　　イ　行政を担当する内閣制度を整えた。
　　ウ　ドイツで憲法について学び，憲法案を作
　　　成した。
　　エ　外務大臣としてイギリスと交渉を行い，
　　　治外法権（領事裁判権）の廃止に成功した。
　　オ　議会を開いて政治を行うことを主張し，自由民権運動を指導した。

Ⅱ　太郎さんは**下書き**中の**Q**のらんに，伊藤博文が活躍した明治時代の産業の発展を取り上げたいと思い，日本の貿易の推移を記事にしようと考えています。次の**資料4**は1890年と1910年の日本の輸入額と輸出額，およびそれらに占める主要な貿易品目の割合を表しています。**資料4**から読み取れる1890年から1910年の変化として**適切でない**ものを，下の**ア～エ**から1つ選び，記号で答えなさい。

資料4

（日本貿易精覧より作成）

ア　綿花の輸入額割合は6倍以上に増え，綿織物と綿糸の輸出額割合も増えている。

イ　輸入総額の増加額より，輸出総額の増加額の方が多い。

ウ　機械類の輸入額は3倍以上に増えている。

エ　石炭の輸出額割合は減っているが，石油の輸入額割合は増えている。

Ⅲ　太郎さんは**下書き**中の**R**のらんに現在の内閣を取り上げたいと考えています。現在の内閣の役割に関する説明として最も適切なものを，次の**ア～エ**から1つ選び，記号で答えなさい。

ア　法律や政治が憲法に違反していないか判断することができる。

イ　衆議院の解散を決定することができる。

ウ　弾劾裁判所を設置し，裁判官をやめさせることができる。

エ　法律案を審議するにあたり，公聴会を開き，本会議で話し合いを行うことができる。

（5）　レポートを作成するために日本の国土について調べる中で，太郎さんは山の
　　自然や山と人の関わりについて興味を持ちました。そこで夏休みに訪れた町に
　　ついて資料を集めました。その町は山と海に囲まれていて，山から海に向かっ
　　て何本かの川が流れています。これらの川の下流付近には，山から運ばれた土
　　砂がたまることによってできた平らな地形に町ができています。**資料5**はその
　　町の地形のようすを表した図に，太郎さんが注目した場所などを示したもので
　　す。**資料6**はこの町で撮影した写真です。また，**資料7**はこの町の一部のようす
　　をくわしく表した地図をもとに作成したものです。あとの**太郎さんの調査報告の
　　一部**は，これらの資料を通してわかったことや考えたことに関して作成したも
　　のです。これについて，あとのⅠ〜Ⅳの問いに答えなさい。

資料5　調査地域の地形

　この図は夏休みに訪れた町と，
その周囲の地形を表したものです。
陰影起伏図という図に，海岸線と，
この地域を流れる川の一部を加え
ています。

　陰影起伏図とは，山や谷によっ
てできるかげを使って，高低を表
現したもので，ここでは図の左上
の方向から光が当たった場合のか
げによって地形のようすを表して
います。

（国土地理院ホームページより作成）

資料6　この町で撮影した写真

－ 12 －

資料7　ある場所の地図　　地図中に示されている数字は土地の高さを表しています。

土地の利用を示す記号　‖ 田　∴ 茶畑　ὄ 果樹園（ここでは主にみかん畑）

（国土地理院ホームページより作成）

太郎さんの調査報告の一部

・調査地域の地形に，この地域を流れる川のうちの1つを示しています。e<u>X は，この川の近くの土地です。この土地では，古い時代にたまった細かな粒の土の上に，川が山から運んだ大きな粒の土がのっている</u>そうです。私はこの川の河口付近のようすを観察しました。学校では，河口近くの川のまわりには小さな石や砂が多いと学習しましたが，この川の河口では比較的大きめの石が多いように感じました。この川では，山から海までの（ ① ）という事が関係しているのではないかと考えました。

・この町で撮影した写真は，調査地域の地形の Y にある山から撮影したものです。日が沈む少し前に撮影したもので，あたりが少し暗くなりはじめていたときですが，街のビルに日が当たっています。ビルの向こうにはf<u>少し高い山</u>が写っています。さらに，その後方にはもっと高い山が写っています。

・ある場所の地図は，調査地域の地形に示した場所の一部をくわしく表したものです。このあたりでは，みかんの栽培や茶の栽培がさかんに行われています。また，米の栽培をしているところもあります。この地域では，みかん，茶，米を栽培している場所の地形にはそれぞれ特徴があるようです。茶は（ ② ），みかんは（ ③ ），米は（ ④ ）で栽培していると言えそうです。農作物の種類により栽培に適した条件があるようだと考えられます。インターネットで調べたところ，みかんの栽培には（ ⑤ ）が適しているとか，米の栽培には（ ⑥ ）が適しているという情報が書かれていました。この情報は，ある場所の地図に示した地域での土地の利用方法に当てはまっていると考えられます。

Ⅰ　太郎さんの調査報告の一部中の下線部 e について，X 付近に降った雨水について考えられることとして最も適切なものを，次のア～エから１つ選び，記号で答えなさい。

　　ア　大きな粒の土には水がしみこみやすく，細かな粒の土には水がしみこみにくいので，雨水は地面にほとんどしみこまず，地面の表面を流れる傾向が強い。

　　イ　大きな粒の土には水がしみこみやすく，細かな粒の土には水がしみこみにくいので，雨水は細かな粒の層の上までしみこむ傾向が強い。

　　ウ　大きな粒の土には水がしみこみにくく，細かな粒の土には水がしみこみやすいので，雨水は地面にほとんどしみこまず，地面の表面を流れる傾向が強い。

　　エ　大きな粒の土には水がしみこみにくく，細かな粒の土には水がしみこみやすいので，雨水は細かな粒の層の上までしみこむ傾向が強い。

Ⅱ　太郎さんの調査報告の一部中の下線部 f では，資料６に写っている少し高い山について説明しています。この山は，資料５に示した範囲 S ～ U のうちいずれかの範囲にある山です。この山があると考えられる範囲として最も適切なものを，S ～ U から１つ選び，記入用紙２の記号に〇をつけなさい。

Ⅲ　資料７は，資料５に示した範囲 S ～ U のうちいずれかのようすをくわしく表しています。資料７が表している範囲として最も適切なものを，S ～ U から１つ選び，記入用紙２の記号に〇をつけなさい。

Ⅳ　太郎さんの調査報告の一部の①には次の《語群１》アまたはイのいずれかが当てはまります。②～④には《語群２》カ～クのいずれかがそれぞれ当てはまります。⑤と⑥には《語群３》サまたはシのいずれかがそれぞれ当てはまります。これらのうち，①，②，⑤に当てはまるものとして最も適切なものを，それぞれの語群から１つずつ選び，記号で答えなさい。

　　《語群１》　ア　距離が短い
　　　　　　　　イ　距離が長い
　　《語群２》　カ　低くて平らな場所
　　　　　　　　キ　やや高い台地状の場所
　　　　　　　　ク　山の斜面
　　《語群３》　サ　日がよく当たり，水はけがよい土地
　　　　　　　　シ　水が豊富で，広く平らな土地

【適性をみる検査Ⅱ おわり】

K 教英出版

令和5年度入学考査

適性をみる検査Ⅲ

K教英出版

1 次の会話文は，とおるさんとけいこさんが，図のような
時計について話し合ったものです。この時計の長いはりと
短いはりは，それぞれ一定の速さで動き続けます。会話文
を読み，下の（1），（2）の問いに答えなさい。ただし，
はりの太さは考えないものとします。また，解答を考える
際に，持ちこんだ時計を操作してはいけません。

> とおる：時計を見ていると，長いはりと短いはりが，12時のように重なっ
> 　　　　たり，6時のように重ならず一直線になったり，色々と変わって
> 　　　　おもしろいね。
> けいこ：今は午前10時10分だけど，長いはりと短いはりが作る角度は何度
> 　　　　かな？
> とおる：長いはりは1分間に　ア　度，短いはりは1分間に　イ　度まわるから，計算できそうだね。
> けいこ：午前10時10分だと，長いはりと短いはりが作る角度は　ウ　度
> 　　　　だね。
> とおる：待って！大きい方の角度に注目すると，　ウ　度ではなく
> 　　　　　エ　度とも考えられるね。
> けいこ：もう少しで，長いはりと短いはりが重ならず一直線になりそうだね。
> とおる：計算してみると，午前10時　オ　分に重ならず一直線になるよ。
> けいこ：長いはりと短いはりが重ならず一直線になるのは他にも何回もある
> 　　　　よね。
> とおる：例えば，a 午前10時から午後10時までの12時間の間に，時計の
> 　　　　長いはりと短いはりが重ならず一直線になるのは何回だろう？
> けいこ：b 長いはりと短いはりが重ならず一直線になってから，次に重ならず
> 　　　　一直線になるまでの時間を考えると求められないかな。　X　。
> とおる：本当だ！けいこさんが考えたように，c 重ならず一直線になるのは
> 　　　　11回になるね。

（1）会話文中の　ア　～　オ　にあてはまる数を答えなさい。ただし，わり
　　切れない数の場合は必ず分数で答え，分母ができるだけ小さい整数になるよう
　　にしなさい。

（2）会話文中の　X　には，下線部 a のとおるさんの疑問に対して，けいこ
　　さんが，下線部 c のように考えた説明が入ります。下線部 b の時間を求め，
　　その答えをもとに適切な説明を書きなさい。

2 陽子さんは，自分の家に太陽光パネルがあることから電気に興味を持ち，どのくらいの電気を日々消費したり，発電したりしているのかを調べることにしました。

　陽子さんが，自分の家の2022年1年間の電気消費量を調べると，1日あたり平均12kWhであることが分かりました。電気の消費量や発電量はWhという単位で表され，1kWhは1000Whであることも分かりました。

　陽子さんの家の屋根には，太陽光パネルAが5枚設置されています。この太陽光パネルAは，たて160cm，横80cmの長方形の形であり，晴れの日には，1m²あたり，1時間で平均170Wh発電されます。

　陽子さんが，自分が住む町の2022年1年間の天気について調べると，365日中，晴れの日が225日，くもりの日が100日，雨の日が40日でした。くもりの日や雨の日において，太陽光パネルAでの発電量は，くもりの日は晴れの日の10%，雨の日は晴れの日の5%になることも分かりました。

　年間を通じて，毎日10時間発電し，1日の途中で天気は変わらないものとします。また，2022年において，陽子さんの家では毎日，電気を使い，太陽光発電を行ったものとします。次の（1）〜（4）の問いに答えなさい。

（1）2022年における，陽子さんの家の年間電気消費量は何kWhですか。

（2）5枚の太陽光パネルAのうち，1枚だけで晴れの日に1日発電すると，発電量は何kWhですか。

（3）2022年における，陽子さんの家の年間合計発電量は何kWhですか。

（4）次の文章が正しくなるように，文章中の □ にあてはまる最も小さい整数を答えなさい。

　陽子さんの家に太陽光パネルAが □ 枚設置されていれば，2022年において，陽子さんの家の年間合計発電量が，陽子さんの家の年間電気消費量を超えていた。

このページに問題は印刷されていません

3 1以上の整数のことを自然数といいます。ある自然数について，次の《操作》を，結果に1が初めて現れるまでくり返し行うことを考えます。

《操作》
・ある自然数が偶数のとき，その自然数を2でわる
・ある自然数が奇数のとき，その自然数を3倍して1をたす

次の【例】は，自然数6について，《操作》を8回くり返し行うことで結果が1になることを示しています。

【例】 $6 \rightarrow 3 \rightarrow 10 \rightarrow 5 \rightarrow 16 \rightarrow 8 \rightarrow 4 \rightarrow 2 \rightarrow 1$

次の会話文は，この《操作》について，太郎さんと先生が話し合ったものです。会話文を読み，あとの（1）～（4）の問いに答えなさい。

先生：自然数21について，結果に1が初めて現れるまで《操作》をくり返し行うと，どのように結果は変化していくでしょう？

太郎：　　X　　のようになります。

先生：そうですね。では，自然数168について，《操作》を何回くり返すと，結果が1になるか分かりますか？

太郎：数字が大きいので大変そうですね。……あっ！《操作》をくり返していくと，途中で21という数が現れたので，先ほどの結果が使えます。《操作》を　ア　回くり返すと結果が1になりました。

先生：よいことに気づきましたね。そのとおりです。

太郎：最初の数が大きいほど，《操作》の回数も増えるのですか？

先生：実はそうともかぎりません。例えば，自然数146から始めると結果が1になるまでに《操作》が116回も必要ですが，自然数170から始めると10回の《操作》で結果が1になります。

太郎：最初の数字によって回数が大きく変わるのですね。

先生：それでは，「自然数146から始めると結果が1になるまでに《操作》が116回必要」ということを利用して，_a1～200までの自然数について，結果が1になるまでの《操作》が117回以上になる数を求められますか？

太郎：……3つなら求められました。　　Y　　だと思います。

先生：よく分かりましたね。どのように考えましたか？

記入用紙1　適性をみる検査I

一

(1)　a
　　　b

(2)　あ
　　　い

(3)

(4)
I　15字　状態であったから。　25字

II　と考えられる。　25字　という変化が生じている　35字

※100点満点
（配点非公表）

受付番号

K 教英出版

【解答

2

(1)		※
(2)	① （　　　　　　　）　②（　　　　　　　）	※
(3)	（　　　　　　　）　（　　　　　　　）	※
(4) Ⅰ		※
Ⅱ		※
(5)		※

グラフ：縦軸 水温（℃）100, 90, 80, 70, 60, 50, 40　横軸 時間（分）0, 2, 4, 6, 8, 10

受　付　番　号

※

3

(1)		
(2)	A （　　　　　　　　）　　B （　　　　　　　　） C （　　　　　　　　）	※
(3)	Ⅰ	※
	Ⅱ	※
(4)	Ⅰ　　　　（　　　　　）　（　　　　　　）	※
	Ⅱ	※
	Ⅲ	※
(5)	Ⅰ	※
	Ⅱ　　S　　T　　U　　　1つ選んで〇をつけなさい。	※
	Ⅲ　　S　　T　　U　　　1つ選んで〇をつけなさい。	※
	Ⅳ　①（　　　）　②（　　　　）　⑤（　　　　）	※

3

		※
(1)		
(2)		※
(3)	（　　　　　　）（　　　　　　　）（　　　　　　）	※
(4)	（　　　）（　　　）（　　　）（　　　）（　　　）	※

4

				※
(1)	（　　　　　）（　　　　　）			
(2)	A	B	C	※
	D	E	F	
(3)	ア	イ	ウ	※
	エ	オ	カ	

受　付　番　号

※100点満点
（配点非公表）

※

1

	ア	イ	ウ
（1）			
	エ	オ	
（2）			

※

※

※

2

（1）		kWh
（2）		kWh
（3）		kWh
（4）		

※

※

※

※

【解答

受 付 番 号

※

※100点満点
（配点非公表）

1

(1)	※
(2)	※
(3)	（　　　）→（　　　）→（　　　）→（　　　） ※
(4)	①（　　　　　　　）　②（　　　　　　　　） ③（　　　　　　　） ※
(5)	※
(6)	P　Q　R　S　T　　1つ選んで〇をつけなさい。 ※

450字
（30行）

360字

※　　　※　　　※　　　※　　　※

※

受付番号

2023(R5) 京都府立中
K 教英出版

三 記入用紙2に書きなさい。

(5)　(4)　(3)

二

(1)

初め

終わり

(2)

Ⅰ

Ⅱ

30字

30字

20字

40字

※

【解答】

太郎：《操作》をする前の数を考えてみました。

先生：とてもすばらしい発想です。それでは，b 1～200 までの自然数について，結果が1になるまでの《操作》が9回になる数は全部で5つあるのですが，すべて求められますか？

太郎：えっと……　Ｚ　だと思います。

先生：よくできました！

太郎：どんな自然数についても，《操作》をくり返すと最後は1になるのですか？

先生：約3垓（3の後に0が20個並ぶ数）までの自然数については，《操作》をくり返すと結果が1になることがコンピュータを使って示されています。ただ，どんな自然数についてもそうなるのかは，実はまだ分かっていません。

太郎：そうなのですね。単純な計算のようで奥が深いのですね。

（1）会話文中の　Ｘ　にあてはまる内容を【例】のように答えなさい。なお，途中で改行してもかまいません。

（2）会話文中の　ア　にあてはまる数を答えなさい。

（3）会話文中の　Ｙ　には，下線部aについての質問に対する太郎さんの答えが入ります。下線部aにあてはまる数を3つ答えなさい。

（4）会話文中の　Ｚ　には，下線部bについての質問に対する太郎さんの答えが入ります。下線部bにあてはまる数を5つ答えなさい。

4 　図1のような，透明な立方体と透明でない立方体がたくさんあり，それらの大きさはすべて同じです。次の《きまり》にしたがって，これらの立方体に「あ」～「く」の文字を書き，組み合わせて図2に示されているような立体を作ります。

── 《きまり》 ──
・透明な立方体は2個，透明でない立方体は6個使う。
・「あ」～「く」の8種類の文字をすべて使うが，1つの立方体には1種類の文字しか使わない。
・透明な立方体には，6面のうちの1面だけに文字を書く。
・透明でない立方体には，6面すべてに同じ文字を書く。

図1

　　図2は文字の書き方，立方体の組み合わせ方の例で，上から見たときと，手前から見たときの文字の見え方を，それぞれ示しています。また，図3のように，作った立体において，上段の左手前がA，下段の右奥がHのように，各立方体の位置をそれぞれ，A～Hとします。このとき，下の（1）～（3）の問いに答えなさい。

（1）立体を上から見たときと，手前から見たときの見え方が図4のとき，透明な立方体はどの位置にあるか，A～Hの記号で2つ答えなさい。

（2）立体を上から見たときと，手前から見たときの見え方が**図5**のとき，A～F
の立方体に書かれている文字が何か，それぞれ答えなさい。ただし，**図5**から
だけでは判断できない場合は，「×」で答えなさい。また，文字の向きは考え
なくてもかまいません。

図5

上から見た
ときの見え方

← 「お」と「く」
　　が重なっている

手前から見た
ときの見え方

（3）立体を上から見たときと，手前から見たときの見え方が**図6**のとき，下のア
～カのことがらについて，必ず正しいものは「○」で，それ以外のものは「×」
で答えなさい。ただし，この立体を手前から見たときの見え方の左半分は，
図6のように ★ と ▲ のシールでかくされています。

図6

上から見た
ときの見え方

← 「い」と，反転した
　　「え」が重なっている

手前から見た
ときの見え方

ア　Hの立方体は透明ではない。

イ　Fの立方体には「あ」の文字が書かれている。

ウ　★ でかくされている部分の見え方が分かれば，Aの立方体に書かれて
　　いる文字が何か，判断できる。

エ　▲ でかくされている部分の見え方は， う ではない。

オ　▲ でかくされている部分の見え方が分かれば，Aの立方体が透明か透
　　明でないか判断できる。

カ　**図6**に加えて，立体を左側から見たときの見え方が分かれば，すべての
　　立方体に書かれている文字が何か，それぞれ判断できる。

【適性をみる検査Ⅲおわり】

K 教英出版

K 教英出版

令和4年度入学考査

適性をみる検査Ⅰ

京都府立中学校

＊マンボウは海面をプカプカと漂って暮らしていると、長らく考えられてきた。しかし、近①年の行動追跡により、マンボウはなんと深度800mもの深さまで潜ることがわかってきた。そんな深いところでなにをしているのかは、とうぜん大きな疑問となる。研究者らは餌を食べているのだろうと予想していたが、そんなところで餌を食べているマンボウを目撃した人はおらず、なにをどう食べているのかはだれにもわからなかった。

＊「百聞は一見にしかず」というわけで、マンボウが深いところで餌を食べている証拠を画像で得ようと考えた。しかし、海の深いところはまっ暗闇で、特別な写真を撮っても

てもなにも写らないだろう。そこで、カメラにはシャッターを切るタイミングで光る＊LEDの光源をつけて、深いところでも餌を食べる姿が写るよう工夫した。

（中略）

マンボウは、はたして思惑どおりに深いところへと潜り、カメラに餌とする生物を写してくれた。写っていた生物はクラゲの類であり、いわゆるクラゲっぽいふつうの形のハチクラゲ類から、ラグビーボールのような形をしたクシクラゲ類まで、多様性に富んでいた。なかでも、細長い紐のような形のクダクラゲ類がいちばん多く写っていた。

クダクラゲ類は、一般的なクラゲと異なり、個虫とよばれる独立した個体がずらずらとつながって群体を形成して暮らしている動物である。群体を形成する個々の個虫は、それぞれが役割を分担しているという変わった生きものである。役割ごとに異なった形態をしており、先頭には推進力を生み出す個虫がいて、そのうしろに餌を摂る役割を担う個虫が紐のように長く連なっている。その群体は、大きいものでは数十mにもなり、史上最大の動物であるシロナガスクジラよりも長い。地球最長の動物ではないかともいわれている。

マンボウの胃内容物を解剖して調べた研究で、深いところに住むクダクラゲ類がマンボウの胃から発見された例はない。クダクラゲ類は群体であるため、容易にバラバラになってしまうので、形として残りにくいからではないだろうか。『翻車考』には、マンボウの餌について「＊水母ヲ好ンデ食イ、他ノ物食ワズ」と書いてあるが、主食はクラゲのなかでもクダクラゲ類だということがマンボウにカメラを取りつけることで初めて明らかとなったのだ。

カメラとともに取りつけた深度計の結果から、マンボウは1日になんども海面と餌のある深いところにずっといるわけではなく海面に戻ってくる必要があるのだろうか。海は深いところほど水が冷たい。②なぜ深いところと海面を行き来していることがわかった。しかし、餌は深いところで食べるのに、

マンボウが海面に浮かぶようすは『翻車考』の＊マンボウの英名であるオーシャン・サンフィッシュ（海の太陽の魚）は、浮いている状態を日光浴に見立てたことに由来するという。

一説には、海鳥に寄生虫を取ってもらうためともいわれているが、はたして潜るたびに取ってもらわないと困るほどの寄生虫が付着するものだろうか。マンボウは外温動物なので、海面に戻るのは冷えた体を温めるためではないだろうか、という仮説をたててみた。そこで、放流するマンボウに、カメラと同時に体温計を取りつけ、マンボウの体温の挙動を測ってみた。たしかに深いところで餌を食べているあいだにジワジワと下がっていた。

マンボウの体温は、深いところで餌を食べているあいだにジワジワと下がっていた。水温5℃といえば、寒中水泳でもめったにないような冷たさだ。人間の生存可能時間もせいぜい数十分以内だろう。マンボウは深いところで餌を食べている海面では水温が17℃なのに対して、マンボウが浮いている海面では水温が17℃なのに対して、深いところでは水温が5℃～10℃である。水温はわずか5℃である。

マンボウが浮いている状態を日光浴に見立てたことに由来するという。＊えら呼吸だから息継ぎは必要ない。だとすると、マンボウが浮いているのは冷えた体を温めるためではないだろうか、マンボウの体温が下がっていた。

しかし、深いところの水温と同じまで体温が下がることはなかった。マンボウは体が大きいので、なかなか冷えないのだ。それにくわえて、とても分厚いマンボウの皮は、熱を逃さないために一役買っているのではないだろうか。あるていどまで体温が下がるとマンボウは海面に戻り、下がった体温は海面で浮いているあいだに回復していた。マンボウが海面に戻るのは、予想どおり冷えた体を温めるためだったのだ。

このとき、深いところで体温の下がる速さと海面で体温の上がる速さとをくらべると、体温を回復するときのマンボウは冷えるときの3倍効率よく周りの海水と熱を交換していることがわかった。□、海面にボーッと浮いているだけでなく、なんらかの生理的な調節を行なって積極的に熱を取り込んでいる可能性がある。このような積極的な熱の取り込みによって、マンボウは体温の回復に必要な時間を短縮し、深いところで餌を食べる時間を増やしているのだろう。

③大きなもののほうが冷めにくい。じっさい、大きなマンボウほど長時間にわたって深いところにいる傾向がみられた。しかし、大きなものはいったん温度が下がってしまうと、元の温度まで温めるのに長い時間が必要になる。体が大きかろうが小さかろうが、冷やされた時間と失った体温を回復するのにかかる時間の比は変わらない。

それでも、海面と深いところをひんぱんに行き来すると移動にかかる時間がかさむ。餌を食べる時間を増やすには、できるだけ行き来の回数を減らすほうが望ましい。つまり、体が大きければ大きいほど行き来する回数を減らせるため、餌を探して食べるのに使える時間が増えるのだ。

（中村乙水「世界一大きなフグは世界一長い動物を食べる」日本バイオロギング研究会編著『バイオロギング2 動物たちの知られざる世界を探る』による）

（中村乙水「世界一大きなフグは世界一長い動物を食べる」日本バイオロギング研究会編著『バイオロギング2 動物たちの知られざる世界を探る』による）

〈注〉

＊マンボウ　　　　　フグの仲間で海にすむ魚。長さは3mくらいで、丸く、おしつぶされたような平たい形をしている。体の上下にひれがつき出している。

＊百聞は一見にしかず　何度も聞くより、実際に一度見るほうが、ずっとよくわかる。

＊思惑どおり　　　　口には出さないが、心の中にもっている考えどおり。

＊LED　　　　　　　発光ダイオード。

＊群体　　　　　　　多くの個体がくっついて、一つの個体のような状態になっているもの。

＊『翻車考』　　　　江戸時代に書かれたマンボウに関する本。

＊外温動物　　　　　外部の温度により体温が変化する動物。

＊挙動　　　　　　　立ち居振る舞い。動作。様子。ここでは体温計の示す温度の上がり下がりのこと。

＊一役買っている　　一つの役割を自分から引き受けている。

＊生理的な　　　　　体の組織やはたらきに関するような。

（1）──線部①に「そんな深いところでなにをしているかは、とうぜん大きな疑問となる」とありますが、この疑問の答えとして、分かったことはどのようなことですか。最も適切なものを、次のア〜エから一つ選び、記号で答えなさい。

ア　海の深いところはまっ暗闇なので、写真に写るようにLEDの光源をつけて撮影する必要があるということ。

イ　マンボウは深度800Mもの深さまで潜り、クラゲの類と群体を形成して暮らしているということ。

ウ　マンボウは海の深いところと海面とを1日になんども行き来しているということ。

エ　マンボウは海に深く潜って餌を食べており、主食はクラゲのなかでもクダクラゲ類だということ。

（2）──線部②の「なぜ深いところにずっといるわけではなく海面に戻ってくる必要があるのだろうか」について、次のⅠ、Ⅱの問いに答えなさい。

Ⅰ　筆者はこの疑問に対して、どのような仮説を立てて実験をしようとしていますか。本文中から十八字でぬき出して答えなさい。

（注意）句読点（。、）やかぎ（「　」）などの記号は、それぞれ字数に数えます。

Ⅱ　筆者はその仮説をどのように確かめていますか。最も適切なものを、次のア〜エから一つ選び、記号で答えなさい。

ア　マンボウにカメラと同時に体温計を取り付けて、体温を測定した。

イ　マンボウの生存可能時間を計測して、何分生きられるのか調べた。

ウ　海鳥に寄生虫を取ってもらっているか、マンボウを観察した。

エ　海中におけるマンボウと人間の体温の変化のしかたをくらべた。

（3）空らん　　　　に入る言葉として最も適切なものを、次のア〜エから一つ選び、記号で答えなさい。

ア　そして　　イ　しかし　　ウ　つまり　　エ　また

（4）──線部③に「大きなもののほうが冷めにくい」とありますが、体が大きく体温が下がりにくいことによってマンボウにはどのような利点が生まれますか。三十字以上、四十字以内で答えなさい。

（注意）句読点（。、）やかぎ（「　」）などの記号は、それぞれ字数に数えます。

（5）この文章における筆者の述べ方として最も適切なものを、次のア〜エから一つ選び、記号で答えなさい。

ア　実験の説明において、疑問とそれを解決する結論のみを提示している。

イ　実験をするたびに、『翻車考』に書かれたことから疑問を提起し、説明している。

ウ　実験により一つの疑問が解決しても、新たな疑問を持ち、提示している。

エ　他の可能性を考えるのではなく、調べて分かったことを説明している。

二　次の**文章1**を読んで、あとの(1)～(3)の問いに答えなさい。
　（注意）　＊のついている語句の説明が5～6ページにあります。

文章1

①私たちは、一人ひとりが無数の知られざる「情報」をもっています。私が朝何を食べたか、私は地域社会のなかでどんな役割を果たしているか、私の職場ではどんな隠れたルールがあるか。どうでもよさそうな情報から大事な情報まで、私たち一人ひとりは、数え切れないほどの情報をもっています。しかし、そうした情報は、一部しか知らないし、一部は身近な人しか知りません。それらの情報は、ほとんどどこにも「書いて」いませんし、誰かから調査を受けたこともありません。＊SNSに頻繁に文章を上げている人でさえ、実際に上げているのはもっている情報のごくごく一部でしょう。

私はどういう友人関係をもっているか、私は今の政治についてどう考えているか、と考えれば、私たちの情報の九九・九％は、書かれないまま、眠っています。

調べる側からすれば、ある事象について調べたいと思った場合、それがすでにあらゆる角度からあらゆることについて書かれていることはまずありません。世の中の情報の九九・九％は、書かれないまま、眠っています。

私たち一人ひとりのもつ「常識」は案外狭い情報や知識によるもので、ある意味、ほとんどが思い込みだとさえ言えるかもしれません。

私たち一人ひとりの認識、たとえば今の世の中はもっとこうあるべきだとか、最近の社会はこんな認識が、いったい何をもとにできあがっているのか、もう一度考えてみてもよいかもしれません。どの人の認識も、おそらく、家族、友人関係のなかでつちかわれた感覚、学校、メディア、その他からの情報、ネットを眺めているだけでさまざまなことがわかるなどということは、まずありえません。

自分の認識から外れるような情報に接したとき、私たちは「そんな話、聞いたことがない」と、無視したがる傾向にあります。しかし、それは、ただ「聞く」、「調べる」という作業をしていないために情報が入らなかっただけだと考えたほうがよいでしょう。テレビのニュースを見て、ネットを眺めているだけでさまざまなことがわかるなどということは、まずありえません。

○○問題をめぐって住民どうしが対立している、という報道に接し、実際に行ってみて、いろいろな人に詳しく聞いてみると、じつは「対立」ではなく「意見の相違」＊くらいで、しかも意見は二つにわかれているのではなく、三つにも四つにもわかれている、ということがわかったりします。そもそも「○○問題」というフレーム（枠組み）すらあやしい、ということも見えてきます。

このように、現場に出かけ、見て、話を聞くことで実際の姿に迫ろうとすること、それがフィールドワークです。

フィールドワーク、と一言で言っても、いろいろなものがあります。山のなかに入ってどんな植物が生えているか調べるのもフィールドワークですし、大都市の駅前で人の流れを観察するのもフィールドワークでしょう。一軒一軒訪ねて話を聞くというフィールドワークもありますし、企業や行政に対してインタビューを行うのもフィールドワークです。あるＮＰＯの活動にしばらく参加させてもらって、なかから観察するのもフィールドワークですし、工場に入って一緒に働いてみるというのもフィールドワークです。

ところで、こうしたフィールドワークを経験した人の多くが実感することがあります。それは、フィールドワークをすることで、単に現場でデータを得るということ以上のものが得られる、という実感です。「現場がやはり大事だ」と経験者はよく言います。それはどういうことでしょうか。単にデータを得るということ以上のものがある、とはどういうことでしょうか。

一つには、現場では、単にデータが得られるだけでなく、私たちがもっているフレーム（考

え方の枠組み）そのものが壊れたり再構築されたりすることが多いということです。フレームは、おおまかな仮説と言ってもよいかもしれません。現場に行く。こういうことを考えて、フィールドで調査する。すると、その「こういうこと」の妥当性がそこで揺らぐのです。これは人がとってきたデータだけを見たり、遠隔で調べたりしているときには生じにくい現象です。

現場に身を置いて、現場の雑多な「ものごと」に注意深く耳を傾けることで、私たちのなかにあった仮説、調査の前提として考えていたフレームが壊れていきます。

現場は、でこぼこしています。あらかじめ読んでいた文献の知識をたずさえて現場に行ってみると、文献に書かれているような単純なことではないことがわかります。そのでこぼこさに身を置くことによって、あらかじめもっていたフレームが壊れ、また、修正を余儀なくされます。

あらかじめつくっていた調査事項を修正し、フレームを修正し、さらに調査が続きます。調査のプロセスでは、フレームは何度も何度も修正する必要が出てきます。それがフィールドワークのおもしろさです。

とくに人びとにかかわる調査、社会にかかわる調査では、私たちがどんなフレームをもっていようとも、調べる対象である人びとも彼ら自身のフレームをもっています。私たちが社会を解釈しようとする前に、人びとは、社会を解釈しているのです。こちらの解釈と人びとの解釈がぶつかりあい、ひびきあうことで、新しい解釈が生まれます。このプロセスはとても大事で、②フィールドワークなしの認識が信用できないのは、そうしたプロセスを経ていないからです。

さらに、フィールドワークはそういう性質ゆえに、「学び」の場としての機能も強くもっています。

私たちは、知りたいことすべてについてフィールドワークをすることはできません。しかし、フィールドワークの経験によって、そうやって雑多な情報がうごめく現場の感覚、そこからフレームが壊れ再構築されていく感覚を身につけることができます。そうしたフィールドワーク感覚が、それらを批判的に読む際、メディアの情報に接する際にも、そうしたフィールドワーク感覚が、それらを批判的に読む技術、論文や記事を読む際にも、また、

地、立体的に読む素地になります。フィールドワークには、認識を深化させる練習場としての機能があると言えるでしょう。

（宮内泰介・上田昌文『実践　自分で調べる技術』岩波新書による）

〈注〉
*SNS　インターネット上でコミュニケーションができるようにするサービス。
*頻繁に　数多く、くり返して。
*プロセス　物事を進める過程。
*相違　ちがい。
*迫ろう　近づこう。
*NPO　社会のために活動することを目的として作られた団体。
*妥当性　考えや判断がその場の状況にあてはまり、ふさわしいものであるということ。
*遠隔　遠くはなれている場所。
*文献　調べるときに使う書物や文書。
*たずさえて　身につけて。
*余儀なく　それ以外にとれる方法がなく。
*調査事項　調査しようとする内容を小さく分けた、一つ一つのまとまり。

(1) ──線部①に「一人ひとりが無数の知られざる「情報」をもっています」とありますが、その「情報」について筆者はどのように述べていますか。最も適切なものを、次のア〜エから一つ選び、記号で答えなさい。

ア 一人ひとりがもっている情報は無数にあるものの、どの人がもっている情報も同じなので、文章に書こうとしない。

イ 数えきれないほど無数にあるものの、どの人がもっている情報もほとんど同じなので、一人ひとりがもっている情報はとても少ない。

ウ 一人ひとりがもっている無数の情報のうち、他の人が読んだり聞いたりして知ることのできる情報はとても少ない。

エ 数えきれない情報がSNSにあり、それをどの人も読むことができるので、一人ひとりがあらゆる情報をもっているということができる。

(2) ──線部②に「フィールドワークなしの認識が信用できないのは、そうしたプロセスを経ていないからです」とありますが、フィールドワークを行って社会にかかわる調査をする人の解釈について、どのようなプロセスを経ると筆者は述べていますか。最も適切なものを、次のア〜エから一つ選び、記号で答えなさい。

ア 調査の対象である人びとの解釈などの影響を受けて、それまでもっていたフレームが修正され、新しい解釈になるというプロセス。

イ 調査の対象である人びとの解釈などと対立して、正しいフレームではないことがわかると、新しい解釈に入れかわるが、フレームはそのまま使い続けるというプロセス。

ウ 調査の対象である人びとの解釈などとぶつかり、フレームの修正は必要だが、新しい解釈にする必要はないとわかるというプロセス。

エ 調査の対象である人びとの解釈などよりもすぐれていることがわかり、別の解釈などの影響を受けにくくなるというプロセス。

(3) 中学一年生の山田(やまだ)さんは、総合的な学習の時間に、自分が遊びの場として使う公園の美化をテーマに調べ学習を行いました。そして、学習が終わってから、調べ学習をして学んだことや考えたことを学級で発表しました。次の文章は、その発表原こうの一部です。これを読んで、あとのⅠ〜Ⅲの問いに答えなさい。なお、**文章2(発表原こうの一部)**の1〜6の数字は、段落の番号を表します。

文章2(発表原こうの一部)

1 私は、調べ学習の初めには、自主的にごみひろいなどをすれば公園はもっときれいになるのではないかと考えていました。そこで、調べ学習の初めに、自主的なごみひろいを行うことにし、その計画を立てました。そして、公園を管理している市役所の川口(かわぐち)さんにお会いして、自分の計画を話し、ご意見をうかがいました。

2 川口さんからは、自分だけでごみひろいをするのも良いが、同じ公園で町内の美化活動をなさっているので、一度参加してはどうかと提案していただきました。美化活動といっても、自分が計画した、個人で行うごみひろいと同じものなのではないかとも思いましたが、

実際の活動を知ることができ、ごみをひろう道具も用意してもらえるので、参加することにしました。

3 町内の方は、公園での美化活動を毎週三回なさっていました。参加した当日、一緒に活動をしてくださった町内の佐藤さんは、ごみが多い日もあるが、参加した人が協力して活動するので意欲が高くなり、次回の活動にも参加したいと思えること、また、この活動は、きれいな町を自分たちで作るために行っており、公園は町の人が毎日使う場所であるので、ずっと続けていくことがとても大切だということを話してくださいました。

4 調べ学習の初めには、自分でごみひろいをして、その一回のごみひろいで集まるごみの量や、ごみの種類のデータをとればよいと考えていました。しかし、実際の美化活動に参加し、川口さんや佐藤さんのお話をうかがったことで、公園の美化についての考えが変わりました。そこで、美化活動を続けていくために必要なことや工夫されていることは何かを中心にして調べ学習を進めることにしました。

5 調べ学習を終えて、自分たちで町を作っているという思いを多くの人がもち、毎日使う場所であるということを考えて活動を続けていらっしゃるから、公園の美化がたもたれているのだと考えています。

6 私たちが毎日目にする、テレビや新聞などのメディアでは、美化活動を始めとして、地域で行われている様々な活動が取り上げられます。そのような情報に接する時には、実際の現場で行われていることを想像しながら見たり読んだりして、今回の調べ学習で学んだように、自分のものの見方を広げていきたいと思います。

I 文章2（発表原こうの一部）の中で、山田さんが町内の美化活動を体験したあとで行った、調査事項の修正について書いているのはどの段落ですか。最も適切なものを一つ選び、1～6の数字で答えなさい。

II 山田さんは、学級で発表した後に文章1を読み、自分の調べ学習について、深く考えることができました。そして、山田さんの「そのような情報に接する時には、実際の現場で行われていることを想像しながら見たり読んだりして、今回の調べ学習で学んだように、自分のものの見方を広げていきたい」という思いは、文章1の言葉を使って、次のように表現できることに気付きました。次の文の空らん［　］にあてはまる内容として最も適切なものを、文章1から十字でぬき出して答えなさい。

（注意）句読点（。、）やかぎ（「　」）などの記号は、それぞれ字数に数えます。

メディアの情報に接する時には、今回の調べ学習の経験をとおして身につけた［　］を役立てていきたい。

III 山田さんが調べ学習の初めに公園の美化についてもっていたフレームは、町内の美化活動に参加することによって修正され、具体的にどのようなものに再構築されましたか。次の文の空らん［　］にあてはまるように、文章2（発表原こうの一部）の言葉を使って、四十五字以上、五十五字以内で答えなさい。

（注意）句読点（。、）やかぎ（「　」）などの記号は、それぞれ字数に数えます。

山田さんは、公園の美化について、調べ学習の初めには、自主的にごみひろいをすれば公園はきれいになるというフレームをもっていたが、そのフレームは、町内の美化活動に参加することによって、［　］というフレームに再構築された。

三　これからの日本の社会は、人口の減少や人工知能の飛躍的な進化などにより、大きく変化することが予想されます。そのような社会を生きていくために、これから自分たちはどのような学び方をすべきかについて、青木さんと井上さんの二人が、次のような意見を述べています。

青木さん　自分のやりたいことを突き詰めて学び、自分の強みを持つべきだ。他の人にはない専門性を身につけて、それを将来の社会でいかす方法を考えるのが良いと思う。

井上さん　物事を幅広く学び、どんなことにも対応できるようにすべきだ。自分の興味のないことでも、学んでおけば役に立つし、社会がどのように変化しても困らないと思う。

これから自分たちはどのような学び方をすべきかについて、あなたの考えは、どちらの意見に近いですか。どちらの意見に近いかを明らかにした上で、あなたの考えを、そう考える理由とともに、記入用紙2に、三百六十一字以上、四百五十字以内（二十五行以上、三十行以内）で書きなさい。

〈書き方の注意〉

①　題や氏名は書かないで、一行目から書き始めます。
②　段落をかえるときの残りのます目は、字数として数えます。
③　最後の段落の残りのます目は、字数として数えません。

【適性をみる検査Ⅰおわり】

－8－

令和4年度入学考査

適性をみる検査Ⅱ

注　意

1　「解答を始めなさい」の合図があるまで，この問題用紙を開いてはいけません。

2　問題は，1ページから14ページまであります。問題用紙のあいている場所は，下書きや計算などに使用してもかまいません。

3　記入用紙は，記入用紙1と記入用紙2があります。指示にしたがい，記入用紙1には2か所に，記入用紙2には1か所に受付番号を書きなさい。

4　検査時間は50分間です。

5　1・2の解答は記入用紙1に，3の解答は記入用紙2に記入しなさい。

6　記入用紙の※印のらんには何も記入してはいけません。

7　「解答をやめなさい」の合図があるまで，問題に取り組んでいてもかまいません。

1 たろうさんのクラスでは，クラス全体で決めたある発表テーマにそって学習をすすめ，社会の時間にグループ発表を行いました。次の【発表1】〜【発表3】について，あとの（1）〜（8）の問いに答えなさい。

【発表1】

たろう：私たちのグループは「日本の農業の課題」について調べました。資料1は「日本の農家数のうつりかわり」を，資料2は「日本の年れい別農業人口のうつりかわり」をそれぞれ5年ごとに表したグラフです。このグラフを見てください。

り　か：資料1をみると，日本の農家数は平成7年から平成27年にかけて減少していることが分かります。

たろう：資料2をみると，15歳〜64歳の農業人口が大幅に減っています。働く人を増やすための取り組みもさかんに行われていますが，ₐ働き手は増えていないようです。

資料1　日本の農家数のうつりかわり

資料2　日本の年れい別農業人口のうつりかわり

□15歳〜64歳　■65歳以上

（農林水産省農林業センサスより作成）

（1）【発表1】に関連して，資料1と資料2からわかることとして適切なものを次のア〜オから2つ選び，記号で答えなさい。

ア　平成7年から平成27年までを5年ごとにみると，日本の農家数は約50万戸ずつ，日本の農業人口は約50万人ずつ減少している。

イ　日本の農家数は平成12年から平成17年の5年間で最も大きく減少し，日本の農業人口も平成12年から平成17年の5年間で最も大きく減少している。

ウ　平成7年の日本の農業人口における65歳以上がしめる割合にくらべて，平成22年の日本の農業人口における65歳以上がしめる割合は高くなっている。

エ　15歳〜64歳の日本の農業人口は減少し続け，平成27年には日本の農業人口全体の約6割になった。

オ　平成7年から平成27年までの20年間で日本の農家数と日本の農業人口はともに約半数に減少した。

（2）【発表1】中の下線部ₐについて，農業人口がこのまま減っていくと日本が国内で生産する農産物の量と輸入する食料の量の関係はどのように変化すると考えられるか，「輸入」「食料自給率」という2つの言葉を必ず用いて答えなさい。

【発表2】

りょう：私たちのグループでは，私たちがくらしている京都府に注目し，「茶の生産量」について調べました。京都府は，全国で最も多く茶を生産している都道府県だと考えていました。しかし，**資料3**「茶の生産量上位10都道府県」を見ると，茶の生産量は静岡県や鹿児島県の方が京都府より何倍も多いことが分かりました。

み　か：茶の生産量が多い都道府県は，静岡県や三重県のように（　①　）に面している県が多く，（　②　）気候のところが多くみられます。一方で，（　③　）県のように海に面していない内陸の県の中でもさかんに生産されているところがあります。

資料3　茶の生産量上位10都道府県　[全国の茶の総生産量は83,600トン]

順位	都道府県	生産量	順位	都道府県	生産量
1位	静岡県	33,100トン	6位	福岡県	2,170トン
2位	鹿児島県	24,600トン	7位	奈良県	1,810トン
3位	三重県	6,770トン	8位	佐賀県	1,350トン
4位	宮崎県	3,870トン	9位	熊本県	1,300トン
5位	京都府	2,920トン	10位	愛知県	908トン

（農林水産省作物統計調査　平成26年産作物統計より作成）

（3）【発表2】に関連して，**資料3**について説明したものとして正しいものを次のア～オから**すべて**選び，記号で答えなさい。

ア　茶の生産量が多い都道府県は，九州地方や近畿地方，中部地方に多く，静岡県と鹿児島県で全国の生産量の半分以上をしめる。

イ　京都府の茶の生産量は，静岡県の約5分の1，鹿児島県の約4分の1ほどだが，近畿地方では三重県に次いで2番目に多い。

ウ　京都府の茶の生産量は，関東地方で最も多い都道府県の生産量にくらべて，約2倍である。

エ　茶の生産量が全国の上位5位までの都道府県の中には，都道府県名と都道府県庁所在地名が異なるところがある。

オ　静岡県の茶の生産量は，近畿地方の茶の生産量上位3府県の生産量の合計よりも多い。

（4）【発表2】中の（　①　）～（　③　）に入る語句を，①はア～エ，②はオ～ク，③はケ～シからそれぞれ1つずつ選び，記号で答えなさい。

ア　オホーツク海　　イ　東シナ海　　ウ　日本海　　エ　太平洋
オ　さむい　　　　　カ　あたたかい　キ　雪が多い　ク　雨が少ない
ケ　奈良　　　　　　コ　佐賀　　　　サ　熊本　　　シ　愛知

【発表3】

> ひなた：私たちのグループでは「日本の商業」をとりあげて，どのようなところで商業が発展したかを調べました。
>
> あつし：ものがたくさんつくられるようになると，都などの人が多く集まる場所では市が開かれるようになり，多くの人でにぎわいました。また，まちとまちを結ぶ道には多くの人が行き来し，農産物をはじめとしたさまざまなものが運ばれました。b江戸時代になると幕府がc五街道を整え，旅をする人が泊まる宿場町などが栄えるようになりました。
>
> ひなた：今も大きな都市と都市を結ぶ道路沿いには，多くのお店があります。しかし，そうした道路が通っていない町の商店街からは，しだいに活気が失われつつあります。
>
> あつし：現在，町を活性化するために，d各地の商店街では地域の特色を活かしたさまざまな取り組みを行っています。どんな取り組みがあるか，調べてみようと思います。

（5）【発表3】中の下線部 b について，江戸時代の農民たちのようすを説明した文として正しいものを，次のア～オから**すべて**選びなさい。

ア　豊作を祈っておどる田楽が行われるようになり，農民たちは村ごとに武士や商人たちとともに田植えをした。

イ　稲の収穫高の約３％や布，地方の特産物を税として納め，農民たちが都や九州を守る兵士の役割をつとめた。

ウ　名主（庄屋）とよばれる村の有力者を中心に農民たちが村の運営を行い，収穫の半分ほどを年貢として納めた。

エ　農民たちは稲や麦を脱穀する千歯こきなどの改良した農具をつかい，農作業がはやく楽にできるようになった。

オ　農民たちは石包丁を使って稲の穂をかり取ったり，木でつくられたくわで土地を耕したりするようになった。

（6）【発表3】中の下線部 c について，五街道のひとつである東海道の風景を浮世絵『東海道五十三次』にえがいた人物の名前を**ひらがな８文字**で答えなさい。

（7）【発表3】中の下線部dについて，ひなたさんたちはある商店街の活性化のために話し合いを行い，「商店街の現状」と「商店街の活性化にむけた取り組み」について考えました。次の**メモ**はその内容を書きとめたものです。また，下の**表**はその話し合いで出た意見を整理したものです。**表**中の①〜④にあてはまるものを，下のア〜エからそれぞれ1つずつ選び，記号で答えなさい。ただし，①〜④の中に同じ記号は入りません。

メモ

> 1　商店街の現状
> ・それぞれのお店の宣伝は，紙のちらしによるものだけである。
> ・それぞれのお店が独自のポイントカードを発行し，利用者の名簿を作成し管理している。
> ・それぞれのお店の人が定期的に集まり，いっしょに商店街の美化や安全管理を行っている。
> ・どのお店にもホームページ（ウェブサイト）がなく，商店街全体を紹介する情報がない。
> ・商店街を訪れた人がスマートフォンを使ってお店や催しものの情報を手に入れられずに困っている。
> 2　商店街の活性化にむけた取り組み
> 　多くの人がスマートフォンやタブレットを使って，いつでも気軽に商店街にあるお店や催しものの情報を手に入れられるようにする。

ア　商店街を訪れた人がお店の並びを商店街のホームページで確認できるようにする。

イ　それぞれのお店が得た個人情報は，商店街で共有せずにそれぞれのお店で管理する。

ウ　それぞれのお店がＳＮＳを使って情報を発信する。

エ　商店街を訪れた人が快適に過ごせるように清掃活動や照明の点検を行う。

表

	現在すでに取り組んでいる活動	今後取り組みをはじめるべき活動
商店街のお店が合同で取り組む活動	①	②
それぞれのお店が個別に取り組む活動	③	④

（8）【発表1】から【発表3】の内容をふまえて，クラス全体の発表テーマとして最も適切なものを，次のア〜オから1つ選び，記号で答えなさい。

ア　世界の国々との交流について

イ　政治のしくみやはたらきについて

ウ　日本の国土の特色と環境について

エ　産業のようすやこれからの課題について

オ　これからの私たちのくらしと文化について

2 一郎さんは，自由研究として，水よう液にとけているものを取り出そうと考えて，インターネットや実験によって調べたことをもとにして，次の**レポート**を作成しました。これについて，あとの（1）〜（5）の問いに答えなさい。

レポート

1 【実験の前に調べたことと考えたこと】
　ものが水にとける量には限りがあり，その量は水の量や水の温度，ものの種類によってちがいます。私が調べた資料では，食塩とミョウバンが水にとける量は，次の**表1**や**表2**のようになっていました。

表1　水の量とものがとける量
（水の温度が40℃のとき）

水の量（mL）	50	100	150
食塩がとける量（g）	18	36	54
ミョウバンがとける量　（g）	12	24	36

表2　水の温度とものがとける量
（水の量が50mLとき）

水の温度（℃）	20	40	60
食塩がとける量（g）	18	18	19
ミョウバンがとける量　（g）	6	12	29

　右の**図1**は**表1**が示しているもののうち，ミョウバンについて，水の量とミョウバンがとける量を棒グラフにしたものです。**表1**や**図1**を見ると，水の量とものがとける量には規則性があり，その規則性と**表2**をもとにすると，「水の温度が20℃のときの水の量とミョウバンがとける量の関係」や「水の温度が60℃のときの水の量と食塩がとける量の関係」が予想できると考えられます。

図1　水の量とミョウバンがとける量
（水の温度が40℃のとき）

2 【実験の方法】
　2つのビーカーに60℃まであたためた水を100mLずつはかって入れ，一方に食塩，もう一方にミョウバンをそれぞれ30gずつとかして水よう液をつくる。その後，水よう液を20℃まで冷やして，ビーカーの底に固体ができるかどうかを観察する。固体ができた場合は，ろ過を行って固体を取り出す。

3 【実験の結果】
　【実験の方法】にしたがって，ビーカーの底を観察したところ，一方のビーカーの底には固体ができていたのでろ過を行って固体を取り出しましたが，もう一方のビーカーの底には固体が見られませんでした。

（1）**レポート**の中の下線部にあるように，一郎さんは水の量とミョウバンがとける量に規則性があると考えました。その規則性と**表2**をもとにして，「水の温度が20℃のときの水の量とミョウバンがとける量の関係」を表そうと考え，右の**図2**を作成しました。この規則性について，次の Ⅰ〜Ⅲ の各問いに答えなさい。

図2　水の量とミョウバンがとける量
（水の温度が20℃のとき）

Ⅰ　一郎さんが**図2**を作成するときにもとにした規則性とはどのようなものと考えられますか，説明しなさい。

Ⅱ　一郎さんが考えた規則性と**表2**をもとに，一郎さんが**図2**を作成したのと同じようにして，「水の温度が60℃のときの水の量と**食塩**がとける量の関係」を表す棒グラフをかきなさい。

Ⅲ　**図2**を作成した後，一郎さんはものが水にとける量のよりくわしい数値について考察して，次の**メモ**を書きました。文章中の①，②にあてはまる数をそれぞれ答えなさい。

メモ

私は**図2**を作成するときに，**表2**で「水の温度が20℃のとき，50 mL の水にとけるミョウバンの量は6g」と示されていることをもとにして，「水の温度が20℃のとき，100 mL の水にとけるミョウバンの量は12 g」だと考えました。しかし，よりくわしい数値まで調べると，「水の温度が20℃のとき，50 mL の水にとけるミョウバンの量」は「5.9 g」であるという可能性もありますし，あるいは「6.2 g」という可能性もあります。

くわしい数値まで調べたときの「水の温度が20℃のとき，50 mL の水にとけるミョウバンの量」の数値が最も小さいときで「5.5 g」，最も大きいときで「6.5 g」までのはばがあるとすると，「水の温度が20℃のとき，100 mL の水にとけるミョウバンの量」の数値は最も小さいときで「（　①　）g」，最も大きいときで「（　②　）g」までのはばがあると考えた方がよいのではないかと考えられます。

（2）次の【実験の結果】についてのメモは，レポートを作成した後に一郎さんが考えたことを文章にしたものです。文章中の①，②にあてはまる語句の組み合わせとして最も適切なものを，下のア〜エから1つ選び，記号で答えなさい。また，文章中の　　　　X　　　　にあてはまる内容として適切なものを，下のカ，キから1つ選び，記号で答えなさい。

【実験の結果】についてのメモ

　【実験の方法】にもとづいて実験を行った結果，食塩とミョウバンのうち，（　①　）をとかした水よう液を冷やした方のビーカーの底に固体ができていましたが，もう一方のビーカーの底には固体はできていませんでした。これは，20℃の水100mLに（　②　）がとける量は30gより多いのに，もう一方はとける量が30gより少ないからだと考えられます。これは表1や表2からも言えそうです。なお，ろ過を行って，（　①　）をとかした水よう液を冷やした方のビーカーの底に見られた固体を取り出しましたが，このとき，ろ紙を通ってろうとの下から出てきた液を別のビーカーにためました。この液には，（　①　）は　　　　X　　　　と考えられます。

	ア	イ	ウ	エ
①	食塩	ミョウバン	食塩	ミョウバン
②	食塩	ミョウバン	ミョウバン	食塩

カ　入っている　　　キ　入っていない

（3）一郎さんは，【実験の方法】にもとづいて実験を行ったときに固体を取り出すことができなかった方の水よう液から固体を取り出そうと考えました。インターネットで調べたところ，「水よう液をしばらく放置して水を蒸発させる」という方法を見つけました。この方法では，よく晴れた日の日中は水がはやく蒸発すると書かれていました。

　晴れた日とくもりの日で何がちがうのかが気になった一郎さんは，それぞれの天気の日の気温について比較することにしました。そこで，一郎さんは2つの日，A，Bについて2時間ごとの気温を調べました。図3は，この2つの日，A，Bそれぞれの1日の気温の変化を表したものです。A，Bのうち一方の日の天気は「晴れ」，もう一方は「くもり」で，それぞれ晴れた日とくもりの日の気温の変化の特ちょうがあらわれています。「晴れ」の日の気温の変化をあらわしたグラフはどちらですか，AまたはBの記号で答えなさい。ただし，1日の平均の気温はAもBもほぼ同じです。

図3　気温の変化

（4）一郎さんは，晴れていて風通しがよいとき
ほど洗たくものがはやくかわくことをヒン
トに，プロペラ付きモーターを使って，水
をはやく蒸発させようと考えました。まず，
右の**図4**のような装置をつくり，光電池に
光を当てたところ，プロペラがまわり，水
よう液に風を当てることができました。一
郎さんはさらに工夫を加え，**図4**の装置を
改良して，「日光が当たっている間は光電池

図4

プロペラが
まわる向き

どう線

プロペラ付き
モーター

光
電
池

＋極

風の向き

－極

水よう液を
入れた皿

によってモーターを回して風を水よう液に当てる。くもっていたり雨が降って
いたりして光電池ではモーターが回らないときは，スイッチを入れて，かん電
池によってモーターを回して風を水よう液に当てる」ことができる装置を作っ
て，日当たりがよい窓ぎわに置いて，水よう液に風を当てました。一郎さんが
作った装置のようすを表したものとして，最も適切なものを，次のア〜カから
1つ選び，記号で答えなさい。

（5）一郎さんは，他のものをとかしてできた液体からも，固体を取り出せるかを
調べることにしました。そして，金ぞくのアルミニウムを塩酸にとかして，こ
の液体の水を蒸発させる実験をしてみようと考えました。塩酸に金ぞくのアル
ミニウムを入れてすべてとかしたあと，この液体の水を蒸発させるとどのよう
なことがおこるかについて説明した文として，最も適切なものを，次のア〜エ
から1つ選び，記号で答えなさい。

　ア　金ぞくのアルミニウムの固体が取り出せる。

　イ　金ぞくのアルミニウムとはちがう固体が取り出せる。

　ウ　塩酸にとけるときに，アルミニウムはあわになって空気中に出ていくので，
　　　この液体から金ぞくのアルミニウムは取り出せない。

　エ　水を蒸発させるときにアルミニウムは空気中に出ていくので，この液体か
　　　ら金ぞくのアルミニウムは取り出せない。

3 　日本には，6000以上もの数の島があり，そのうち400を越す数の島に人が住んでいます。それぞれの島における人々の生活や自然のようすは実にさまざまです。これらの島々に関して，次の（1）～（8）の問いに答えなさい。

（1）鹿児島県の種子島には，種子島宇宙センターがあり，ロケットの打ち上げなどで有名です。種子島から打ち上げられるロケットや人工衛星の部品には，東京都大田区や大阪府東大阪市の中小工場で作られた部品が使われています。次の資料1～3はそれぞれ日本の大工場と中小工場の，工場の数・働く人の数・働く人1人あたりの年間生産額をくらべたものです。資料1～3中のA～Fについて，中小工場にあてはまるものを選び，それぞれ記号で答えなさい。

資料1　工場の数

B
1.0%

約35万8千

A
99.0%

資料2　働く人の数

D
32.1%

約803万人

C
67.9%

資料3　働く人1人あたりの年間生産額（万円）

E

F

（平成30年工業統計表より作成）

（2）8世紀のはじめに律令が制定されたころ，種子島は「たねのくに」とよばれ，その後，約120年間ほど，「たねのくに」は存在しました。「たねのくに」が存在した時期である，8世紀のはじめから約120年間ほどの期間に日本でおこったできごととして適切なものを，次のア～クから3つ選び，歴史的に古い順に並べかえ，記号で答えなさい。

ア　都が平安京に移された。
イ　遣唐使が停止された。
ウ　渡来人がはじめて仏教を伝えた。
エ　卑弥呼が中国の皇帝から倭王の称号や金印を与えられた。
オ　東大寺の大仏が完成した。
カ　聖徳太子が冠位十二階を定めた。
キ　聖武天皇が国ごとに国分寺をつくる命令を出した。
ク　紫式部がかな文字を使って源氏物語を書いた。

（3）本州と四国の間にある瀬戸内海には多くの島があります。本州四国連絡橋は，いくつかの島を経由して本州と四国を結ぶもので，３つのルートがあります。これらのルートが建設されたことで，人や物の行き来が増えました。次の**資料4～7**中の**G～L**のそれぞれは本州四国連絡橋によって結びついている兵庫県と徳島県，岡山県と香川県，広島県と愛媛県のうちのいずれかを表しています。**資料4**は**G～L**の面積，人口，貿易貨物の輸出量を示したものです。**資料5**は**G～L**の果実の農業産出額，**資料6**は**G～L**の漁業産出額，**資料7**は**G～L**の製造品出荷額を示したものです。兵庫県・徳島県・岡山県・香川県・広島県・愛媛県のそれぞれの県にあてはまるものを，**G～L**からそれぞれ１つずつ選び，記号で答えなさい。

資料4

2018年	面積（km²）	人口（万人）	貿易貨物の輸出量（千トン）
G	8,401	548.4	27,675
H	8,480	281.7	12,073
I	7,114	189.8	10,528
J	1,877	96.2	1,851
K	5,676	135.2	2,703
L	4,147	73.6	107

資料5　果実の農業産出額　2018年
資料6　漁業産出額　2018年
資料7　製造品出荷額　2018年

※**資料5～7**はそれぞれ**G～L**の合計を100％としたときの各県の割合を示している。

（データで見る県勢より作成）

（4）次の**資料8**は，屋久島，淡路島，佐渡島，種子島それぞれにおいて最も人口が多い市町の税金による収入のうちわけと，日本全国の市町村の税金による収入のうちわけの平均を示したものです。**資料8**を見て，あとのⅠ，Ⅱの問いに答えなさい。

資料8

各市町村の税金による収入のうちわけ（平成28年度）

※全国の市町村の平均とは，全国の市町村の税金による収入のうちわけの平均値を示したものである。

（総務省地方財政白書，統計屋久島町，南あわじ市の決算概要，佐渡市決算の概要，西之表市の財政事情より作成）

Ⅰ　**資料8**からわかることとして正しいものを，次のア～カから**2つ**選び，記号で答えなさい。

　　ア　佐渡市が「国や県から受ける補助金など」の金額は，屋久島町，南あわじ市，西之表市のいずれの市町よりも高い。

　　イ　全国のすべての市町村で，「住民や会社が納める税金」の割合は「事業をするために借りるお金など」の割合よりも高い。

　　ウ　屋久島町，南あわじ市，佐渡市，西之表市のうち「事業をするために借りるお金など」の割合が最も低いのは南あわじ市であり，割合が最も高いのは佐渡市である。

　　エ　全国の市町村の平均とくらべて，屋久島町，南あわじ市，佐渡市，西之表市の「住民や会社が納める税金」の割合はいずれも低く，「国や県から受ける補助金など」の割合はいずれも高い。

　　オ　南あわじ市は「国や県から受ける補助金など」の割合が屋久島町，佐渡市，西之表市よりも低く，「住民や会社が納める税金」の割合は屋久島町，佐渡市，西之表市よりも高い。

　　カ　南あわじ市の税金による収入の合計金額は，全国の市町村の平均よりも高い。

Ⅱ　市町村に納められた税金の使い道を最終的に決める時には「どのような場」で，「どのような立場の人」が決めているのかを，句読点を含めて15字以上30字以内で答えなさい。

（5）地球の歴史上，海面の高さが現在よりも高い時代や低い時代があったと考えられています。現在は異なる島であっても，海面の高さが低い時代には陸地としてつながっていたものもあったと考えられます。右の**資料9**は，現在，香川県に存在している島**P～R**の海岸線と，周辺の海底の深さのようすを表したものです。仮に，海底のそれぞれの地点の高さが現在と同じまま変わらずに，海面だけが現在よりも20m低くなったとします。そのとき，現在の3つの島**P～R**の関係がどのようになっていると考えられるかを述べたものとして最も適切なものを，次のア～オから1つ選び，記号で答えなさい。

資料9　ある海岸付近の海底の地形

（国土地理院ホームページより作成）

　灰色でぬりつぶされた部分が陸で，**P～R**はそれぞれ，ある島の一部または全部を表している。
　灰色でぬりつぶされた部分以外の部分は海を表していて，この部分に描かれた線は，海面からはかった海底の深さが同じ地点を結んだものである。この線にそえられている数は，その地点が海面から何m低いかを表している。

ア　**P～R**は3つとも陸地として1つにつながっている。
イ　**P**と**Q**は陸地としてつながっているが，**R**はつながっていない。
ウ　**P**と**R**は陸地としてつながっているが，**Q**はつながっていない。
エ　**Q**と**R**は陸地としてつながっているが，**P**はつながっていない。
オ　**P～R**はそれぞれ他のいずれとも陸地としてつながっていない。

（6）日本の国土の中でも遠く離れた島では日の出や日の入りの時刻がちがっています。国立天文台のホームページを使うと，それぞれの地点における日の出や日の入りの時刻について計算した結果を調べることができます。次のページの**資料10**は，ほぼ東西や南北にならんでいる5つの島それぞれの中のある地点を**S～W**とし，さらにその地点の海面からの高さを0mとして，2022年の6月22日と12月22日について，日の出と日の入りの時刻について計算した結果を

まとめたものです。表に示した6月22日は2022年で最も昼が長い日，12月22日は2022年で最も昼が短い日です。これについて，あとのⅠ，Ⅱの問いに答えなさい。ただし，「昼の長さ」とは日の出の時刻と日の入りの時刻の差とします。例えば日の出の時刻が6：10，日の入りの時刻が17：50ならば，昼の長さは2つの時刻の差である11時間40分となります。なお，ここからあとは日付を省略して表します。例えば，2022年6月22日は「2022/6/22」と表します。

資料10　日の出と日の入りの時刻

	島の名前	都道府県	計算に使った地点の位置	2022 / 6 / 22 日の出	2022 / 6 / 22 日の入り	2022 / 12 / 22 日の出	2022 / 12 / 22 日の入り
S	新島（にいじま）	東京都	北緯34度22分　東経139度15分	4：31	18：59	6：46	16：37
T	淡路島	兵庫県	北緯34度22分　東経134度50分	4：49	19：16	7：03	16：55
U	対馬（つしま）	長崎県	北緯34度22分　東経129度21分	5：11	19：38	7：25	17：17
V	江島（えのしま）	長崎県	北緯33度1分　東経129度21分	5：14	19：35	7：22	17：20
W	奄美大島（あまみおおしま）	鹿児島県	北緯28度15分　東経129度21分	5：26	19：23	7：10	17：32

（各地点の高さを海面から0mとして，国立天文台のホームページ暦（こよみ）計算室により算出）

Ⅰ　T地点の高さを海面から0mとした場合，T地点における2022/6/22の昼の長さは何時間何分となるか，資料10から求めなさい。

Ⅱ　S〜W地点の高さを海面から0mとして計算した場合，S〜W地点の日の出の時刻，日の入りの時刻，昼の長さについて資料10から言えることとして最も適切なものを，次のア〜エから1つ選び，記号で答えなさい。

　　ア　2022/6/22で昼が最も短いのはU地点である。
　　イ　2022/6/22，2022/12/22ともに，緯度が同じならば東にある地点ほど，日の出が早く，日の入りが遅（おそ）い。
　　ウ　経度が同じならば，2022/6/22は北にある地点ほど昼が短く，2022/12/22は南にある地点ほど昼が短い。
　　エ　2022/6/22の昼の長さと2022/12/22の昼の長さの差が最も小さいのは，W地点である。

（7）次のページの資料11は，ある3つの島X〜Zの周辺の地図です。また，資料12は，島X〜Zのうちの1つの島から，他の2つの島を見たときのようすを説明したもので，資料12の①〜③には，島を表す記号X〜Zのうちのいずれかがそれぞれ入ります。資料12の①〜③に入る記号を，X〜Zからそれぞれ1つずつ選び，記号で答えなさい。

資料11　ある3つの島の周辺の地図

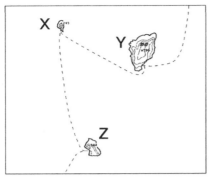

図の上方が北の方向を示している
（国土地理院ホームページより作成）

資料12　ある島から見たときのようす

　島（　①　）の中のある地点に立って海を見たところ，島（　①　）以外の2つの島が見えた。方角を調べようと考え，持っていた磁石にひもをつけて自由に動くようにしたところ，磁石はある方向に向いて止まった。そのとき，磁石のS極が示した方向の近くに，島（　②　）が見えた。そして，島（　②　）に向かって立って，島（　②　）から左におよそ60度の方向に島（　③　）が見えた。ただし，この観察を行ったとき，磁石の極が示す方向に影響を与えるようなものは近くになかった。

（8）季節が移り変わるのに応じて，花を咲かせたり，葉の色を変えたりする植物があります。これらの変化の時期に影響を与えるものには，気温や昼の時間の長さなどがあります。サクラの場合では，開花の時期に影響を与えるものがいくつかありますが，1日の平均気温が大きな影響を与えるものの1つであることがわかっています。1日の平均気温は地方によって差があるので，サクラの開花の時期は地方によって異なります。気象庁のホームページからは，例年であればサクラが開花するのは何月何日くらいか，そのおよその日付を知ることができます。それによると，ある島の観測地mにおいてサクラの開花のおよその日付は，京都におけるサクラの開花の15日前です。また，別の島の観測地nにおけるサクラの開花のおよその日付は，京都におけるサクラの開花の7日後です。次の資料13は，1月1日から12月31日まで，それぞれの日の1日の平均気温がどのように変わっていくかを表したもので，a～cは，それぞれ京都，観測地m，観測地nのいずれかの値を示したものです。これらのことをふまえて，京都，観測地m，観測地nにおける値を示していると考えられるものを，a～cからそれぞれ1つずつ選び，記号で答えなさい。

資料13　1日の平均気温の変化（長年の記録をもとにしたおよその値）

令和４年度入学考査

適性をみる検査Ⅲ

Ｋ 教英出版

1 真弓さんと弟の和男さんが家族で旅行に行く計画を立て　図1
ています。図1はA～H駅と，駅の間をつなぐ線路を表
しています。A駅とB駅の間のように，線路でつながっ
たとなり合う駅と駅の間を「区間」と呼び，それぞれの区
間のきょりは図1中の数字のとおりです。点線（……………）
の線路は新幹線専用の線路で普通電車は通れません。また，
二重線（＝＝＝＝）の線路は普通電車専用の線路で新幹線は
通れません。新幹線の速さは秒速80mであり，これは普
通電車の4倍です。各駅では普通電車または新幹線を降り
ずに乗り続けることができますが，新幹線と普通電車を乗
りかえる場合は必ず降りる必要があります。1回降りると
その駅から次に出発できるのは降りた15分後です。

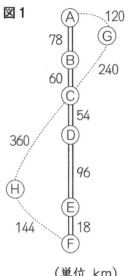

（単位 km）

　次の2人の会話文を読み，下の（1）～（3）の問いに
答えなさい。ただし，新幹線も普通電車も，駅にとまる時
間は考えず，常に同じ速さで動くものとします。

> 真弓：A駅からE駅まで行きたいんだけど，A駅から新
> 　　　幹線に乗ってC駅まで行き，そこで普通電車に乗
> 　　　りかえてE駅まで行くのはどうかな？
> 和男：図1に実線（――――）で行き方をかくと，図2のよ
> 　　　うになったよ。G駅やD駅では降りずに乗り続け
> 　　　るんだね。
> 真弓：うん。じゃあ，かかる時間を求めるために，新幹線
> 　　　と普通電車の速さを調べよう。新幹線の速さは秒速
> 　　　80mだから，時速 ア km だね。
> 和男：新幹線の速さは普通電車の4倍だから，普通電車の
> 　　　速さも求められるね。
> 真弓：ということは…この行き方だと イ 時間 ウ 分かかるね！
> 和男：もっと早く行ける行き方はないのかな？1番早く行ける行き方を調べ
> 　　　てみよう。
> 真弓：同じ区間を2回通らないとすると，A駅からE駅まで行く行き方は
> 　　　図2の行き方以外に3とおり考えられるね。
> 和男：じゃあ，その3とおりの行き方についてもかかる時間を計算してみよう！
> 真弓：…計算できた！1番早く行ける行き方だと， エ 時間 オ 分か
> 　　　かるね！

（1） ア ～ ウ にあてはまる整数を答えなさい。

（2） 会話文中の下線部について，図2を参考にして3とおりの行き方を実線でそ
　　　れぞれ記入用紙にかきなさい。

（3） エ ， オ にあてはまる整数を答えなさい。

2 健さんと彩さんはそれぞれ，12月の12日に年賀状を50枚用意して，13日〜17日の間で50枚書きました。次の表は，2人の作業のようすをまとめたものです。なお，年賀状は昼間に書き，それぞれの日の夜の時点で，まだ書いていない年賀状の枚数を「残り枚数」と呼ぶこととします。

	健さん	彩さん
12日	残り枚数は50枚であった。	残り枚数は50枚であった。
13日	8枚書いた。	6枚書いた。
14日	13日に書いた枚数の ア 倍書いた。	この日に書いた枚数は，健さんが13日に書いた枚数の1.5倍だった。
15日	1枚も書かなかった。	15日に書いた枚数と16日に書いた枚数の比が ウ になるように書いた。
16日	16日に書いた枚数が，17日に書いた枚数よりも イ 枚多くなるように書いた。	
17日		15日に書いた枚数の $\frac{5}{8}$ 倍にあたる，10枚書いた。

右の図は，それぞれの日において，健さんの残り枚数を折れ線グラフに表したものです。次の（1）〜（4）の問いに答えなさい。

（1）表中の ア ， イ にあてはまる数を答えなさい。

（2）表中の ウ にあてはまる比を，最も簡単な整数の比で答えなさい。

（3）それぞれの日における，彩さんの残り枚数を表す折れ線グラフを，三角定規を利用して記入用紙にかきなさい。ただし，記入用紙にかかれている健さんの残り枚数を表す折れ線グラフを参考にしなさい。

（4）それぞれの日の夜の時点で，健さんの残り枚数よりも，彩さんの残り枚数が少なくなっているのはいつですか。記入用紙の日付のうち，あてはまるものすべてに〇をつけなさい。

このページに問題は印刷されていません

3 「あみだくじ」と呼ばれる，縦線と横線で作られるくじがあり，くじのしくみなどについて，次の《ルール》にまとめています。

《ルール》

①あみだくじの縦線には，図1，2のように，それぞれの上に1，2，3……，下にA，B，C……と書く。

②図1の例のように，1つの数字を選んだ後，横線があれば必ず横に曲がりながら，縦線を下にたどっていき，最終的に到達した文字がくじの結果となる。また，図1の場合，1，2，3を選ぶと，結果はそれぞれB，A，Cとなるが，これを「図1のあみだくじの結果の組み合わせは（B，A，C）である」と呼ぶ。

③横線は，となり合う縦線と縦線を結び，縦線と垂直にならなければいけない。

④図2のように，横線が縦線をまたいではいけない。また，縦線上の1点について，2本の横線が集まってはいけない。

図1　左の例の場合，1を選んだ結果はBになる。また結果の組み合わせは(B, A, C)である。

図2　またいではいけない　縦線上の1点に2本の横線が集まってはいけない

次の会話文は，亜美さんと卓司さんがあみだくじについて話し合ったものです。会話文を読み，あとの（1）～（4）の問いに答えなさい。

亜美：いろいろなあみだくじの結果の組み合わせについて考えてみよう！例えば，図3のあみだくじの結果の組み合わせはどうなるかな？

卓司：えっと…，1を選ぶと結果はBで……，5を選ぶと結果はEだから，結果の組み合わせは（B，　ア　，　イ　，　ウ　，E）になるね。

亜美：本当だね。ところで，このあみだくじに横線を1本かき加えて，結果の組み合わせを（E，　ア　，　イ　，　ウ　，B）にすることはできないかな？

卓司：「1を選んだ結果」と「5を選んだ結果」を入れかえるわけだね。例えば，図4のように，あみだくじに横線をかき加えると，結果の組み合わせが（A，B，C）から（C，B，A）になるね。このことがヒントにならないかな。

図3

図4

記入用紙1

適性をみる検査I

一

(1)

(2)
I

II

(3)

(4)
30字
40字

(5)

※
※
※
※
※
※

※

受 付 番 号

※100点満点
（配点非公表）

【解答用

2

			※
（1）	I		※
	II	水の量と食塩がとける量 （水の温度が60℃のとき） 食塩が水にとける量（g） 60 50 40 30 20 10 0 50　100　150 水の量（mL）	
	III	① （　　　　）g　② （　　　　）g	※
（2）	①，②にあてはまる語句の組み合わせ		※
	X にあてはまる内容		※
（3）			※
（4）			※
（5）			※

受 付 番 号

※

3

(1)	工場の数（　　　）　働く人の数（　　　）　生産額（　　　）	※
(2)	（　　　）→（　　　）→（　　　）	※
(3)	兵庫県（　　　）　　　徳島県（　　　） 岡山県（　　　）　　　香川県（　　　） 広島県（　　　）　　　愛媛県（　　　）	※
(4) Ⅰ	（　　　）（　　　）	※
(4) Ⅱ	 15字	※
(5)		※
(6) Ⅰ	（　　　）時間（　　　）分	※
(6) Ⅱ		※
(7)	①（　　　）　②（　　　）　③（　　　）	※
(8)	京都（　　　）　観測地ｍ（　　　）　観測地ｎ（　　　）	※

【解答用

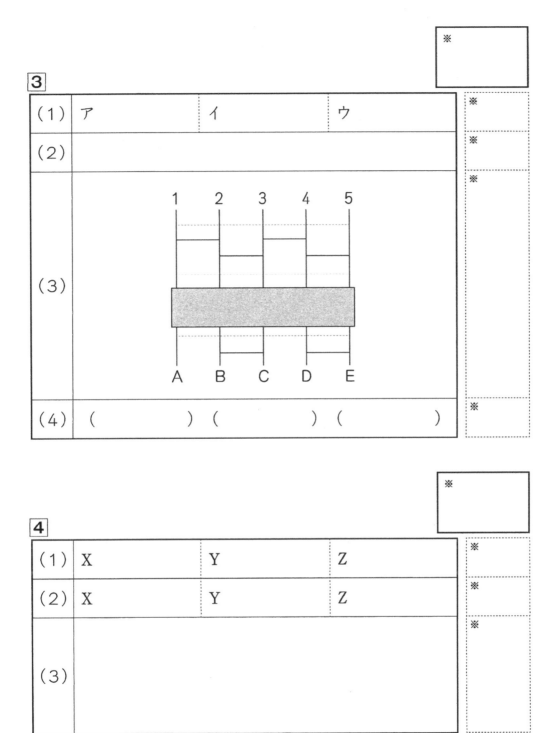

3

(1)	ア	イ	ウ
(2)			
(3)			
(4)	( ) ( ) ( )		

4

(1)	X	Y	Z
(2)	X	Y	Z
(3)			

受　付　番　号

※

※100点満点
（配点非公表）

1

（1）	ア		
	イ	ウ	

※

※

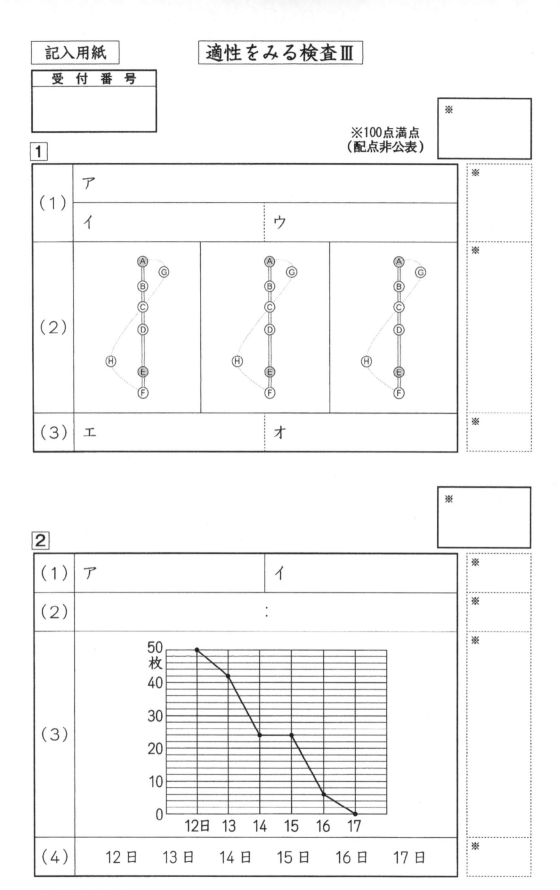

	エ	オ
（3）	エ	オ

（2）

※

2

（1）	ア	イ
（2）	：	
（3）		
（4）	12 日　　13 日　　14 日　　15 日　　16 日　　17 日	

※

※

※

※

【解答用

受　付　番　号

※

※100点満点
（配点非公表）

1

		※
（1）	（　　　　　）　（　　　　　）	※
（2）		※
（3）		※
（4）	①（　　　　）　②（　　　　）　③（　　　　）	※
（5）		※
（6）		※
（7）	①（　　　）　②（　　　）　③（　　　）　④（　　　）	※
（8）		※

【解答

450字
(30行)

360字

三 記入用紙 2 に書きなさい。

二

(1)

(2)

(3)
Ⅰ

Ⅱ

Ⅲ

山田さんは、公園の美化について、調べ学習の初めには、自主的にごみひろいをすれば公園はきれいになるというフレームをもっていたが、そのフレームは、町内の美化活動に参加することによって、

45字

55字

された。

というフレームに再構築

※

※

※

※

※

※

※

【解答

亜美：**図3**において，a「1からBまでたどる道すじ」と，「5からEまで
たどる道すじ」を入れかえるように横線をかき加えればいいね。

卓司：同じように考えて，b結果の組み合わせを自由に変えられるかやって
みよう。

（1）会話文中の　ア　～　ウ　にあてはまる文字を答えなさい。

（2）下線部aに関わり，**図3**のどこに横線をかき加
えればよいか，**図5**の点線（------------）あ～おから
1つ選び，記号で答えなさい。

図5

（3）下線部bに関わり，**図6**の実線（―――）で作
られたあみだくじを考えます。このあみだくじは
一部がかくされていますが，結果の組み合わせは
（C，A，B，E，D）であることが分かっています。
結果の組み合わせが（A，B，C，D，E）になる
ように，**記入用紙の図に横線を3本かき加えなさ
い**。ただし，点線（------------）の部分にのみ横線を
かき加えることができるものとします。解答がい
くつかある場合は，そのうちのどれか1つを答え
なさい。

図6

（4）下線部bに関わり，**図7**のあみだくじに横線を
8本かき加えるとき，次のア～カの結果の組み合
わせのうち，作ることのできるものを**3つ選び**，
記号で答えなさい。

ア（A，B，C）　　イ（A，C，B）
ウ（B，A，C）　　エ（B，C，A）
オ（C，A，B）　　カ（C，B，A）

図7

4 1辺の長さが等しい立方体 A，B，C があり，各面には数字または文字が書かれています。それぞれの立方体の展開図は**図1**のようになっています。

図1

立方体 A
の展開図

立方体 B
の展開図

立方体 C
の展開図

立方体 A と別の立方体をぴったりくっつけた状態から，次の〈**操作**〉を何回か行うことを考えます。

〈操作〉
　右の図のように，立方体 A の1辺をすべらないように固定しながら，別の立方体の面にくっつくまで立方体 A を動かす。

例えば**図2**は，立方体 A にくっつく立方体 B の面が，え→か→い→う，となるように〈**操作**〉を3回行うようすを表しています。

図2

次の（1）～（3）の問いに答えなさい。ただし，解答を考える際に，消しゴムなどの道具を立方体Ａ，Ｂ，Ｃとして使用してはいけません。

（1）**図3**のように立方体Ａと立方体Ｂをぴったりくっつけた状態から，立方体Ａにくっつく立方体Ｂの面が，え→お→い→あ，となるように〈操作〉を3回行うと**図4**のようになりました。**図4**中のＸ，Ｙ，Ｚで示した面にあてはまる数字を答えなさい。ただし，数字の向きは考えなくてよいものとします。

図3

図4

（2）**図5**のように立方体Ａ，Ｂ，Ｃをぴったりくっつけた状態から，立方体Ａにくっつく立方体ＢまたはＣの面が，え→う→す→そ→せ→え，となるように〈操作〉を5回行うと**図6**のようになりました。**図6**中のＸ，Ｙ，Ｚで示した面にあてはまる数字を答えなさい。ただし，数字の向きは考えなくてよいものとします。

図5

図6

（3）立方体Ａにくっつく立方体ＢまたはＣの面が，え→う→す→そ→せ→え，となるように〈操作〉を5回行うことを〈セット〉と呼ぶこととします。**図5**の状態から，〈セット〉を何回かくり返すと**図7**のようになるときがあります。そうなるときの〈セット〉の回数はどのような数ですか。ことばや式などを使って説明しなさい。

図7

令和3年度入学考査

適性をみる検査Ⅰ

京都府立中学校

一　次の文章を読んで、あとの(1)〜(6)の問いに答えなさい。
（注意）＊のついている語句の説明が2〜3ページにあります。

　日記というのは、もう一人の自分との対話の場である。日記こそが＊唯一自分がホンネを打ち明けられる場だという人もいる。それは、いかにもさみしいことなのか、あるいは救いなのか。いずれにしても、もう一人の自分は、他人ではなく自分の一部なのだから、けっしてわかり合えない相手ではない。

　①青年期に日記をつける者が多いのには、そうした事情があるのだ。今は、日記をつけるときのように自分との対話をしながら、ネット上でブログを書いたりする人も、心の中では、しょっちゅう自分との対話をしているはずである。

　僕は、中学生の頃、学校に行くと自然に道化を演じてしまうようなところがあって、朝は「今日は、絶対にまじめに過ごすぞ」と心に誓って登校するのだが、例によって＊シュウイを笑わせたり、悪ふざけをして先生から叱られたりして、帰り道、友だちと別れて一人になると、「またやらかしちゃった」「なんでこうなっちゃうんだ」などと＊自己嫌悪に陥りながら、「明日こそは、まじめに過ごさないと」などと、自分との対話をしていたのを覚えている。

　だれにも言えない心の中の葛藤をめぐって、ああだこうだと思う存分やりとりできる相手は、もう一人の自分しかいない。

　②青年期は、このように自己との対話が＊頻繁に行われるようになる時期と言える。

　でも、ずっと自分と向き合っているのもきつい。自分の＊未熟さ、自分の不安定さ、自己嫌悪、逃れようのない人間存在の個別性、孤独感……。そういったものと絶えず向き合っていたら疲れてしまう。心のエネルギーが消耗する。

　そこで、＊気晴らしに走ることになる。

　音楽に酔う。小説の世界に＊逃避する。とくに見たいものがないのにテレビをつけ、バラエティ番組などに意味もなく見続ける。友だちとしょっちゅう群れておしゃべりする。

　こうした気晴らしをしている間は、自意識から逃れることができる。人間は、自意識を＊麻痺させるための、ありとあらゆる道具を＊カイハツしてきた。

　絶えず人と一緒にいないとダメという人、一人でいられないという人もいるが、それは自分と直面するのを避けるためのひとつの戦略と言ってよいだろう。

（　中　略　）

　③個の確立などというのは、日本人にとっては＊無縁のことなのではないだろうか。青年期になったからといって動くのではなく、自分で考え、自分で判断して動く。それはわかる。しかし、それでも他人の影響は受け続ける。けっして僕たちは、他者に対して閉じられた個として生きているわけではない。

　■Ｂ■、僕が親の管理下から離れ、親から自立して動き始めた頃、何が僕の＊行動原理になっていたのだろうか。思い返してみると、語り合う友だちや書物を通して出会った作家・思想家・科学者など、僕が共感する人や傾倒する人の価値観を基準に動いていたように思う。親とは違うものの見方や考え方を主張するとき、親以外のだれかが僕の中で動いていた。

　僕たちは、個別性を自覚して生きるとはいっても、個として他者から切り離されて生きているわけではない。さまざまな他者の影響を受けながら生きている。さまざまな他

2021(R3) 京都府立中
教英出版

　自立ということに関連して、個の確立などとも言われる。自立という青年期の＊カダイをはるか昔に達成してしまった僕でさえ、個として閉じた形で自分が確立されている気がしない。

　個の確立ということは無縁のことなのではないだろうか。子ども時代のように親の管理下に置かれて動くのではなく、自分で考え、自分で判断して動く。それはわかる。しかし、それでも他人の影響は受け続ける。けっして僕たちは、他者に対して閉じられた個として生きているわけではない。

　■Ａ■、親からの自立という青年期の＊カダイをはるか昔に達成してしまった僕でさえ、個として閉じた形で自分

者との関係性を生きている。

相手があって自分がいる。ゆえに、親からの自立というのは、自分で取捨選択しながら親以外の人たちの影響を強く受けるようになっていくことを指すのではないだろうか。

そこで僕は、欧米の文化を「自己中心の文化」、日本の文化を「間柄の文化」というように特徴づけている。

④他者との関係性を生きる僕たち日本人には、他者から独立した自分などというものはない。

「自己中心の文化」とは、自分の言いたいことを何でも主張すればよい、ある事柄を持ち出すかどうか、ある行動を取るかどうかは、自分の意見や立場を基準に判断すべき、とする文化のことである。何ごとも自分自身の考えや立場に従って判断することになる。

欧米の文化は、まさに「自己中心の文化」と言える。そのような文化のもとで自己形成してきた欧米人は、何ごとに関しても他者に影響されず自分を基準に判断し、個として独立しており、他者から切り離されている。

そのような文化においては、他者の影響を受けることは、個が確立していないという意味で*未熟とみなされる。

一方、「間柄の文化」とは、一方的な自己主張で人を困らせたり嫌な思いにさせたりしてはいけない、ある事柄を持ち出すかどうか、ある行動を取るかどうかは、相手の気持ちや立場に配慮して判断すべき、とする文化のことである。何ごとも相手の気持ちや立場に配慮しながら判断することになる。

日本の文化は、まさに「間柄の文化」と言える。そのような文化のもとで自己形成してきた日本人は、何ごとに関しても自分だけを基準とするのではなく他者の気持ちや立場に配慮して判断するのであり、個として閉じておらず、他者に対して開かれている。

　C　、たえず相手の期待が気になり、できるだけそれに応えようとするのである。

そのような文化においては、他者に配慮できないことは、自分勝手という意味で未熟とみなされる。

「自己中心の文化」においては「　D　」として*否定的にみられることを、「間柄の文化」においては「　E　」というように肯定的に評価するのである。

そのような「間柄の文化」においては、親からの自立を果たすためには、親との間柄に代わる重要な間柄が必要となる。関係性を生きる僕たちとしては、何らかの関係性がないと困る。だからこそ、青年期には、お互いの内面を共有できるような親友を強く求めるのである。

（榎本博明『「さみしさ」の力 孤独と自立の心理学』ちくまプリマー新書による）

〈注〉

*唯一　　　　ただ一つ。

*ブログ　　　インターネットに文章や写真を公開し、残すサービス。

*道化　　　　言葉や動きで人を笑わせる人。

*自己嫌悪　　自分自身をいやだと思うこと。

*陥り　　　　苦しいありさまになり。

*葛藤　　　　心の中に対立する感情が起こって、迷いなやむ状態。

*思う存分　　思うとおり、じゅうぶんに。

*頻繁に　　　くりかえし、たびたび。

*消耗　　　　使い果たすこと。

－2－

*気晴らし　他のことをして、気持ちをはればれとさせること。
*逃避　にげること。
*自意識　自分自身についての意識。
*麻痺　正常の働きができなくなってしまうこと。
*確立　しっかりとしたものを定めること。
*無縁　関係がないようす。
*行動原理　行動のもとになる法則。
*作家　職業として小説などを書く人。
*思想家　人生や社会についてまとまった考えを公表している人。
*傾倒　心からうやまい、したうこと。
*基準　物事を判断するときなどに目安とするもと。
*取捨選択　良いものや必要なものを取り、悪いものや必要でないものをすてること。
*欧米　ヨーロッパとアメリカ。
*未熟　まだじゅうぶんなものではないようす。
*配慮　物事がうまくいくように気をつかうこと。
*否定的　良くないこととして認めないようす。
*肯定的　良いこととして認めるようす。

(1)　──線部①に「青年期に日記をつける者が多いのには、そうした事情がある」とありますが、「そうした事情」として指し示されているのは、どのようなことですか。次の文の空らん [　] にあてはまる内容を、「対話」という語を使って、四十字以上、五十字以内で答えなさい。

[　　　　　]

自己意識が高まる青年期を生きている人にとって、[　　　　　] ということ。

（注意）句読点（。、）やかぎ（「」）などの記号は、それぞれ字数に数えます。

(2)　～～線部a～dを、それぞれ漢字に直して答えなさい。

(3)　──線部②に「青年期」とありますが、本文中における「青年期」の行動の説明として最も適切なものを、次のア～エから一つ選び、記号で答えなさい。

ア　友だちとしょっちゅう群れておしゃべりする人たちは、気晴らしをしているだけなので、自己との対話を頻繁に行うことができる。

イ　音楽に酔ったり小説の世界に逃避したりして、気晴らしをしているときには、自分の未熟さや不安定さを見つめ直すことができる。

ウ　とくに見たいものがないのにテレビをつけ、意味もなく見続けている人は、そうしている間は、自分と直面するのを避けることができる。

エ　日記をつけたりブログを書いたりしている間は、自意識から逃れることができるので、そうしている人は、自意識を麻痺させることになる。

（4）空らん　Ａ　～　Ｃ　に入る言葉として最も適切なものを、次のア～エからそれぞれ選び、記号で答えなさい。また、空らん　Ｄ　、　Ｅ　に入る内容として最も適切なものを、あとのカ～ケからそれぞれ選び、記号で答えなさい。ただし、　Ａ　～　Ｅ　に同じものは入りません。

Ａ　～　Ｃ

ア　ゆえに　　イ　でも　　ウ　または　　エ　では

Ｄ　、　Ｅ

カ　他者に配慮できる　　キ　他者に配慮しない
ク　他者の影響を受ける　　ケ　他者の影響を受けない

（5）——線部③に「個の確立などというのは、日本人にとっては無縁のことなのではないだろうか」とありますが、この部分について、山本さんと田中さんが感じたことや考えたことを交流しています。次の会話文中の空らん　　　　　にあてはまる内容として最も適切なものを、あとのア～エから一つ選び、記号で答えなさい。

山本　筆者が、「個の確立」は日本人にとって「無縁のことなのではないだろうか」と考えているのは、どうしてでしょうか。

田中　欧米の文化のもとで自己形成してきた人と比べると、物事の判断の仕方が異なるということが関係しそうですね。

山本　そうですね。日本の文化のもとで自己形成してきた人は、物事を判断するとき、相手の気持ちや立場に配慮して判断します。このようにして、日本の文化のもとでは、筆者はそう考えているのですね。

田中　「口に出して言わなくても気持ちが通じる」ということを、「以心伝心」といいますね。日本の文化では、筆者の述べているように、相手の気持ちに配慮している中で、そのようなコミュニケーションの仕方ができていったのかもしれません。ですから、欧米の人と話すときには、こうした違いを理解して話すことが必要ですね。

山本　そうすると、欧米以外の文化の人と話す場合はどうなるのでしょうか。私は、いろいろな文化の人と、　　　　　違いを理解して話せるようになりたいです。

ア　他者の期待が気になり、それを意識して行動することになるので

イ　他者の考えが気になり、何ごとも自分自身の考えに従って行動することになるので

ウ　他者の影響を受け続け、自分の考えを全くもたなくなるので

エ　自分の考えをもっており、他者とはちがう個として確立しているので

（6）——線部④に「他者との関係性を生きる」とありますが、ここで示されている他者との関係や生き方とは反対の意味になるように、次の文の空らん　　　　　にあてはまる内容として最も適切なものを、本文中から十五字でぬき出して答えなさい。

（注意）　句読点（。、）やかぎ（「」）などの記号は、それぞれ字数に数えます。

　　　　　　　　　　　　　　　生きる。

－4－

令和3年度入学考査

適性をみる検査Ⅱ

注 意

1 「解答を始めなさい」の合図があるまで，この問題用紙
を開いてはいけません。

2 問題は，1ページから13ページまであります。問題用
紙のあいている場所は，下書きや計算などに使用してもか
まいません。

3 記入用紙は，**記入用紙1**と**記入用紙2**があります。指示
にしたがい，**記入用紙1**には2か所に，**記入用紙2**には
1か所に受付番号を書きなさい。

4 検査時間は50分間です。

5 1・2の解答は**記入用紙1**に，3の解答は**記入用紙
2**に記入しなさい。

6 記入用紙の※印のらんには何も記入してはいけません。

7 「解答をやめなさい」の合図があるまで，問題に取り組
んでいてもかまいません。

1　次のレポートは，太郎さんが近畿地方について調べて書いたものです。下の**地図**は近畿地方を含む日本地図の一部に，近畿地方の各府県庁の位置を●で示しています。**表1**は近畿地方の府県庁間の直線距離を表にまとめたものです。これらについて，あとの（1）〜（3）の問いに答えなさい。

レポート

　　私たちが生活している 近畿地方は，天皇の住んでいた「都」に「近い」地方という由来があります。そして，都には朝廷が置かれ，天皇や権力者を中心に政治が行われていました。
　　古代より近畿地方は政治の中心地としての役割がありました。そして，権力争いや災いなどにより，都の位置や年号はたびたび変わることがありました。奈良，b大阪，滋賀，京都などに都は作られ，現在でもこれらの都市には，cさまざまな建物が残っています。

地図

表1　府県庁間の直線距離をまとめた表（km）

京都府庁						
A	63.9					
B	103.4	51.6				
大阪府庁	**43.0**	30.9	60.5			
C	38.0	59.5	79.6	28.7		
D	10.5	71.7	107.6	47.5	35.6	
E	76.0	121.5	135.3	90.7	62.1	66.0
	京都府庁	A	B	大阪府庁	C	D	E

（国土地理院ホームページより作成）

表1の読み取り方
　縦と横のマス目が交わっている所は，それぞれの府県庁間の直線距離を表しています。例えば，京都府庁と大阪府庁の縦と横のマス目が交わり，太枠で示した所は **43.0** となっており，2つの府庁間の直線距離が43.0kmであることを表しています。

（1）レポート中の下線部aについて，次のⅠ〜Ⅲの問いに答えなさい。

Ⅰ　近畿地方には2つの府と5つの県があり，その中にはさまざまな市町村があります。住民や会社などから税金を集め，住民の生活のために税金を使って政治を行う府や県，市町村を何と言いますか，**漢字**6字で答えなさい。また，市長に立候補することは何歳以上からできるようになりますか，数字で答えなさい。

Ⅱ　京都府と大阪府をのぞく近畿地方の県のうち，県名と異なる県庁所在地名を**3つ**，それぞれ**ひらがな**で答えなさい。また，その県庁は**表1**中のA〜Eのどれにあたりますか，それぞれ記号で答えなさい。

Ⅲ　次の**グラフ**は日本の工業生産出荷額，農業生産額，人口，面積について，北海道，東北地方，関東地方，中部地方，近畿地方，中国地方，四国地方，九州地方の8つの地域のそれぞれが全体に占める割合を表したものです。**グラフ**中のア〜カは8つの地域のうち，北海道と四国地方をのぞいた地域を表しています。ア〜カのうち，近畿地方にあてはまるものを選び，記号で答えなさい。（四捨五入により，各グラフの数値の合計が100％にならないことがあります。）

グラフ

【工業生産出荷額(%) 2018年】
四国地方 2.9%　北海道 1.9%
カ 5.6%
オ 7.7%
エ 8.2%
ウ 19.3%
ア 28.8%
イ 25.5%

【農業生産額(%) 2018年】
四国地方 4.6%
エ 5.0%
ウ 6.5%
オ 20.6%
北海道 13.8%
ア 15.4%
カ 15.7%
イ 18.4%

【人口(%) 2018年】
北海道 4.2%　四国地方 3.0%
エ 5.8%
カ 6.9%
オ 11.3%
ア 16.8%
ウ 17.7%
イ 34.3%

【面積(%) 2018年】
四国地方 5.0%
エ 8.4%
イ 8.6%
ウ 8.8%
オ 11.8%
北海道 22.1%
カ 17.7%
ア 17.7%

（工業統計表，生産農業所得統計，日本国勢図会 2019/20 より作成）

（2）**レポート**中の下線部bについて，**地図**には現在，日本で最も面積の小さい都道府県のXと2番目に小さい大阪府が含まれています。次の**表2**は**地図**中の大阪府とXの面積を10年ごとに示したものです。これについて，あとのⅠ，Ⅱの問いに答えなさい。

表2　大阪府とXの面積（ha）

	1975年度	1985年度	1995年度	2005年度	2015年度
大阪府	185,840	186,786	189,206	189,431	190,514
X	187,931	188,211	187,515	187,641	187,672

（政府統計の総合窓口 e-Stat より作成）

Ⅰ　Xの県名を**ひらがな**で答えなさい。

Ⅱ　太郎さんは大阪府の面積が年々大きくなっている主な理由を次の**メモ**に書きました。**メモ**中のYにあてはまる内容を6字以上10字以内で答えなさい。

メモ　大阪府は（　　　Y　　　）ため，面積が大きくなった。

（3）レポート中の下線部 c について，建物に興味を持った太郎さんは，教科書に出てくる建物とその建物に関わる歴史的なできごとの説明文をまとめた**カード**を作りました。次の**カード**①〜⑥について，あとのⅠ〜Ⅲの問いに答えなさい。

①	法隆寺	<u>聖徳太子は蘇我氏とともに天皇中心の新しい国づくりを目指しました。</u>法隆寺は，（□□□□）の教えを人々に広めるために建てられ，現存する最も古い木造建築となっています。
②	銀閣	銀閣には障子やふすまなど，和室のもとになった（□□□□□□）の建築様式が用いられています。このころ，<u>幕府の力はしだいに弱まり，応仁の乱という戦乱が起こりました。</u>
③	厳島神社	平氏は貴族を中心とした争いからおこった保元の乱や（□□□）の乱をしずめました。のちに勢力を伸ばした<u>平清盛は平氏の守り神として厳島神社を整備し，海上交通の安全をいのりました。</u>
④	正倉院	<u>新しい国づくりのために唐へ渡った使者が，都に西アジアやヨーロッパの文化を伝えました。</u>正倉院には，（□□□□）天皇が愛用したインドや西アジアで作られた品々が残されています。
⑤	金閣	金閣は，3代将軍の（□□□□□□□）が建て，金ばくをはりつめたごうかなつくりとなっています。このころ，<u>幕府は文化や芸術を保護するとともに，萌と国交を開いて貿易を始めました。</u>
⑥	稲荷山古墳	稲荷山古墳から，「ワカタケル大王」と書かれた刀剣が発見され，<u>大王が豪族を従え，広い勢力を持っていたことがわかります。</u>この大王を中心とする国の政府を（□□□□□□）といいます。

Ⅰ　**カード**①〜⑥の説明文の（　）にあてはまる語句をすべて**ひらがな**で答えなさい。なお，ひらがなの字数は**カード**中のマス目で示してあり，「っ」「ゃ」「ゅ」「ょ」などの小文字や濁点を含む「が」「ぎ」「ぐ」なども1文字として数えることとします。

Ⅱ　**カード**①〜⑥の建物で近畿地方にあるものを**すべて**選び，カードの番号で答えなさい。

Ⅲ　**カード**①〜⑥中の下線部のできごとを歴史的に古い順に並べかえ，カードの番号で答えなさい。

2　京子さんは,『茶つみ』という歌を音楽の教科書で見つけ,お茶に関わることについて調べることにしました。右の**資料**は『茶つみ』の歌詞の一部です。これについて,次の(1)～(5)の問いに答えなさい。

資料

> 『茶つみ』
> 夏も近づく　<u>八十八夜</u>（はちじゅうはちや）
> 野にも山にも若葉（わかば）が茂（しげ）る
> あれに見えるは
> 茶摘（ちゃつ）みじゃないか
> 茜襷（あかねだすき）に菅（すげ）の笠（かさ）

（1）京子さんは,茶葉を摘む時期が**資料**中の下線部のころであることを知りました。右の**図**は気象観測所（きしょうかんそく）で使用されている観測装置（そうち）を表しています。また,次の**表**は,京子さんが住む地域の八十八夜のころにあたる,5月のある日の気象情報をまとめたものです。**表**中の**A～D**は,それぞれ**図**中の観測装置a～dを使って観測した内容です。**A～D**にあてはまるものとして適切なものを,下のア～キからそれぞれ1つずつ選び,記号で答えなさい。さらに,全国の気象観測所で自動的にデータを観測,集計するしくみのことを何と言いますか,**カタカナ**4字で答えなさい。

図

（気象庁ホームページより作成）

表

観測の内容	A		B	C	D
観測装置	a		b	c	d
観測の内容の値（あたい）	最高 26.6 ℃	最低 15.0 ℃	合計 0.0 mm	最大 秒速5.5 m	合計 8.5 時間

　ア　風速　　　　　イ　降（ふ）った雨の量　　ウ　雷（かみなり）の回数
　エ　雲の動く速さ　　オ　気温　　　　　　　　カ　太陽の高さ
　キ　日照時間

（2）次の**メモ**は京子さんが天気と気温の関係をかいたものの一部です。文章中の①～④に入る語句を,下のア～コからそれぞれ1つずつ選び,記号で答えなさい。ただし,同じ記号は入りません。

メモ

> 　晴れの日はくもりの日に比べて気温の変化が（　①　）。1日のうちで最も気温が低いのは（　②　）のころであることが多い。晴れとくもりのちがいは雲の（　③　）で決められていて,空全体を写した右の**写真**の場合,天気は（　④　）である。

写真

くも

　ア　大きい　　イ　小さい　　ウ　日の出　　エ　日の入り　　オ　色
　カ　量　　　　キ　形　　　　ク　種類　　　ケ　くもり　　　コ　晴れ

（3）茶葉の育成には，2月から9月ごろにかけて適度に雨が必要だと知った京子さんは，9月ごろの日本付近の天気について調べました。次の**画像ア～ウ**は，日本付近におけるある年の9月16日から9月18日までの，それぞれの日の14時から15時までの1時間に降った雨の量を表したものです。また，下の**画像A～C**は，それぞれ**画像ア～ウ**のいずれかの雲のようすを表したものです。**画像ア～ウ**にあてはまる雲のようすを，**画像A～C**からそれぞれ選び，記号で答えなさい。

画像ア 9月16日　**画像イ** 9月17日　**画像ウ** 9月18日

画像ア～ウの雨の量　　■5mm未満　　■5mm～10mm未満　　□10mm以上

画像A　　**画像B**　　**画像C**

（日本気象協会　世界の雨分布より作成）

（4）京子さんは，茶葉の育て方のちがいによって，お茶の味にちがいが出ることを知り，次の**レポート1**にまとめました。これを読んで，あとの問いに答えなさい。

レポート1

日本茶には煎茶，玉露，抹茶などたくさんの種類があり，どのお茶もチャノキという木の葉を使って作られています。お茶の葉に日光を当てる時間のちがいによって，葉にふくまれる渋みや甘味の成分にちがいが生まれることがわかりました。そこで，日光を当てる時間と植物の葉にできる養分の関係を調べるために，ジャガイモの葉を使って次の【実験】を行い，結果をまとめました。

1 【実験】
① 実験1日目。夕方，右の**図1**のように，大きさと厚さが同じような葉を3枚選び，それぞれアルミニウムはくで包んで日光に当たらないようにした。それぞれを，**葉ア**，**葉イ**，**葉ウ**，とした。

図1　ア　イ　ウ

② 実験2日目。葉ア〜ウにそれぞれ次の〈操作〉を行い，葉ア〜ウにデンプンがあるかどうか，ヨウ素液を使って調べた。また，その〈結果〉をまとめた。

	葉ア	葉イ	葉ウ
〈操作〉	朝，アルミニウムはくを外して葉をとり，すぐにお湯につけてやわらかくなるまで煮たあと，水で洗い，ヨウ素液につけた。	朝，アルミニウムはくを外して，そのまま4〜5時間日光が当たる場所に置いた。その後，葉をとり，お湯につけてやわらかくなるまで煮たあと，水で洗い，ヨウ素液につけた。	朝，アルミニウムはくを外さずに，そのまま4〜5時間日光が当たる場所に置いた。その後，アルミニウムはくを外して葉をとり，すぐにお湯につけてやわらかくなるまで煮たあと，水で洗い，ヨウ素液につけた。
〈結果〉	葉の色は，ヨウ素液につける前とつけた後では変わらなかった。	葉の色は，ヨウ素液につけた後に青むらさき色に変わった。	葉の色は，ヨウ素液につける前とつけた後では変わらなかった。

2 【考察】
　（ ⅰ ）をもとに考えると，実験2日目の朝には，実験で使ったジャガイモの葉ア〜ウのすべてにデンプンはなかったものと考えられます。このことと，葉イの〈結果〉と葉ウの〈結果〉をあわせて考えると，葉に（ ⅱ ）ことがわかりました。

　　【考察】中のⅰにあてはまるものとして最も適切なものを，次のア〜ウから1つ選び，記号で答えなさい。また，ⅱにあてはまる内容を10字以上15字以内で書きなさい。
　　ア　葉アの〈結果〉　　　　イ　葉イの〈結果〉　　　　ウ　葉ウの〈結果〉

（5）京子さんはお茶に関わるさまざまな日本固有の文化があることを知り，調べたことを次のレポート2にまとめました。これを読み，次のページのⅠ・Ⅱの問いに答えなさい。ただし，京子さんが行ったふりこの実験において，空気の影響は考えないものとします。

レポート2

　江戸時代には日常生活に密着した技術が発達しました。その中のひとつに右の**写真**のような「茶運び人形」というものがあります。

　この茶運び人形には，人形を一定の速さで動かすために，ふりこのしくみを使った機械が入っています。茶運び人形の動く速さを変えるには，ふりこが1往復する時間を変えればよいことがわかりました。

　そこで，ふりこが1往復する時間を変えるためには，どうすればよいかをたしかめるため，次のような【実験】を行いました。

写真

1 【実験】

① 図1のような装置をつくり，ふりこが10往復する時間を3回はかり，その平均時間を調べた。ただし，ふりこのふらせはじめは，糸をはり，分度器で角度を確かめ，勢いをつけずに静かにおもりから手をはなした。また，図2のように，ふりこがふれてもどるまでを1往復とし，**ふれはばとは図2で示した角度のことと**した。

② ふりこの長さ，おもりの重さ，ふりこのふれたふれはばの3つについてそれぞれ条件を変えて，ふりこが10往復する時間を調べた。

図1

ふりこの長さ
（棒にかかる糸のはしからおもりの中心まで）

棒
分度器
糸
おもり

図2

ふれはば

おもりが止まっている時の糸の位置

1往復

2 【結果】
条件を変えて実験を行った結果をA〜Hにまとめた。

	ふりこの長さ(cm)	おもりの重さ(g)	ふりこのふれはば(°)	ふりこが10往復する時間(秒)			
				1回目	2回目	3回目	10往復する時間の平均
A	30	10	5	10.8	10.8	10.8	10.8
B	30	10	15	10.7	10.8	10.6	10.7
C	30	30	5	10.8	10.7	10.7	10.7
D	30	30	15	10.8	10.9	10.8	10.8
E	70	10	5	16.8	16.7	16.7	16.7
F	70	10	15	16.8	16.8	16.7	16.8
G	70	30	5	17.0	16.8	16.9	16.9
H	70	30	15	16.9	17.0	16.9	16.9

3 【まとめ】
　【結果】の ┌─ ア ─┐ を比べることで，おもりの重さを変えただけでは，10往復する時間はほとんど変わらないことがわかった。また，**A**と**B**を比べることで，ふりこのふれはばを変えただけでは，10往復する時間はほとんど変わらないことがわかった。さらに，**A**と**E**を比べることで，┌─── イ ───┐ ことがわかった。

Ⅰ 【まとめ】中のアには「○と○」のようにA〜Hから2つを選んだ組み合わせが入る。アに入る組み合わせとして正しいものを**すべて**答えなさい。

Ⅱ 【結果】から考えて，【まとめ】中のイにあてはまる内容を答えなさい。

次の文章を読んで、あとの(1)～(4)の問いに答えなさい。

（注意）　＊のついている語句の説明が6ページにあります。

著作権に関係する弊社の都合により
本文は省略いたします。

教英出版編集部

著作権に関係する弊社の都合により
本文は省略いたします。

教英出版編集部

（金子修治、鈴木紀之、安田弘法編著『博士の愛したジミな昆虫』による）

〈注〉

＊近縁　　　　　　　　　生物の分類上、近い関係にあること。

＊種　　　　　　　　　　生物を分類する上での基本となる単位。

＊重複　　　　　　　　　同じことが重なること。

＊占有　　　　　　　　　自分だけの持ちものにすること。

＊共存　　　　　　　　　二つ以上のものが、たがいに助け合って存在すること。

＊熱帯域　　　　　　　　赤道を中心にした一年中暑い地域。

＊オオバギ　　　　　　　丸い大きな葉をつける木の一種。

＊属　　　　　　　　　　仲間。同類。

＊益　　　　　　　　　　得になること。

＊分布域　　　　　　　　同じものが分かれて広がっている地域。

＊成木　　　　　　　　　成長した木。

＊維持　　　　　　　　　ある状態を保ち続けること。

＊機構　　　　　　　　　ものごとのしくみ。

＊フィールドワーカー　　研究室から出て、現地で採集、調査、研究などをおこなう人。

＊膨大　　　　　　　　　分量がひじょうに多いようす。

＊土壌　　　　　　　　　作物を育てる土。

＊市販　　　　　　　　　町の商店などで売っていること。

＊触角　　　　　　　　　物にさわって感じたり、においをかいだりする器官。

（1）──線部①に「不思議な現象」とありますが、筆者は、通常とは異なる熱帯での生物のようすを、そう表現しています。筆者の指す「不思議な現象」とは、どのような現象ですか。次の文の空らん　　　にあてはまる内容を、通常とのちがいがわかるように、本文中の言葉を使って、三十字以上、四十字以内で答えなさい。

（注意）句読点（。、）やかぎ（「」）などの記号は、それぞれ字数に数えます。

　　　　　　　　　　　　　　　　という現象。

（2）空らん　 A 　に入る内容として最も適切なものを、次のア～エから一つ選び、記号で答えなさい。

ア　アリ種が混ざることなく、パートナー以外のアリ種とも

イ　アリ種が混ざることなく、パートナーのアリ種のみと

ウ　生息する場所を変えることで、パートナー以外のアリ種とも

エ　生息する場所を変えることで、パートナーのアリ種のみと

（3）──線部②の「実験」について、次のⅠ、Ⅱの問いに答えなさい。

Ⅰ　この実験をした結果から分かったこととして適切なものを、次のア～オから二つ選び、記号で答えなさい。

ア　東南アジアの熱帯域と日本とでは、土壌や光の条件がまったく違う。

イ　新女王アリは、植物の表面の物質を手がかりにして、パートナー種のオオバギの実生に定着している。

ウ　この実験と野外調査とでは、オオバギへのアリの定着の仕方が異なることもある。

エ　自然環境の中では、新女王アリが間違ったオオバギ種の成木に定着していることはない。

オ　野外に生息しているオオバギ種には、明るい環境に生息しているものと、比較的暗い環境に生息しているものがある。

Ⅱ　実験をくり返し行った結果、筆者はある疑問を感じました。筆者はその疑問に対して、なぜそうなるのか自らの予想を述べています。筆者の予想を、次の文の空らん　　　にあてはまるように、本文中の言葉を使って、三十字以上、四十字以内で答えなさい。

（注意）句読点（。、）やかぎ（「」）などの記号は、それぞれ字数に数えます。

　　　　　　　　　　　　　　　と予想している。

（4）
山田さんと鈴木さんが、この文章を読んで感じたことや学んだことを交流しています。次の会話文中の空らん　ア　～　ウ　のそれぞれにあてはまる内容として適切なものを、本文中からぬき出して答えなさい。ただし、　ア　については十三字で、　イ　については十八字で、　ウ　については十五字でぬき出し、初めの三字と終わりの三字をそれぞれ答えなさい。

（注意）　句読点（。、）やかぎ（「　」）などの記号は、それぞれ字数に数えます。

山田　この文章は、わたしたちがふだん身近に感じることが少ない熱帯の生物についての話でしたね。

鈴木　そうでしたね。その中でも筆者は、オオバギとアリとの関係性に注目することで、　ア　を解こうと観察や実験をしていましたね。

山田　この筆者は、まず野外観察に多くの時間を費やして、実験対象の生物が、自然の環境ではどのような状態にあるかを調べています。そして、実験を行うときには、　イ　ために、観察結果をもとに土壌やその他の条件を整えています。

鈴木　はい、そうでしたね。自分で考えて、研究を進め、答えを導き出すことを筆者は、　ウ　というたとえで表現していますね。

山田　なるほど。よく読むとそのたとえは良いですね。私も筆者のように自分で考えて一つ一つ進める研究というものをしてみたくなりました。

三　今、世界では、よりよい社会を目指すための世界共通の目標として、SDGsとよばれる十七の目標が示され、だれ一人として取り残されることなく、いつまでも平和に安全にくらしていけるような社会の実現に向けた取り組みが進められています。

その目標の一つに、「海の豊かさを守ろう」という目標があります。あなたは「海の豊かさを守ろう」という言葉から、どのようなことを思いうかべますか。また、海の豊かさを守るためには、あなた自身は、具体的にどのような行動を起こせばよいと考えますか。記入用紙2に、三百六十一字以上、四百五十字以内（二十五行以上、三十行以内）で書きなさい。

〈書き方の注意〉
① 題や氏名は書かないで、一行目から書き始めます。
② 段落をかえたときの残りのます目は、字数として数えます。
③ 最後の段落の残りのます目は、字数として数えません。

【適性をみる検査Ⅰおわり】

― 8 ―

令和3年度入学考査

適性をみる検査Ⅲ

教英出版

1 ひろとさんとあおいさんは，次の図で表した２とおりのタイルの並べ方について，並んでいるタイルの枚数を数えようとしています。下の二人の会話文を読み，あとの（１），（２）の問いに答えなさい。

【並べ方①】

1列目にタイルを1枚並べ，列が1列増えるごとに，並べるタイルが1枚ずつ増える

【並べ方②】

30枚

1列目にタイルを30枚並べ，列が1列増えるごとに，並べるタイルが2枚ずつ増える

―― 会話文 ――

ひろと：【並べ方①】で80列目まで並べると，タイルの枚数は全部で何枚になるかな。1から80までのすべての整数をたすと計算できるけれど大変だね。

あおい：ひろとさんの計算はくふうができそうだよ。1と80，2と79，3と78，… のような組み合わせを考えていくと，たして81になる組み合わせが ア 個できるから，すべてのタイルの枚数は イ 枚と計算できるね。

ひろと：本当だ！くふうすると計算が簡単になるね。

あおい：他にも問題を考えられないかな。たとえば，【並べ方①】で，すべてのタイルの枚数が初めて1000枚をこえるのは，何列目まで並べたときだろう？

ひろと：あおいさんの考え方を参考にすると計算できそうだよ。えっと… ウ 列目まで並べると，タイルの枚数が全部で エ 枚になるから，初めて1000枚をこえるね。

あおい：確かめてみたけれど本当だね。

ひろと：【並べ方②】についても考えてみよう。この並べ方で15列目まで並べると，タイルの枚数は全部で何枚になるかな？

あおい：15列目に並んでいるタイルの枚数は オ 枚だから，すべてのタイルの枚数を計算すると， カ 枚になるね。

ひろと：実際に枚数を数えてみると，あおいさんの計算結果と同じになったよ。

（１）会話文中の ア ～ エ にあてはまる数を答えなさい。

（２）会話文中の オ ， カ にあてはまる数を答えなさい。

―1―

2 立体の表面全体の面積を表面積といいます。球の表面積の求め方について、あきこさんは先生と会話しました。次の会話文Ⅰを読み、下の（1）の問いに答えなさい。ただし、立体にペンキをぬるときは、すべて同じ厚さでぬるものとします。

会話文Ⅰ

あきこ：ボールのような立体の表面積を求めたいのですが、求め方はありますか。

先　生：面白い質問ですね。ボールのような立体を球といいますが、球の表面積を求める公式は存在します。球の表面積について考える前に、**図1**のような縦10cm、横10cm、高さ20cmの直方体の表面積は分かりますか。

図1

図2

あきこ：面は全部で6つあるので、表面積は ア cm²だと思います。

先　生：その通りです。では、**図2**のような直径20cmの球の表面積を考えてみましょう。

あきこ：面が平らでないのでどうすればいいか分かりません。

先　生：くふうして求める方法はないでしょうか。直方体の表面積の値を利用してもかまいませんよ。

あきこ：それぞれの立体の表面全体にペンキをぬり、増えた重さの関係から求める方法はどうでしょうか。

図3

先　生：いいアイデアですね。さっそく、**図3**のような0.1gまで測ることができる電子てんびんを使って実験してみましょう。

あきこ：**図1**の直方体の表面全体にペンキをぬると重さは3.6g増加しました。**図2**の球の表面全体にペンキをぬると重さは4.5g増加しました。これらの値から計算すると、**図2**の球の表面積は イ cm²になると思います。

先　生：その通りです。

（1）会話文Ⅰ中の ア 、 イ にあてはまる数を答えなさい。

　　右ページの会話文Ⅱを読み、あとの（2）、（3）の問いに答えなさい。

(1)

自己意識が高まる青年期を生きている人にとって、

40字

50字

ということ。

(2) a

b

c

d

(3)

(4) A

B

C

D

E

(5)

(6)

生きる。

受 付 番 号

K 教英出版

2

(1)	A ( ) B ( ) C ( ) D ( )	※
	しくみ	※
(2)	① ( ) ② ( ) ③ ( ) ④ ( )	※
(3)	画像ア ( ) 画像イ ( ) 画像ウ ( )	※
(4)	i ( )	※
	ii 葉に ( ) 10字 ( ) ことがわかりました。	※
(5)	I	※
	II	※

受　付　番　号

※

3

(1)			※
(2)	Ⅰ	組み合わせ	※
		⑤	※
	Ⅱ	A（　　　　）B（　　　　）C（　　　　）	※
(3)	Ⅰ		※
	Ⅱ		※
	Ⅲ		※
(4)	Ⅰ	記号	※
		理由	※
	Ⅱ		※
(5)			※
(6)			※
(7)	「しん」は空どうになっていて、 （　　　　　　　　　　　　　　　　）ため		※

3

(1)	合計	本	種類	種類
(2)		:		
(3)				
(4)	合計	本	色の混ざった リボン	本

(5)

点線（----------）は 10cm ごとの区切りを表しています。

180cm

4

(1)	A	分後	B	分後	C	分後
(2)	時間		分			秒後
	B　右まわりに		m	C　右まわりに		m
(3)	ア	イ		ウ		エ

適性をみる検査Ⅲ

※100点満点
（配点非公表）

※

1

（1）	ア	イ
	ウ	エ
（2）	オ	カ

※

※

※

2

（1）	ア	イ
（2）		
（3）		

※

※

※

【解答用

記入用紙1　　　適性をみる検査Ⅱ

受付番号

※100点満点
（配点非公表）

※

1

（1）	Ⅰ		（　　　　　）歳以上	※
	Ⅱ	県庁所在地名（　　　　　　　）市	記号（　　　　　）	※
		県庁所在地名（　　　　　　　）市	記号（　　　　　）	※
		県庁所在地名（　　　　　　　）市	記号（　　　　　）	※
	Ⅲ			※
（2）	Ⅰ	（　　　　　　　　）県		※
	Ⅱ	大阪府は　　　　　　　　　　　　　　　ため， 　　　　　　　　　　6字 面積が大きくなった。		※
（3）	Ⅰ	①		※
		②		※
		③		※
		④		※
		⑤		※
		⑥		※
	Ⅱ			※
	Ⅲ	（　　）→（　　）→（　　）→（　　）→（　　）→（　　）		※

K教英出版

【解答】

三

450字
(30行)

360字

※　　　　　※　　　　　※　　　　　※　　　　　※

※

受付番号

(4)

ウ 初め ・・・ 終わり

イ 初め ・・・ 終わり

ア 初め ・・・ 終わり

(3)

Ⅱ
40字 と予想している。 30字

Ⅰ

(2)

40字 という現象。 30字

※

※ ※ ※   ※   ※   ※   ※

※

【解答用

あきこ：円の面積や円周を求めるときには，計算の途中で円周率をかけました が，球の表面積を求めるときにも，何かに円周率をかけるのでしょうか？

先　生：その予想は合っています。では，何に円周率をかけると思いますか。

あきこ：授業で円周率の値を求めたときのように，「球の表面積÷円周率」を計算すれば予想できるかもしれません。

先　生：すばらしいです！さきほどの**図2**の球について，実験から表面積を求めましたが，球の表面積÷円周率はいくらになりますか。円周率を 3.14 とし，$\frac{1}{10}$ の位を四捨五入して整数で答えてください。

あきこ：　ウ　になります。

先　生：その通りです。球の直径をかえて同じように実験と計算を行い，球の表面積の求め方を予想してみましょう。

あきこ：同じように実験して計算すると，結果は次の表のようになりました。

直径 (cm)	10	20	30	40
球の表面積÷円周率	97	ウ	902	1601

先　生：球の表面積÷円周率は，直径とどのような関係があるでしょうか？

あきこ：…ややこしくてよく分かりません。

先　生：実験で用いた電子てんびんは 0.1g までしか測れないので，計算して求めた値と実際の値との間には，ずれがあると考えられます。①およその数で考えると，②直径と球の表面積÷円周率との間に関係は見つかりませんか？

あきこ：およその数で考えると関係が見つかりました！

先　生：どのような関係か説明できますか。③球の表面積を直径から求める式も予想してください。

あきこ：　　　Ｘ　　　

先　生：その通りです。球の表面積の求め方も正しく予想できています。

（2）会話文Ⅱ中の　ウ　にあてはまる整数を答えなさい。

（3）会話文Ⅱ中の　　　Ｘ　　　には，あきこさんの説明が入ります。「直径」「円周率」ということばを必ず用い，下線部①～③の内容をすべてふくめて，適切な説明をかきなさい。

③ 太郎さんは，リボンを折ってから切ることで，リボンをいくつかに切り分けることにしました。**図1**のように，長さが半分になるように折ることを【2つ折り】，長さが3分の1になるように折ることを【3つ折り】とします。また，**図2**の例のように，1度折ったリボンをさらに折ることもできます。太郎さんが用いるリボンはすべて長方形の形をしており，**図1**，**2**のように，リボンを折るときは常に右側を固定して端と端がぴったり重なるように折ることとします。

また，リボンを切ったときの左側の長さと右側の長さの比が$a:b$になるように切り分けることを，《$a:b$で切る》とします。ただし，aとbは整数とし，重なっているリボンは，ずれないように重なったまま切るものとします。**図3**は，40cmのリボンを【2つ折り】にし，《1:1で切る》ときを例として表しています。この場合は20cmのリボンが1本，10cmのリボンが2本できるので，できるリボンの長さは2種類で，合計3本のリボンに切り分けられます。

次の（1）～（5）の問いに答えなさい。ただし，リボンは伸び縮みしないものとし，リボンの厚さは考えないものとします。

（1）120cm のリボンを【3つ折り】にし，《2：3で切る》と，合計何本のリボンができますか。また，できるリボンの長さは何種類になりますか。

（2）100cm のリボンを【2つ折り】にし，《 ［ ］ で切る》と，切り分けられたリボンの長さがすべて同じになりました。［ ］にあてはまる比を，最も簡単な整数の比で答えなさい。

（3）60cm のリボンを【2つ折り】にし，さらに【2つ折り】にしたものを《1：2で切る》と，何cmのリボンが何本できますか。［ ］cm が ［ ］ 本，という形で**すべて**答えなさい。

（4）90cm の白いリボンを用意し，**図4**のように，両端の30cmだけ両面ともすべて黒くぬりました。このリボンを【3つ折り】にし，さらに【3つ折り】にしたものを《1：1で切る》と，合計何本のリボンができますか。また，切り分けられたリボンのうち，白色と黒色の混ざったリボンは何本ありますか。

図4

—30cm— —30cm— —30cm—

（5）白色と黒色で色分けされた180cm のリボンを【2つ折り】にし，さらに【3つ折り】にしたものを《2：1で切る》ことにしました。すると，切ったところから左側にあるリボンはすべて白色，右側にあるリボンはすべて黒色で，白色と黒色の混ざったリボンは1本もありませんでした。このとき，はじめのリボンはどのように色分けされていたか，**記入用紙**の長方形（［￣￣￣￣￣￣］）の中をぬって示しなさい。ただし，リボンの黒色の部分のみをぬることとします。また，**記入用紙**の長方形は180cmのリボンを表し，点線（--------------）は10cmごとの区切りを表しています。

4 図1のような1周960mのコースがあり、スタート地点には5分間ごとに消灯と点灯をくり返すランプがあります。A、B、Cの3人は、それぞれ分速120m、分速80m、分速60mの速さで、次の《きまり》にしたがってこのコースを一定の速さで移動し続けます。

図1　スタート地点
ランプ

《きまり》
・スタート地点から出発し、右まわりに移動し始める。
・スタート地点に到着するたびに、そのときのランプの状態によって、その後移動する方向を次のように決定する。
　　ランプが消灯している　→　右まわり
　　ランプが点灯している　→　左まわり

3人が同時に出発してから30秒後に、消灯していたランプが点灯しました。図2は、3人が出発してからの時間とランプの状態の関係を途中まで表したものです。下の（1）～（3）の問いに答えなさい。ただし、移動する方向を変える際にかかる時間は考えないこととします。

図2　時間 0 1 2 3 4 5 6 7 8 9 10 11 12 13（分）

ランプの状態　｜点灯｜消灯｜点灯｜

A、B、Cの3人が同時にスタート

（1）A、B、Cのそれぞれについて、初めて左まわりに移動し始めるのは、3人が出発してからそれぞれ何分後ですか。

（2）Aが初めてだれかと出会うのは、3人が出発してから何分何秒後ですか。また、そのときのB、Cの位置はそれぞれスタート地点から右まわりに何mの位置ですか。

（3）次の文章中の　ア　～　エ　にあてはまる数を答えなさい。

　初めて全員が左まわりに移動している状況になるのは、3人が出発してから　ア　分後から　イ　分間です。その後、2回目に全員が左まわりに移動している状況になるのは、3人が出発してから　ウ　分後から　エ　分間です。

【適性をみる検査Ⅲおわり】

3 次の**表**は太郎さんが2020年の国民の祝日についてまとめたものの一部です。これについて，あとの（1）～（7）の問いに答えなさい。

表

祝日名	日付	「法律」などで説明されていること
a春分の日	3月20日	自然をたたえ，生物をいつくしむ。
憲法記念日	5月3日	b日本国憲法の施行を記念し，国の成長を期する。
海の日	7月23日	海のめぐみに感謝するとともに，c海洋国日本の繁栄を願う。
敬老の日	9月21日	多年にわたり社会につくしてきたd老人を敬愛し，長寿を祝う。
e文化の日	11月3日	自由と平和を愛し，文化をすすめる。

（「国民の祝日に関する法律」より作成）

（1）**表**中の下線部aについて，太郎さんは，春分の日の日付は，太陽が見える方向や高さに関係するということを聞いて，太陽の光が地面にあたる角度を調べてみることにしました。そこで，右の**図1**のように，まず平らでかたむいていない地面に垂直に100cmの棒を立てて，太陽の光によって地面にできる棒のかげの長さをはかることにしました。そして，かげの長さから，太陽の光が地面にあたる角度を求めるために，画用紙に1辺の長さが10cmの正方形をかき，それをもとに次の**資料1**を作成しました。そして，ある日のある時刻にはかってみたところ，かげの長さは70cmでした。このとき，太陽の光が地面にあたる角度はおよそ何度だったと考えられますか。**資料1**を使って考え，もっとも近いものを，次のア～オから1つ選び，記号で答えなさい。

図1

太陽の光
太陽の光が地面にあたる角度
地面に垂直に立てた長さ100cmの棒
かげの長さ

資料1

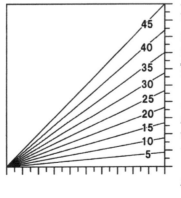

45 40 35 30 25 20 15 10 5

正方形の1辺の長さは10cmで，右の辺と下の辺には0.5cmごとに目盛りをつけている。正方形の左下の角から，下の辺との角度が5度，10度，15度…，となるように，5度間かくで45度まで，9本の線をひいている。それぞれの線にそえている数は，それぞれの線と正方形の下の辺との角度である。

ア　およそ25度　　イ　およそ35度　　ウ　およそ45度
エ　およそ55度　　オ　およそ65度

（2）**表**中の下線部₄の日に，太郎さんは家族とハイキングに出かけました。近く
に川があったので，上流から下流に向かって歩くことにしました。太郎さんと
お兄さんは川の中流あたりにくると，川原には丸みのある石がたくさんあるこ
とに気がつきました。次の**会話文**を読んで，あとの**Ⅰ，Ⅱ**の問いに答えなさい。

会話文

太郎：ぼくたちの足もとには丸みのある石がたくさんあるね。川の上流の石は，こんなに丸
　　　みのある石ではなかったよ。角ばっていたものが多かったね。

兄　：そうだね。上流の石とちがって，この中流あたりの石はどうしてこんなに丸みのある
　　　石が多いんだろうね。

太郎：角ばっていた石が，丸くなったのかな。

兄　：川の流れに関係があるのかもしれないね。

太郎：川の曲がっているところの地形について理科で学習したよ。川が曲がって流れている
　　　ところは，川の曲がっているところの外側の岸の土が　①　いき，内側は土
　　　が　②　いくんだ。

兄　：なるほど。流れの速さもちがうように見えるね。

太郎：うん。川の曲がっているところの外側の方が流れは　③　よ。川の曲がっていると
　　　ころの内側は流れが　④　から，土が　②　いくんだ。

兄　：川の水量が増えたときも川の水の中の土や砂が運ばれていくよ。日本は山地が多くて，
　　　山から海までの距離が短いから，上流から下流までのかたむきが　⑤　な川が多い
　　　んだ。

太郎：土や砂が下流の方まで運ばれていったらどうなるのかな。

兄　：ゆるやかな流れになった河口付近でたまっていくよ。長い年月をかけて土地のようす
　　　を変えていくんだ。

Ⅰ　**会話文**中の①〜④に当てはまる言葉の組み合わせとして適切なものを，次の**ア**
〜**エ**から１つ選び，記号で答えなさい。また，⑤にあてはまる言葉を答えなさい。

	①	②	③	④
ア	けずられて	積もって	速い	ゆるやかだ
イ	けずられて	積もって	ゆるやかだ	速い
ウ	積もって	けずられて	速い	ゆるやかだ
エ	積もって	けずられて	ゆるやかだ	速い

Ⅱ　次の文章は，太郎さんが流れる水のはたらきについてまとめた**レポートの一部**で
す。**A〜C**に入る適切な言葉を，それぞれ**ひらがな**で答えなさい。

レポートの一部

　流れる水には，土をけずったり，けずった土をおし流したり，積もらせたりするはたら
きがある。流れる水が，地面などをけずることを（　**A**　），けずったものをおし流すこと
を（　**B**　），積もらせることを（　**C**　）という。

(3) **表**中の下線部 b に関連して，次の I ～ Ⅲ の問いに答えなさい。

I　右の**資料2**は，国民および国会・
内閣・裁判所の関係を表したも
のです。国会・内閣・裁判所は
お互いに対する権利を持ち合っ
ていますが，国会・内閣・裁判
所が国の重要な役割を分担する
しくみを何というか，**ひらがなで**
答えなさい。

資料2

II　**資料2**中の裁判所についての説
明として**まちがっている**ものを，
次のア～エから1つ選び，記号で答えなさい。

ア　国民は，だれでも裁判を受ける権利をもっており，判決に納得できない場合
は，3回まで裁判を受けることができる。

イ　裁判員裁判は，刑罰の重い軽いにかかわらず，すべての事件の裁判で行われ
る。

ウ　裁判員裁判は，国民が主権者として裁判への関心を持つとともに，国民の感
覚を裁判にいかすことを目的としている。

エ　裁判所は，社会で起こるさまざまな争いごとや犯罪を憲法や法律にもとづい
て解決し，国民の権利を守る働きをしている。

Ⅲ　国会・内閣・裁判所と国民とのそれぞれの関係について，**資料2**中の**A～C**に
あてはまる語句の組み合わせとして最も適切なものを，次のア～カから1つ選び，
記号で答えなさい。

ア　**A**：国民審査　　　　**B**：選挙　　　　　**C**：世論

イ　**A**：国民審査　　　　**B**：世論　　　　　**C**：選挙

ウ　**A**：選挙　　　　　　**B**：国民審査　　　**C**：世論

エ　**A**：選挙　　　　　　**B**：世論　　　　　**C**：国民審査

オ　**A**：世論　　　　　　**B**：国民審査　　　**C**：選挙

カ　**A**：世論　　　　　　**B**：選挙　　　　　**C**：国民審査

（4）表中の下線部 c について，次の I，II の問いに答えなさい。

I　海洋国である日本は歴史上たくさんの国と交流してきました。次の絵は，外国から伝わったものが勝敗に大きな影響をおよぼした日本の戦いのようすをえがいたものの一部です。この戦いで勝利したのは，絵中の川をはさんだ〈右側の軍〉と〈左側の軍〉のどちらか，下のア，イから1つ選び，記号で答えなさい。また，そのように考えた理由を，絵中にえがかれた外国から伝わったものが何かを明らかにして答えなさい。

絵　〈左側の軍〉　　　　　　川　　　　　〈右側の軍〉

（長篠合戦図屏風より）

ア　〈右側の軍〉が勝利した。
イ　〈左側の軍〉が勝利した。

II　絵にえがかれた戦いに参加した人物のひとりはのちに，右の写真のものさしを使って田畑の広さを調べ，さらに土地のよしあし，収穫量，耕作している人の名前を記録し，安定した収入を得ることに成功しました。この全国の村ごとに行われた調査を何といいますか，ひらがな3字で答えなさい。

写真

表　　裏

（5）**表中の下線部 d について，**
右の**資料3**は高齢化率の高
い都道府県から順に示した
ものの一部です。高齢化率
とは，65歳以上の高齢者が
各都道府県における総人口
に占める割合のことをいい
ます。この**資料3**からわかる
こととして正しいものを下
のア～エから1つ選び，記
号で答えなさい。

資料3

順	2018年		2045年（予想）	
	都道府県	高齢化率(%)	都道府県	高齢化率(%)
1位	秋田県	36.4	秋田県	50.1
2位	高知県	34.8	青森県	46.8
3位	島根県	34.0	福島県	44.2
4位	山口県	33.9	岩手県	43.2
5位	徳島県	33.1	山形県	43.0
⋮	⋮	⋮	⋮	⋮
46位	東京都	23.1	沖縄県	31.4
47位	沖縄県	21.6	東京都	30.7

（内閣府 令和元年度 高齢者社会白書より作成）

ア　2018年の高齢化率の高い都道府県の上位5位までは中国地方，四国地方，
　　東北地方に位置する県であり，2045年に高齢化率が高くなると予想される
　　都道府県の上位5位まではすべて中部地方に位置している。

イ　2018年の高齢化率の高い都道府県の上位5位までは太平洋に面している
　　県であり，2045年に高齢化率が高くなると予想されている都道府県の上位
　　5位も太平洋に面している。

ウ　2018年の東京都および沖縄県の高齢化率は，2045年に予想されている最
　　も高い高齢化率の都道府県の半分以下である。

エ　2045年の東京都および沖縄県の高齢化率は，2018年の高齢化率の高い都
　　道府県の上位5位までのいずれの高齢化率よりも高くなると予想されている。

（6）**表中の下線部 e について，**太郎さんは武士が政治を行っていたころの文化を
　　調べました。初めて武士によって幕府が開かれたあとの文化について説明した
　　文として正しいものを，次のア～オから**すべて**選び，記号で答えなさい。

ア　人々のあいだにお茶を飲む習慣が広まり，静かにお茶を楽しむための茶の
　　湯の作法が定められた。

イ　日本の成り立ちを国の内外に示すために『古事記』や『日本書紀』という
　　歴史の本がつくられた。

ウ　まちや村にくらす人々が楽しんだ舞や歌などの芸能が発展し，能や狂言
　　という芸術が確立された。

エ　かな文字で書かれた『源氏物語』や『枕草子』には，登場人物の細やか
　　な心の動きが表現された。

オ　社会の不安をしずめて国を治めようと，大陸から伝わった技術をもとに東
　　大寺に大仏がつくられた。

（7）表中の下線部 e に関わって，太郎さんは日本特有の「和ろうそく」と呼ばれるろうそくがあることを知りました。次の文章は，太郎さんが「和ろうそく」について調べてかきとめたレポートです。これを読み，あとの問いに答えなさい。

レポート

〈和ろうそくについて〉
・植物からとった「ろう」を使っている。
・ろうそくの中央にある，「しん」の部分は，筒状に丸めた和紙に植物からとったスポンジ状のものをまき付けている。
・「しん」の部分は空どうになっていて，<u>ろうそくが安定して燃え続けることができる理由</u>のひとつである。

和ろうそく
しん
ろう

空どう
和ろうそくの下の部分

〈和ろうそくの炎のしくみ〉
・ろうそくの「しん」に火をつけると，熱でまわりの「ろう」がとけ出し，「しん」の和紙にしみこんで吸い上げられる。
・吸い上げられた「ろう」は，炎の熱でさらに加熱されて蒸発して気体となり，空気中の酸素を使って燃える。
・ろうそくの「しん」は空どうになっていて，
　　　　　　　　　　ため，ろうそくが安定して燃え続けることができる。これは，下の写真のように，まきの方向を段ごとに変えて組み上げた場合と同じような効果が出ていると考えられる。
写真

炎のしくみ

空気の流れ
空気の流れ
くぼみがありとけたろうがたまる
しんの部分（空どうになっている）

　太郎さんのレポートの下線部「ろうそくが安定して燃え続けることができる理由」について，〈和ろうそくの炎のしくみ〉の部分で説明をしている。写真のようなまきの組み方と同じような効果が出ていることを参考に，和ろうそくのしんの空どうが果たす役割について，レポートの空らん　　　　　　　　に入る適切な表現を，「空気」という言葉を用いて答えなさい。

【適性をみる検査Ⅱおわり】

令和２年度入学考査

適性をみる検査Ⅰ

京都府立福知山高等学校附属中学校

一 次の文章を読んで、あとの⑴～⑸の問いに答えなさい。

（注意）　＊のついている語句の説明が7～8ページにあります。

なぜマグロ類やホホジロザメなどの一部の魚類において、高い体温という不思議な特徴が進化したのだろうか。いいかえるならば、高い体温のもたらす生存上のメリットとはいったい何なのだろう。

私が注目していたのは、ホホジロザメの平均的な遊泳スピードであった。（　中　略　）

マグロ類やホホジロザメは赤黒い筋肉（血合）を絶え間なく＊収縮させる有酸素運動によって熱を＊発生させ、体温を高めている。筋肉が温かいのだから、＊温度係数（Q₁₀）の効果によって筋肉の＊活性が上がっていると考えるのが自然だ。

ということは、ホホジロザメは他の変温性の魚に比べて尾びれをすばやく振ることができ、ひいてはより速い遊泳スピードを長時間にわたって維持できるのではないか。これが私の事前の予想であった。もしもそれをデータとしてはっきり示すことができれば、高い体温の進化的な意義を世界で初めて証明できたことになり、すばらしい論文が書けるはずだと私は大いに期待していた。

で、　胸を　X　せながら早速データを見てみる。今回の調査で記録されたホホジロザメの遊泳スピードは、平均で時速四キロほどであった。ただし状況によってはそれより速く泳ぐことがあるようで、たとえばあるサメはデータの記録期間中に約一〇キロ離れた別の島の近くまで移動したが、その際の平均遊泳スピードは時速七キロであった。

この時速四キロ――場合によっては時速七キロ――という値は、果たして速いといえるのだろうか。直感ではなんともわからない。そこで私は今までにバイオロギング技術によって計測された魚類の遊泳スピードのデータを、文献や自分の過去の研究に基づいて集められるだけ集めてみた。その結果、タラやサケなどの変温性魚類だけでなく、マグロ類やホホジロザメなどの中温性魚類をも含む、計四六種の魚類のデータを揃えることができた。

これだけのデータがあれば、中温性魚類が変温性魚類に比べて速く泳ぐといえるのかどうか、統計的に厳密で公正な比較ができる。そう、グラディ博士らが多数の動物の成長速度を一つの＊俎板に載せて分析することにより、恐竜の成長速度が恒温動物と変温動物のちょうど中間にくることを示したように。さあ、果たして中温性魚類は速いのか、勝負の時だ。結果は二つに一つ。

これ以上なく明らかな結果が出た。マグロ類やホホジロザメなどの中温性魚類は、同じ大きさの変温性魚類に比べて二・四倍も遊泳スピードが速かった。私の予想は正しかった――筋肉を温かく保っているマグロ類やホホジロザメは、やはり継続的に速く泳ぐことができるのだ。

速く泳げるということは、＊限られた時間の中で効率的に獲物の＊探索ができることを意味するから、中温動物にとっては確固たるアドバンテージである。

しかし他にはないだろうか、と私は考えた。遊泳スピードは文句なしの結果であるが、高い体温のもたらす生存上の利点が一つだけである理由はない。中温性魚類の生存率の向上や子孫の＊繁栄に貢献し、したがって進化を促進するような特徴が――しかも誰もまだ気付いていない特徴が――他にはないだろうか？

多くの魚類は季節に合わせて海を回遊している。たとえば日本近海のサンマは夏に北海道の沖まで北上し、冬に四国、九州の沖あたりまで南下してくる。季節的な水温の変化や局所的な食べ物の増減を、サンマは自らが移動することによって和らげているのである。

しかし、中温動物にとっては＊

でももしかしたら――と私はふと思ったのだが――サンマは本当はもっと広い範囲を回遊したいのかもしれない。回遊範囲がさらに広がれば、季節的、局所的な環境の変化に対してより柔軟に対応できることになるから、生存上のメリットは大きいだろう。それにもかかわらず

サンマの回遊距離が日本列島の長さほどに限られているのは、サンマは変温動物であり遊泳スピードが遅いので、物理的にそこまでしか行けないからではないか。

速く泳ぐことのできる中温性魚類は、はるかに広範囲を回遊している可能性がある。そう思った私は、今までにバイオロギング技術によって計測された海洋動物の季節的な回遊経路を、文献に基づいて集められるだけ集めてみた。それぞれの種について回遊の距離（夏の居場所と冬の居場所との間の直線距離）を計測し、中温性魚類と変温性魚類との間に違いがあるのかを検討した。

またしても明らかな結果が出た。中温性魚類は同じ大きさの変温性魚類に比べ、回遊距離が二・五倍も長かった。たとえば変温性のブリは日本の近海を季節に合わせて移動することが知られており、その回遊距離は二四〇〇キロほどであった。それに対して中温性魚類であるホホジロザメは、南アフリカ沖からインド洋を横断してオーストラリア沖にたどり着き、しかるのちに逆方向に泳いで南アフリカ沖に戻った例が報告されていて、その場合の回遊距離は九〇〇〇キロに及んでいた。ホホジロザメだけでなく、クロマグロやキハダなどのマグロ類もブリとは段違いに規模の大きな回遊をしていた。

面白いことに、魚だけでなくウミガメについても同じことがいえた。変温動物である*アカウミガメやアオウミガメは、生息するそれぞれの海域で季節的な回遊をしており、その距離は一八〇〇キロ程度であった。それに対して中温動物である*オサガメは、夏に大西洋のカナダ沖で見られる個体が冬は南アメリカ大陸沖の赤道付近にまで南下していることが報告されており、その場合の回遊距離は五五〇〇キロにも及んでいた。

以上の結果から、マグロ類やホホジロザメ、オサガメなどに見られる高い体温の進化的な意義をまとめると、次のようになる。

まず、高い体温には [A] 可能な遊泳スピードを引き上げる効果がある。中温動物の体内で最も温かくなっているのは有酸素運動を支える赤黒い筋肉であり、筋肉は温度が上がるほど温度係数（Q_{10}）の効果によって活性が高まるからである。おおざっぱにいって、筋肉の温度が一〇度上がるごとに収縮速度は二倍に増える。たとえば体温がまわりの水温よりも一〇度高いマグロ類は、同じ環境にいる同じ大きさの変温性の魚に比べて二倍の速さで尾びれを振り続けることができる。

そして速い遊泳スピードは、一年という時間スケールの中で、変温動物には決してできない地球規模の広範囲な回遊を可能にする。マグロ類やホホジロザメやオサガメは、広大な海を季節に合わせて自由自在に泳ぎ回ることで、獲物が高密度で集まる豊かな海域を探し出すことができるし、また競争相手の多い場所や [B] な海洋環境を巧みに避けることができる。さらに産卵や出産のシーズンには、一時的に居場所を離れ、温暖で [C] の少ない子どもの成育に [D] な海域をはるばる訪れることもできる。こうしたメリットは種としての子孫繁栄に直接結び付くはずだから、進化の強い原動力になったと考えられる。

速い遊泳スピードと広範囲な回遊。これが私の発見した高い体温の進化的な意義である。なるほどマグロ類やホホジロザメやオサガメは、多くの食べ物を食べ続けなければ生きていけないという深刻な*デメリットを抱えている。けれども高い体温が可能にした極めて活動的な生活スタイルは、そうしたデメリットを打ち消して余りあるものであり、だからこそ中温性という② 一見割に合わない奇妙な特徴が進化したのである。

（渡辺佑基『進化の法則は北極のサメが知っていた』による）

(1) 空らん [X] に入る言葉として適切な言葉を考えて、三字以内で答えなさい。ただし、答えは、ひらがな、漢字どちらでもかまいません。

(2) ——線部①に「筋肉を温かく保っているマグロ類やホホジロザメは、やはり継続的に速く泳ぐことができるのだ」とあるが、なぜ速く泳ぐことができると筆者は考えているのですか。最も適切なものを、次のア～エから一つ選び、記号で答えなさい。

ア 体全体の熱量が高まって、大量の獲物を効率よく消化することができるから。

イ 体温が高く、筋肉が活発に動くことのできる状態にあるので、速く尾びれを動かし続けることができるから。

ウ 有酸素運動をすることで体内の栄養分が燃やされ、効率的にエネルギーを取り出すことができるから。

エ 海中を上下方向に移動することで温度係数を調整し、エネルギーの節約をすることができるから。

(3) 空らん □A□ ～ □D□ に入る言葉を、次の〈語群〉からそれぞれ選び、漢字に直して答えなさい。ただし、□A□ ～ □D□ に同じ言葉は入りません。

〈語群〉 さいてき　じぞく　ふつごう　てんてき

(4) ——線部②に「一見割に合わない奇妙な特徴」とあるが、それは具体的にどのようなことですか。三十字以上、四十字以内で答えなさい。なお、「一見割に合わない」とは、「ちょっと見たところ、使った労力に対して、得になることが少ない」という意味です。

（注意）句読点（。、）やかぎ（「 」）などの記号は、それぞれ字数に数えます。

(5) 山田さんと内川さんは、この文章を読んで感じたことや学んだことを交流しています。次の会話文中の □ア□ ～ □オ□ のそれぞれにあてはまる言葉を本文中からぬき出して答えなさい。ただし、□ア□ ～ □ウ□ については二字で、□エ□ については九字で、□オ□ については六字以上、八字以内で答えなさい。ただし、二つある □ア□ には同じ言葉が入ります。

（注意）句読点（。、）やかぎ（「 」）などの記号は、それぞれ字数に数えます。

山田　わたしは、この文章を読んで最初に、研究によって分かったことが次々と述べられているなという印象を持ちました。

内川　そうですね。今まで知らなかった動物のことも書かれていて、初めて知ったことも多かったです。ただ、専門的な用語を理解するのはむずかしいなと感じました。

山田　でも、よく読んでみると、科学的なテーマに対して、まず自分で □ア□ をし、それについて □イ□ などをすることによってデータを集め、比較したり、分析したりして、研究の手順が説明されていて、学ぶ点も多く勉強になりました。

内川　確かにそうですね。しかも、筆者は、一つの結論を得られたことだけで研究を終わらせずに、別の可能性についても同じように研究し、中温性魚類の高い体温の意義についてまとめたこともすごいと思いました。

山田　そうですね。中温性魚類が高い体温を持つ意味として、その速い遊泳スピードを可能にしただけでなく、世界中の海の、非常に □オ□ をも可能にしていることについて述べられていたことは、わたしもすごいと思いました。

二 次の文章を読んで、あとの(1)～(5)の問いに答えなさい。
（注意）　＊のついている語句の説明が8ページにあります。

　哲学（てつがく）とそれ以外の分野の区別はそれほど明確なものではありません。物理学者として有名なニュートンは、当時は「＊自然哲学者」と呼ばれていましたし、小説や戯曲や詩のような文学作品のなかには哲学的な考えがたくさん含まれています。古くは孔子、現代では＊マハトマ・ガンジーは、政治家や＊執政者であると同時に哲学者であったと言えましょう。＊企業（きぎょう）経営者のなかにも、哲学的な考えに基づいた経営をしている方もいらっしゃいます。こうして考えてみると、哲学とそうでないものの区別ははっきりとせず、哲学を定義することは他のどの学問よりも難（むずか）しそうです。哲学とは何かを考えること自体が、哲学的な問いだとも言われます。

　ですが、明らかなことは、哲学とは真理の探求（たんきゅう）だということです。私たちは自分でさまざまな思い込みを持っています。①思い込みは誤（あやま）ったり不正確だったりもしますし、自分の思い込みに気づいていない場合もしばしばです。哲学とは、思い込みを愛して探求するのではなく、自分が正しい知識だと思っていたことが誤っていたことに気づいて、ひたすら真理を愛して探求する行為です。哲学の本質は探求するという行為にあるのであって、知識を所有することにはありません。自分が正しい知識だと思っていたことが誤っていたということはよくあります。むしろ、自分がこれまで信じてきたことが誤っていると思えば、＊潔（いさぎよ）く＊放棄する態度が哲学的な態度だと言えましょう。

　では、真理を探求するために、私たちは何をするのでしょうか。事実を調べてみるというのもそのひとつでしょう。というよりも、私たちが探求する問題は、事実を調べれば済むものばかりと　Ａ　。

　たとえば、「現在、沖縄の那覇市では雨が降っているか」とか、「日本の北海②道沿岸部分には、かつて＊首長竜（びちょうりゅう）が棲息（せいそく）していたか」といった問題は、その事実を確定することが難（むずか）しかろうが簡単であろうが、哲学の問題ではないように思われます。

　小学校で哲学対話の授業をするときに、「皆さん、哲学って言葉を知っていますか」と聞くと、案外、言葉としては知っているお子さんが多いものです。「じゃ、どんなものか知っています③か」とさらに聞くと、「答えが出ない問題を考えること」という返事をする生徒さんが結構います。いえ、すべての哲学的問題に解答がないわけではありません。しかし哲学的問題には簡単に答えが出ないものが多いことは確かです。「正義とは何か」「どうすれば道徳的に正しい判断ができるのか」「人間は何でも認識できるのか」「心は脳と同じものだろうか」「無限は実在しているのか」「美しさは人間の心のなかにあるものなのか」などといった問いは典型的な哲学の問いで、何世紀もの間、たくさんの人が取り組んでもなかなかみんなが納得する答えが見つかりません。

　　Ｂ　、なぜ、簡単に答えが出ないのでしょうか。いろいろな理由があると思います。ひとつは問題自身が誤って設定されている場合です。「北極の北には何があるのか」というのは、解答の出るはずのない誤った問題です。「なぜ、この世には何もないのではなく、何かがあるのか」とか「人生に意味はあるのか」もそれと同じく誤って設定された問題であって、正しい問題のかたちへと設定し直されるべきだという意見もあります。そうでないという意見もあります。いずれにせよ、誤って設定された問題には答えが出ません。これを見つけるのも哲学の仕事です。

　とは言え、哲学的な問題で答えが出ないのは、多くの場合、人によっていろいろな意見があり、理由を聞いてもそれぞれの立場にそれぞれ＊一理あるから、なのではないでしょうか。学校でこども哲学を＊実践したときにも、そのように答える生徒がたくさんいました。たとえば、「正義」とか「道徳的」とか「人生」とか「心」といった＊概念（がいねん）について考えてみてください。この言葉そのものが何を意味しているのか、みんなの意見を一致させることがまず難（むずか）しいでしょう。

ところで、私たちは日々いろいろな経験をしています。日常生活では同じことを繰り返していることも多く、そんなときには新しいことを経験することがあります。そもそも経験することとは、言葉の意味からして、見たこともないことや、ハッとする経験をします。そもそも経験するとは、言葉の意味からして、外に出ていくこと、移動すること、*探索することを言います。試すことを言います。言い換えれば、それは異なったものや新しいものとの出会いを意味しています。英語の*experienceも同じような意味です。経験とは、異なったものや新しいものに出会って驚くことだと言ってもよいでしょう。 C 、経

私たちは、こうした経験をしたときに考えさせられます。驚いた後に、「どうしてだろう」「なぜだろう」と不思議に思い、そこから逆に「いままで自分が当たり前だと思っていたことは何だったのだろう」「これまでの自分は何だったのだろう」と反省的に考えるようになります。経験は本質的にひとつの問いとして私たちに立ち現れ、私たちはその問いに答えようとして考えるのです。したがって、考えるとは、一見すると独立して無関係に思われるふたつ以上のものに関係性を見つけることに他なりません。あるいは、関係性を見つけることに他なりません。

新しい経験をすると、いつもの当たり前に思えた風景も、突然によそよそしいものに見えたりします。外国で挨拶の仕方がまったく違うことを経験すると、「あんなやり方が挨拶になるのか」と驚くと同時に、「では、挨拶って何だろう」いままで自分がやってきた挨拶も、どうしてそんなやり方をするのか分からなくなったり前に思ってきたことを新しい関連のもとに置いて、異なった意味を与えることです。風変わりな国に旅行して故郷にに戻ってくると、身近な自宅の風景も風変わりに見えてくるものです。こうして自分の慣れ親しんだ場所から外に出ていき、以前いた場所と今いる場所のふたつの地点を結びつけることから考えることは生まれるのです。

（中略）

私は個人としていろいろな経験をしますが、他の人たちは私が経験したことのないさまざまなことを経験しています。他人の経験を知る重要な方法は、他人と対話することです。他人との会話のなかには軽い挨拶のようなどうでもよい会話もありますが、親しくなるにつれて人はいろいろな経験や考え方を話してくれます。ここで言う会話とは、背後にいかなる目的も隠されていない話し合いのことを言います。相手を誘導したり操ろうと試みたり、あるいは、相手に命令したり指図したりするのは会話とは言えません。何か特定の目的を持った話をするときには、私たちは話の聞き手を行為の対象として見ていて、自分と同等の人間として遇していません。会話は、会話そのものを目的として行うのです。その会話のなかには、自分にとって新しかったり、思ってもみなかったりする話もあります。そうした会話は対話へと発展していきます。対話とは、ただの会話とは違います。④対話とは、

驚きから始まり、探求と思考によって進む会話のことです。「何でそれが辛かったの」「どうしてそのときそう考えたの」といったように相手の経験やそれに関係する振る舞いや考え方に驚いて、私たちは問いを発します。そして、相手のことを理解して、自分とどう違うのかを明確にしようとして話を続けます。他人の経験は、自分にとって考える材料の宝庫です。

（河野哲也『じぶんで考えじぶんで話せるこどもを育てる哲学レッスン』による）

(1) 空らん A ～ C に入る言葉として適切なものを、次のア～エからそれぞれ選び、記号で答えなさい。ただし、 A ～ C に同じ記号は入りません。

ア では　　イ したがって　　ウ しかし　　エ なぜなら

（2）——線部①に「思い込みを排して、ひたすら真理を愛して探求する」とあるが、このような例として最も適切なものを、次のア～エから一つ選び、記号で答えなさい。

ア 「道徳の教科書を読む中で、きまりを守ることの大切さに気づき、きまりを守れていない人には注意をしてあげようと決意する。」

イ 「道徳の教科書を読む中で、クラスの中での自分の行動を反省し、これからは先生の指示にしたがおうと思う。」

ウ 「道徳の教科書を読む中で、これまでの自分の考えにうたがいをもち、本当に正しいことは何かと考え見つけ出そうとする。」

エ 「道徳の教科書を読む中で、最初は悪者だと思っていた登場人物の良い一面が見え、その登場人物に好感を持つ。」

（3）——線部②の「たとえば」の後に続く問いと同様の問いとして、適切でないものを、次のア～エから一つ選び、記号で答えなさい。

ア 「現在、京都市では雨が降っているか」
イ 「オリンピックはいつ、どこで始まったのか」
ウ 「去年、日本をおとずれた外国人観光客は何人か」
エ 「勉強をする意味とは、どのようなものなのか」

（4）——線部③に「何世紀もの間、たくさんの人が取り組んでもなかなかみんなが納得する答えが見つかりません」とあるが、その理由を筆者はどのように考えていますか。本文中の言葉を用いて、五十字以上、六十字以内で答えなさい。

（注意） 句読点（。、）やかぎ（「」）などの記号は、それぞれ字数に数えます。

（5）——線部④に「対話とは、驚きから始まり、探求と思考によって進む会話のことです」とあるが、筆者は「探求と思考によって進む会話」を、具体的にどのような会話だと考えていますか。本文中の言葉を用いて、四十五字以上、五十五字以内で答えなさい。

（注意） 句読点（。、）やかぎ（「」）などの記号は、それぞれ字数に数えます。

三 わたしたちが学習する上で、「知識を身につけること」と「考えること」は、どちらも大切だと言われています。これらがどちらも大切な理由を、記入用紙2に、三百六十一字以上、四百五十字以内（二十五行以上、三十行以内）で書きなさい。ただし、自分自身の体験や、見たり聞いたりした経験を例にあげて書くこと。

〈書き方の注意〉
① 題や氏名は書かないで、一行目から書き始めます。
② 段落をかえたときの残りのます目は、字数として数えます。
③ 最後の段落の残りのます目は、字数として数えません。

〈注〉

＊ホホジロザメ　世界中の海に広く分布しているサメ。巨大な体、大きなアゴ、するどい歯などの特徴を持つ。

＊メリット　得をする点。よいところ。

＊血合　カツオ・ブリ等に見られる魚の肉の黒ずんだ部分。

＊有酸素運動　酸素を使って、筋肉を動かすのに必要なエネルギーを生み出している運動のこと。

＊温度係数（Q10）　温度が10度あがった時に、動物の活動量が何倍になるのかを表す値。のこと。2〜3の値をとることが多い。

＊活性　組織などに刺激をあたえ、その働きや反応を活発にする状態。

＊変温性　まわりの温度が変わると、それにつれて体温が変化する性質。

＊バイオロギング技術　電子技術を使い、動物の生活のありさまや自然環境を明らかにするわざや方法のこと。動物に記録計などをつけて、動物自身にその行動に関するデータを集めさせることなどを指す。

＊中温性　血流を使って体内の熱を逃さないようにして筋肉の温度をまわりの温度より高くすることができる性質。

＊厳密　細かいところまできびしく行うようす。

＊グラディ博士　アメリカの生物学者。恐竜の研究者として知られている。

＊一つの俎板に載せて　いっしょに取り上げて。

＊恒温動物　人間、ウシ、イヌ、クジラなどのなかまの動物で、まわりの温度に関係なく体温が一定の動物のこと。

＊変温動物　カメ、ヘビ、ワニ、トカゲなどのなかまの動物で、まわりの温度が変わると、それにつれて体温が変化する動物のこと。

＊探索　さぐったりさがしたりして調べること。

＊確固たる　しっかりして動かない。

＊アドバンテージ　有利であること。

＊繁栄　さかえること。

＊促進　早く進ませること。

＊局所的　全体の中の一部分だけについて当てはまるようす。

＊しかるのちに　そうしてから。そのあとで。

＊オサガメ　熱帯から温帯にかけての海に生息するウミガメ。幅広い海域を回遊することがある。世界最大のカメとも言われている。

＊時間スケール　時間の始まりと終わりを、物差しのようにその規模や大きさの程度でとらえること。

＊デメリット　損をする点。悪いところ。

＊生活スタイル　生活のしかたとして共通に見られること。

二 〈注〉

＊戯曲　劇ができるような形式で書かれた文学作品。

＊執政者　国の政治を行う人。

＊定義　ある物事の意味をはっきりと決めること。また、決めたもの。

＊真理　誰にでも、いつでもどこでも、正しいと認められる知識や考え方。

＊探求　さがし求めること。

＊排して　押しのけて。

＊潔く　きれいさっぱりと。

＊放棄する　捨ててしまう。権利などを使わない。

＊棲息　ある場所に動物がすんで生活すること。

＊典型的　あるものの特徴をよく表しているさま。

＊一理ある　きちんとしたそれなりの理由がある。

＊実践　実際に行うこと。

＊概念　あることがらに対して多くの人が思いうかべる意味やイメージのこと。

＊漫然　当てもなく、ぼんやりしているようす。

＊探索　さぐったりさがしたりして調べること。

＊experience　「経験」、「体験」という意味を表す英語。

＊本質的に　根本的な性質として。

＊よそよそしい　親しみを見せない。打ち解けない。

＊過して　もてなして。取りあつかって。

【適性をみる検査Ⅰおわり】

令和２年度入学考査

適性をみる検査Ⅱ

1 花子さんの学年では，班ごとに日本についての調べ学習に取り組みました。次の表は，各班が設定したテーマの一覧です。これについて，あとの（1）～（6）の問いに答えなさい。

表

班	1班	2班	3班	4班	5班	6班
テーマ	日本の歴史	日本の伝統文化	日本の食料問題	日本の国土の広がり	日本の人口問題	日本の災害対策

（1）1班のメンバーは，「日本の歴史を大きく変えたといえるできごとは何か」というテーマで意見を出し合いました。次のメモは，1班の話し合いを記録したものの一部です。これについて，あとのⅠ～Ⅲの問いに答えなさい。

メモ

> ### 話し合いのテーマ「日本の歴史を大きく変えたといえるできごとは何か」
>
> **菜々さんの発言**
> （　a　）が武士として初めて太政大臣になったことです。このできごとが武士の政権への道を開いたといえると私は考えます。
>
> **信志さんの発言**
> 武士たちが元の軍勢と戦ったことです。このできごとの結果が，（　b　）といえると私は考えます。
>
> **由衣さんの発言**
> 豊臣秀吉が刀狩と検地をおこなったことです。このできごとが，（　c　）といえると私は考えます。
>
> **＜その他の発言者から挙げられたできごと＞**
> ① 日本軍がハワイのアメリカ軍基地を攻撃したこと
> ② 遣唐使をとりやめたこと
> ③ 不平等な修好通商条約を欧米諸国と結んだこと
> ④ 関東大震災が起こったこと
> ⑤ 外国の貿易船が来航できる港を長崎に限定したこと
> ⑥ 中臣鎌足らが政治改革を進めたこと

Ⅰ メモ中のaにあてはまる人名を漢字で答えなさい。

Ⅱ メモ中のbとcにあてはまる文として最も適切なものを，次のア～カからそれぞれ1つずつ選び，記号で答えなさい。

ア 武士たちの戦い方を，鉄砲を用いたものへと変えるきっかけになった

イ 武士たちが幕府によせる信頼を弱め，幕府と武士たちの関係がくずれるきっかけになった

ウ 中国と対等の立場で国交を開くきっかけになった

エ 身分の違いをはっきりとさせ，武士が世の中を支配する社会の仕組みの基礎をつくった

オ 土地の価格を基準に毎年きまった額の税を納める制度の基礎をつくった

カ 商業都市からの資金の調達を容易にし，天下統一の基礎をつくった

Ⅲ メモ中の＜その他の発言者から挙げられたできごと＞①～⑥を，歴史的に古い順に並べかえ，番号で答えなさい。

（2）右の**資料1**は，雪舟がかいた水墨画です。
  2班は，この作品がかかれた時代の文化につ
  いて調べました。この作品がかかれた時代を，
  次の①～⑤から1つ選び，番号で答えなさい。
  また，この時代の文化について述べた文とし
  て適切なものを，下のア～オから**すべて**選び，
  記号で答えなさい。

資料1

  ①　奈良時代　　　②　平安時代　　　③　鎌倉時代
  ④　室町時代　　　⑤　江戸時代
  ア　床の間をかざるために生け花がさかんになった。
  イ　大和絵の技法がうまれた。
  ウ　浮世絵がうみ出され，人気を集めた。
  エ　田楽や猿楽が能や狂言に発展した。
  オ　貴族の間で七夕行事が始まった。

（3）次の会話文は，3班の花子さんと健太さんが日本の食料問題について話し
  合ったものです。これを読んで，あとのⅠ，Ⅱの問いに答えなさい。

> 花子：日本では，平成28年度に約2759万トンの食品廃棄物等が出たんだって。このうち，まだ食
>   べられるのに廃棄された食品，いわゆる「食品ロス」は約643万トンもあったらしいよ。
> 健太：食品ロスを減らすために，国や地方公共団体はどんな取り組みをおこなっているのかな。
> 花子：国会では「食品ロス削減推進法」などの法律がつくられたし，京都府では，食材を使いき
>   るくふうや食べ残しを出さないくふうをおこなっている店を「食べ残しゼロ推進店舗」と
>   して認定しているよ。
> 健太：食品ロスを減らす取り組みを国や地方公共団体がおこなうのはなぜなんだろう。
> 花子：理由のひとつとして，食品廃棄物を処分する費用の一部が，私たちが納める税金から支払
>   われているということが挙げられるんじゃないかな。税金を納めることは，日本国憲法で
>   定められている（　d　）のひとつだったよね。食品ロスの処分にかかる費用が減れば，
>   国や地方公共団体は，節約できた税金を別の使いみちに用いることができるよね。

  Ⅰ　会話文中の下線部について述べた文として適切なものを，次のア～オから2
  つ選び，記号で答えなさい。
  ア　国会には衆議院と参議院の二つの議院があり，このうち参議院は明治時代
  から存在している。
  イ　国会で法律をつくるのは，18才以上の国民による選挙で選ばれた国会議員
  である。
  ウ　国会は，外国と条約を結ぶことができる。
  エ　国会は，裁判官を裁く裁判を行うことができる。
  オ　国会は，衆議院の解散を決めることができる。
  Ⅱ　会話文中のdにあてはまる言葉を5字で答えなさい。

（4）4班は，地球上における日本の北の端から西の端までのおよそのきょりを地球儀を使って調べようと考えました。地球上における日本の北の端から西の端までのおよそのきょりを地球儀を使って調べる方法を答えなさい。なお，次の【注意事項】にしたがって答えること。

【注意事項】

- 地球儀は必ず使いますが，地球儀以外の道具を使ってもよいものとします。
- 縮尺が書かれておらず，デジタル機能やきょりの目盛りがついていない地球儀を使います。
- 地球上で赤道上を一周したきょりは4万kmであるものとします。

（5）5班は，各都道府県について，2010年の人口を100とした場合の2015年の人口を調べ，次の**地図1**に示しました。下のア〜オのうち，**地図1**からわかることとして正しいものを**2つ**選び，記号で答えなさい。

地図1

101以上
100以上101未満
99以上100未満
98以上99未満
98未満

「地理統計要覧2019年版」より作成

ア　熊本県と鹿児島県はいずれも，2015年の人口が2010年より少ない。

イ　四国の4県ではいずれも，2010年から2015年までの毎年，人口が前年より減った。

ウ　東京都は2010年から2015年の間に日本で最も人口が増えた。

エ　2015年の人口が2010年より多い都道府県は日本全体で三つしかない。

オ　東北地方には，2015年の人口が2010年より多い県はない。

（6）6班は，右の**地図2**中の**A～C**や**P**の地点で取り
組まれている災害対策（さいがいたいさく）について調べました。これ
について，次の**Ⅰ～Ⅲ**の問いに答えなさい。

地図2

Bは•で示した位置にある島を表す。

Ⅰ **A～C**の地点について述べた文として最も適切
なものを，次のア～ウからそれぞれ1つずつ選び，
記号で答えなさい。

ア　2000年に火山が噴火（ふんか）し，火山灰（かざんばい）や土砂（どしゃ）によっ
て建物や農地に被害（ひがい）が出たため，砂防（さぼう）ダムが建
設された。

イ　2012年に竜巻（たつまき）が発生し，広い範囲（はんい）で建物が倒壊（とうかい）するなどの被害が出たため，
竜巻への注意をうながす小冊子（しょうさっし）を住民に配布した。

ウ　1995年に発生した大地震（じしん）により建物の倒壊や大規模（だいきぼ）な火災が起こったこと
をふまえ，防災面の向上を意識したまちづくりが進められるようになった。

Ⅱ　**P**の地点では，川の増水への対策が古くから行
われていますが，特ちょうのある地形のために，
今なお防災面で課題が残っています。6班はこの
地点の地形を調べ，右の**地図3**と次の**資料2**を作成
しました。**地図3**は，**P**の地点の一部を拡大（かくだい）したも
のです。また，**資料2**は，**地図3**中の**X**と**Y**の間の
断面図であり，**X**と**Y**の間の水平きょりはおよそ
5000mです。防災面での課題の原因となっている
Pの地点の地形の特ちょうを，**地図3**と**資料2**から
読み取って答えなさい。

地図3

資料2

（国土地理院ホームページより作成）

Ⅲ　次の文章は，6班が日本の川の特ちょうについて書いたものです。文章中の
eにあてはまる内容を，句読点を含めて15字以上20字以内で答えなさい。

> 日本の国土は山地が多く，さらに，（　e　）ため，外国の川に比べると
> 日本の川は短くて流れが急である。日本では，川の水は一気に海へ流れ出よ
> うとするため，まとまった雨が降ると川の水量が急に増えることがある。

2 2020年に東京でオリンピックとパラリンピックが行われることを聞いて, 一郎さんはオリンピック, パラリンピックやスポーツにまつわることを調べました。これについて, あとの（1）～（5）の問いに答えなさい。

（1）一郎さんは, オリンピック競技で使用されるボールについて実験をして調べることにしました。そこで, ゴルフ, テニス, 卓球で使われているボールを, 図1のように,

図1

ボール
ボールを落とした高さ
ボールが床にはね返って上がった高さ
床

資料　ボールが床にはね返って上がった高さ

ボールを落とした高さ (cm)	ボールが床にはね返って上がった高さ (cm)		
	ゴルフ	テニス	卓球
25	18	16	21
50	36	31	39
75	55	44	55
100	71	58	70
150	111	83	93
200	144	104	113
250	181	123	132

いきおいをつけずに床に落として, 床に一度当たってはね返ったあと, 床から何cmの高さまで上がるかをはかり, これを「ボールが床にはね返って上がった高さ」として記録しました。はじめは, ボールを落とす高さを25cmごとに変えて100cmまで調べて, 次の図2を作成しました。図2の○, ●, ■はそれぞれ実験に用いたボールのいずれかの結果を示しています。一郎さんは図2を作成した後, もっと高い位置からボールを落とすとどうなるか調べようと, ボールを落とす高さを100cmから250cmまで50cmごとに変えて調べました。上の資料は結果をすべて表に示したものです。図3は一郎さんが調べた結果をすべて図にしようとしたものですが, まだ, ● で表したボールの結果を途中までしかかいていません。これについて, あとのⅠ, Ⅱの問いに答えなさい。

図2　ボールが床にはね返って上がった高さ (cm) / ボールを落とした高さ (cm)

図3　ボールが床にはね返って上がった高さ (cm) / ボールを落とした高さ (cm)

Ⅰ　**資料**に示された結果のうち，**図3**ではまだ表されていない結果を**記入用紙1**の図に ● でそれぞれ示しなさい。また，三角定規を使って「ボールを落とした高さ」が100cmのときから250cmのときまでの結果を示す ● を，50cmごとに線で結んで，図を完成させなさい。

Ⅱ　「ボールを落とした高さ」をもとにした「ボールが床にはね返って上がった高さ」の割合について，**資料**に示された結果を通して言えることとして，最も適切なものを，次のア〜ウから1つ選び，記号で答えなさい。

ア　「ボールを落とした高さ」が違っていても，この割合が最も一定に近いのはゴルフのボールである。

イ　「ボールを落とした高さ」が25cmのとき，この割合が最も大きいのはテニスのボールである。

ウ　卓球のボールでは，「ボールを落とした高さ」を大きくしていくと，この割合はしだいに大きくなっていく。

(2)　東京オリンピックで行われる自転車競技のロードレースでは，途中で通る道は男女で異なりますが，ともに東京都にあるスタート地点から，静岡県にあるゴール地点までレースを行う予定となっています。実際のコースは何回も曲がったり，一部の区間で引き返すこともありますが，おおまかに言って東から西へ向かうコースと言えます。実際のコースとは異なりますが，仮に東京から西にまっすぐ向かう，平坦なコースを午前9時にスタートして午後3時まで同じスピードで走り続け，その間ずっと太陽の光による選手の影がコースとなる道路上にできていたとすると，その選手の頭部の影は選手から見てどの方向にできることになりますか。次の文章中の a 〜 c にあてはまる語句の組み合わせとして最も適切なものを，下のア〜クから1つ選び，記号で答えなさい。ただし，選手から見た影の方向は，**図4**と**図5**のように表すものとします。

図4

この図で点線よりも上に影ができるとき「前側」，下にできるとき「後ろ側」とする。

図5

この図で点線よりも左に影ができるとき「左側」，右にできるとき「右側」とする。

　　選手の頭部の影は，スタートしてはじめのうちは（ a ）にできる。頭部の影ができる方向は少しずつ変化していって，正午ごろには（ b ），そのあと，午後3時ごろには（ c ）にできる。

	ア	イ	ウ	エ	オ	カ	キ	ク
a	前側	前側	後ろ側	後ろ側	前側	前側	後ろ側	後ろ側
b	左側	左側	左側	左側	右側	右側	右側	右側
c	前側	後ろ側	前側	後ろ側	前側	後ろ側	前側	後ろ側

（3）一郎さんは，オリンピックで使われている「聖火」とよばれる炎について調べる中で，この炎は鏡を使って日光を反射させて点火したものだと聞きました。そこで，一郎さんは大きさが同じ3枚の長方形の鏡A～Cを使って日光を反射させて，日かげになっているかべの一部を照らしてあたためるという実験を行いました。右の図6は，鏡A～Cによってかべが照らされた部分と，そのまわりの光が当たっていない部分を表したものです。また，図7は，図6で示されたかべのうちの3つの範囲ア～ウを太い線で囲んで示したものです。図6の状態で10分間かべを照らしたとき，この3つの範囲ア～ウのうち，最もあたたかくなっていると考えられるのはどれですか。ア～ウの記号で答えなさい。ただし，3枚の鏡のどの部分も日かげになることもなく，同じくらいの強さで日光が当たっているものとします。

図6

鏡Aによって照らされた範囲

鏡Bによって照らされた範囲

鏡Cによって照らされた範囲

実験に用いたかべのうち，日光が直接当たらず，日かげになっている部分

図7

（4）2020年に行われるオリンピックとパラリンピックで使用するメダルを製造するために，不要になった小型家電から金属を取り出すという取り組みが行われ，取り組み期間内に金を約32kg，銀を約3500kg，銅を約2200kg確保できたと発表されています。一郎さんは，金属の質量と体積について調べたことを，右の<金属の質量と体積について>にまとめました。

<金属の質量と体積について>

　金属であっても，種類がちがうと，同じ体積にしたときの重さがちがう。金，銀，銅をくらべた場合，同じ体積にしたときに最も重いのが金，2番目に重いのが銀，最も軽いのが銅であるが，それぞれの重さがどれほどちがうかは，資料が見つからなかったのでわからなかった。

集まった金を32kg，集まった銀を3500kg，集まった銅を2200kgと考えた場合，<金属の質量と体積について>に示された情報からは断定できないものを，次のア～ウから1つ選び，記号で答えなさい。

ア　集まった金の体積は，集まった銀の体積よりも小さい。

イ　集まった銀の体積は，集まった銅の体積よりも大きい。

ウ　集まった銅の体積は，集まった金の体積よりも大きい。

令和２年度入学考査

適性をみる検査Ⅲ

注　意

1　「解答を始めなさい」の合図があるまで，この問題用紙を開いてはいけません。

2　問題は，１ページから６ページまであります。問題用紙のあいている場所は，下書きや計算などに使用してもかまいません。

3　記入用紙は，**記入用紙１**と**記入用紙２**があります。指示にしたがい，**記入用紙１**には２か所に，**記入用紙２**には１か所に，受付番号を書きなさい。

4　検査時間は50分間です。

5　$\boxed{1}$〜$\boxed{3}$の解答は**記入用紙１**に，$\boxed{4}$・$\boxed{5}$の解答は**記入用紙２**に記入しなさい。

6　記入用紙の※印のらんには何も記入してはいけません。

7　「解答をやめなさい」の合図があるまで，問題に取り組んでいてもかまいません。

8　配られた検査用品については，指示にしたがいなさい。

1 右の図のような直線部分と半円部分からでき
たトラックで，あさみさん，ゆうとさん，りこ
さん，いつきさんの4人の選手がリレーを行う
ことにしました。リレーは，図のAからスター
トし，B，C，Dの位置でバトンを渡してAで
ゴールするものとします。直線部分A～Bと
C～Dの長さはそれぞれ50mで，半円部分
B～CとD～Aの長さもそれぞれ50mです。
選手は図の矢印の向きに走るものとします。ま
た，右の表は4人の50mを走るタイムをまと
めたものですが，一部破れています。先生は，
4人の50mを走るタイムについて，次のよう
にまとめました。

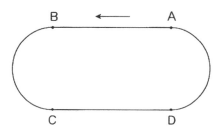

	直線部分 （50m）	半円部分 （50m）
あさみ	8.1 秒	8.91 秒
ゆうと	7.6 秒	8.74 秒
りこ	8.5 秒	8.67 秒
いつき	7.8 秒	

── 《まとめ》──────────────────────────

　いつきさんの半円部分50mを走るタイムは，いつきさんが直線部分50m
を走るタイムの1.1倍だったから，いつきさんの半円部分50mを走るタイ
ムは，　ア　秒です。りこさんが半円部分50mを走るタイムは8.67秒で，
りこさんが直線部分50mを走るタイムが8.5秒です。これより，りこさん
が半円部分50mを走るタイムは，りこさんが直線部分50mを走るタイム
の　イ　倍になります。

　次の（1）～（3）の問いに答えなさい。ただし，四捨五入，切り上げ，切
り捨てをせずに解答しなさい。また，バトンを渡すのに必要な時間は考えないも
のとします。

（1）《まとめ》の中の　ア　，　イ　にあてはまる数を答えなさい。

（2）あさみさん，ゆうとさん，りこさん，いつきさんがこの順に走ってリレーを
　　行うとき，あさみさんがスタートしてからいつきさんがゴールするまでにかか
　　る時間は何秒ですか。

（3）ある日，かほさんがリレーの選手に立候補しました。かほさんの直線部分
　　50mを走るタイムは8.0秒で，半円部分50mを走るタイムは直線部分50mを
　　走るタイムの1.05倍です。かほさんをふくむ5人の選手から4人を選んでリ
　　レーを行います。4人の合計タイムが最も速くなるように選手を選ぶとき，直
　　線部分を走る2人の選手と半円部分を走る2人の選手にはそれぞれだれを選ぶ
　　のがよいか，記入用紙1の名前に**2つずつ○**をつけなさい。

2 お店「みらい」では，右の図のような6枚の値引きシールをセットにした台紙が配布されています。これらのシールは次の《きまり》にしたがって活用します。

値引きシール
15%引き	40円引き
8%引き	20円引き
5%引き	10円引き

―《きまり》―
・シールは50円以上のどの商品に貼ってもよいが，1つの商品に貼れるシールは1枚のみです。
・値引き後の代金を計算したとき，その $\frac{1}{10}$ の位を切り捨てるものとします。例えば，130円の商品に「15%引き」のシールを貼って計算すると110.5になるので，値引き後の代金は110円になります。

　　次の（1）～（3）の問いに答えなさい。ただし，消費税は考えないものとします。

（1）あかりさんは280円の商品を5つ買うのに，そのうちの1つに「15%引き」のシールを，別の1つに「40円引き」のシールを貼り，残りの3つには何も貼りませんでした。このとき，値引き後の代金の合計はいくらですか。

（2）あかりさんは何円の商品にどのシールを貼ればより安く買い物できるかを調べることにしました。「8％引き」のシールを貼るときと「20円引き」のシールを貼るときを比べて，値引き後の代金が同じになるのはシールを貼った商品のもとの値段がいくらの範囲にあるときですか。また，なぜその範囲になったかをことばや式などを用いて説明しなさい。

（3）ゆいさんは家族でバーベキューをする計画を立てています。そこで，牛肉を1kg，とり肉を800g，玉ねぎを3個，いもを3本準備しようと考え，お店「みらい」に出かけました。バーベキューをするのに必要な商品名，内容，値段は右の表のとおりです。

　　ゆいさんはバーベキューに必要な材料を値引きシールを1セット活用して，代金の合計が最も安くなるように買いました。「15％引き」のシール，「8％引き」のシール，「5％引き」のシールをそれぞれどの商品に貼りましたか，A～Hの記号で

商品名	内容	値段
A	牛肉（100g）	280円
B	牛肉（1kg）	2700円
C	とり肉（100g）	98円
D	とり肉（500g）	480円
E	玉ねぎ（1個）	80円
F	玉ねぎ（5個）	298円
G	いも（1本）	65円
H	いも（4本）	198円

答えなさい。シールを貼らなかったときは×をかきなさい。また，バーベキューをするのに準備した商品の代金の合計はいくらですか。ただし，同じ商品を何個買ってもよいものとし，材料はあまってもかまいません。

3 　図1のように、グラウンドに辺ＡＢ
と辺ＡＣがかかれていて、辺ＡＣと
辺ＡＢが作る角の大きさは90度です。
また、辺ＡＢ上の点Ｄの位置に太郎さ
んがいます。
　次の（1）～（3）の問いに答えな
さい。ただし、図2のような角を、
辺アイと辺アウが作る角と呼ぶことと
します。

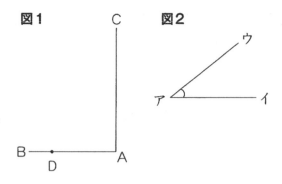

（1）花子さん、健太さん、望美さんは、それぞれ次のような点Ｅ、点Ｆ、点Ｇの
位置にいます。

> 点Ｅは辺ＡＣ上にあり、辺ＤＡと辺ＤＥが作る角の大きさは60度になります。
> 点Ｆは辺ＡＣ上にあり、辺ＤＡと辺ＤＦが作る角の大きさは15度になります。
> 点Ｇは辺ＤＥ上にあり、辺ＧＦと辺ＧＥが作る角の大きさは90度になります。

　三角定規を用いて、点Ｅ、点Ｆ、点Ｇを記入用紙1にそれぞれかきなさい。
そのとき、点Ｅ、点Ｆ、点Ｇの位置を求めるためにかいた線や点は、消さずに
残しておきなさい。

（2）図3は、太郎さんが、三角定規
の3つの辺の長さを測った結果を
表しています。この値を使って、
辺ＤＧの長さと辺ＧＥの長さの比
を、最も簡単な整数の比で表しな
さい。

（3）花子さんが、辺ＥＦの長さを測ると16ｍでした。辺ＡＤの長さと辺ＡＦの
長さはそれぞれ何ｍですか。図3の値を使って、四捨五入で、$\frac{1}{10}$の位までの
概数で求めなさい。

記入用紙1

適性をみる検査Ⅰ

一

(1) (2) (3) (4) (5)

A エ ア

B イ

C ウ

D オ

30字

40字

6字

※ ※ ※ ※ ※

※100点満点
（配点非公表）

※

受 付 番 号

2

（1）	Ⅰ	
	Ⅱ	
（2）		
（3）		
（4）		
（5）		

縦軸ラベル：ボールが床にはね返って上がった高さ（cm）

横軸ラベル：ボールを落とした高さ（cm）

受 付 番 号

※

3

(1)	a □ に面していない b □ の県　県の名称（　　　）県　県の形（　　　）	※
(2)	《語群》（　　　　　　　　）　《写真》（　　　）	※
(3)	奈良　　　西安　　　サマルカンド　　ローマ（　　）（　　）（　　）（　　）説明している文として正しいもの（　　　）	※※
(4)		※
(5)	適切な組み合わせ 川に流れ込むまでの道すじ 	※※
(6)	実験方法 アルミニウムの場合に得られる結果 鉄の場合に得られる結果	※※※
(7)	c □　d（　）e（　）f（　）g（　）	※
(8)	h □　i（　　）	※

3

（1）

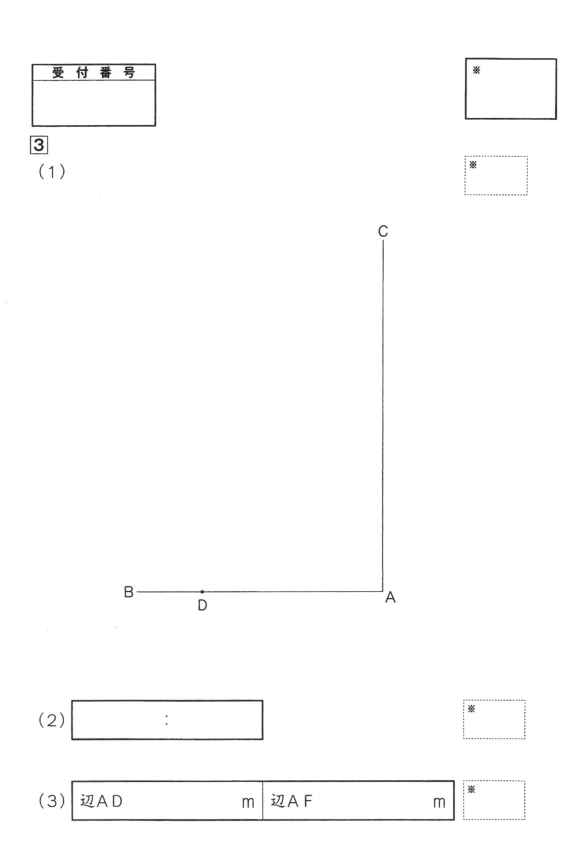

（2）

:

（3）

辺AD m	辺AF m

受付番号

※

4

(1)				※
(2)				※
(3)	イ	ウ	エ	※

5

(1)	ア	イ	ウ	※

(2)

底板

とおり ※

(3) 値 ※

受　付　番　号

※100点満点
（配点非公表）

※

1

(1)	ア		イ		※
(2)				秒	※
(3)	直線部分	あさみ　ゆうと　りこ　いつき　かほ			※
	半円部分	あさみ　ゆうと　りこ　いつき　かほ			

2

(1)		円	※
(2)	範囲		※
	説明		※

(3)	15%引き	8%引き	5%引き	※
	代金の合計		円	※

記入用紙1　　　適性をみる検査Ⅱ

受　付　番　号

※100点満点
（配点非公表）

※ □

1

			※
(1)	Ⅰ		※
	Ⅱ	b（　　　　　　）　c（　　　　　　）	※
	Ⅲ	（　　）→（　　　）→（　　　）→（　　　）→（　　　）→（　　）	※
(2)		時代（　　　　　　　　） 適切なもの（　　　　　　　　　　　）	※
(3)	Ⅰ	（　　　　　　）（　　　　　　）	※
	Ⅱ		※
(4)			※
(5)		（　　　　　　）（　　　　　　）	※
(6)	Ⅰ	A（　　　　）B（　　　　）C（　　　　）	※
	Ⅱ		※
	Ⅲ		※

ため

2020(R2) 福知山高附属中

K 教英出版

【解答用

三

450字
（30行）

360字

※

※

※

※

※

※

受付番号

三 記入用紙2に書きなさい。

二

(1)

A

B

C

(2)

(3)

(4)

45字
50字
55字
60字

(5)

45字
55字

※

※

※

※

※

※

【解答用

4 香織さんは,「毎週, 100円玉か500円玉のどちらか1枚だけを貯金箱に入れる」
というルールで貯金を始めることにしました。
　　ある日, 香織さんは貯金箱の中身の合計金額がいくらになったか気になり, お
兄さんと中身を調べることにしました。次の会話文を読んで, 下の (1) ～ (3)
の問いに答えなさい。ただし, 貯金箱には100円玉と500円玉以外のものは入っ
ていないものとします。

```
─── 会話文 ───
香織さん：貯金箱を開けずに中身の合計金額を調べられないかな?
お兄さん：重さを測ってみたらどうだい?
香織さん：中身をふくめた貯金箱全体の重さを測ると294.8gだったわ。
お兄さん：この貯金箱はちょうど110gだから, 中身だけの重さは  ア  g
　　　　　だね。実は, 100円玉は1枚あたり4.8g, 500円玉は1枚あたり
　　　　　7gなんだけど, このことから貯金箱の中身の合計金額を求めら
　　　　　れるかな?
香織さん：全部で何枚入っているかも分からないから無理よ!
お兄さん：実は合計枚数が分からなくても金額を求めることは不可能ではな
　　　　　いんだ。 $\frac{1}{10}$ の位に注目すれば何かに気が付かないかな?
香織さん：えーと…あっ! $\frac{1}{10}$ の位に注目すると, 100円玉の枚数として,
　　　　　いくつかの候補が考えられるわ。
お兄さん：それらは, どのような数になっているか説明できるかい?
香織さん：貯金箱に入っている100円玉の枚数は,      X      になるわ。
お兄さん：そうだね。そうすると, その中で重さの条件にあうものはないか
　　　　　な?
香織さん：100円玉が  イ  枚, 500円玉が  ウ  枚入っているのね。そ
　　　　　うすると, 貯金箱の中身の合計金額は  エ  円だわ。
お兄さん：その通り。よく分かったね。
```

（1）会話文中の ア にあてはまる数を答えなさい。

（2）会話文中の   X   にあてはまる適切な文を書きなさい。

（3）会話文中の イ ～ エ にあてはまる数を答えなさい。

5　厚さ１cmで直方体の形をしている板がいくつかあります。それぞれの板の名前と大きさは右の表のとおりです。また，横板は大きさによってA～Fの6種類があります。

板の名前		たて	横
底板		15cm	20cm
横板	A	11cm	15cm
	B	11cm	14cm
	C	11cm	13cm
	D	11cm	20cm
	E	11cm	19cm
	F	11cm	18cm

　京子さんは底板1枚と横板4枚を使い，次の《きまり》にしたがって，水を入れられる箱を作ることにしました。ただし，板を切るなどの加工はしないものとし，板と板とを接着するときの接着剤の厚さは考えないものとします。

─《きまり》─
① 底板と横板は，図1のようにぴったりとつける。図2のように，接着する面がずれたり，横板が斜めになったりしてはいけない。
② 図3のように，作った箱を真上から見たときに，1か所でもへこみがあったり，はみ出したりしてはいけない。
③ 図4のように，作った箱を真上から見たときに，横板の外側に底板が見えてはいけない。

図1
横板　横板
底板　底板

図2
横板　横板　斜め
底板　底板　ずれ

図3（真上から見た図）
へこみ　はみ出し

図4（真上から見た図）
底板が見えている
横板

　次ページの図5は，底板と横板A，Dを組み合わせて作った箱を，図6は底板と横板B，C，D，Eを組み合わせて作った箱をそれぞれ例として示しています。図5のように，1つの箱につき横板A～Fはそれぞれ2枚まで使うことができます。

図5

図6

また，次の《ノート》は，箱に入る水の量について京子さんがまとめたものです。下の（1）〜（3）の問いに答えなさい。

―《ノート》―

　図5の箱を底板が水平になるように置いて水を入れると，水の深さは最大で ア cmになります。箱に入る水の最大の体積をその箱の容量と呼ぶことにすると，図5の箱の容量は イ cm³ です。同じように，図6の箱の容量は ウ cm³ です。

（1）《ノート》の中の ア 〜 ウ にあてはまる数を答えなさい。

（2）《きまり》にしたがって作ることができる箱の容量を調べたとき，箱の容量が最も大きい箱について，その箱を真上から見た図を，【例】を参考にして，記入用紙2にかきなさい。なお，図には底板が太線（――）でかかれており，太線の近くには点線（┈┈）がかかれています。太線と点線の間が1cmであるものとして，点線を利用しなさい。三角定規を使ってもかまいません。

【例】　　図6の箱

（3）《きまり》にしたがって作ることができる箱の容量として考えられるものは何とおりありますか。また，箱の容量として考えられる値を**すべて**答えなさい。ただし，箱の容量の単位はすべてcm³として考え，単位は書かなくてよいものとします。

（5）一郎さんは，オリンピックやパラリンピックで実施される水泳競技について調べていて，息つぎや呼吸について考えました。水泳選手はある程度長い時間をかけて泳ぐときには，途中で顔を水面より上にあげた状態で息をしますが，フナなど多くの魚は，体の一部を水面より上にあげることなく，体のすべてが水中にある状態のまま長い時間泳ぐことができます。体のすべてが水中にある状態のままでも，フナが長い時間泳ぐことができる理由として最も適切なものを，次のア〜エから1つ選び，記号で答えなさい。

ア　フナも体の一部を水面よりも上にあげて空気中から酸素を取り入れる必要があるが，ヒトよりもたくさんの酸素を一度に空気中から取り入れることができるので，体のすべてが水中にある状態のままでも長い時間泳ぐことができる。

イ　フナはヒトと違って呼吸をいっさいしていないので，空気中の酸素を取り入れるために体の一部を水面から上にあげる必要がない。

ウ　フナもヒトと同じく呼吸をするが，フナの呼吸ではヒトと違って酸素を取り入れる必要がないので，体の一部を水面から上にあげて空気中の酸素を取り入れる必要がない。

エ　フナも呼吸を行い酸素を体に取り入れるが，水中の酸素（水にとけている酸素）を取り入れることができるので，空気中の酸素を取り入れるために体の一部を水面より上にあげる必要がない。

3 京太郎さんは世界文化遺産に登録されている群馬県「富岡製糸場と絹産業遺産群」の見学に行ったときのことを，友人の京子さんと話しています。次の２人の会話文を参考にして，あとの（１）〜（８）の問いに答えなさい。

京太郎：①世界文化遺産に登録されている群馬県の「富岡製糸場と絹産業遺産群」に興味があったので見学に行きました。そこで生糸や絹について学び，絹の歴史や②シルクロードのことなども調べてみました。

京　子：かつて日本では生糸の生産が盛んに行われていたと聞きました。生糸や絹はいつごろ日本に伝わったのでしょうか。

京太郎：生糸を生産する技術は弥生時代に③渡来人が日本に伝えたみたいです。古墳時代に秦氏が絹織物の技術を伝えたと言われています。

京　子：絹織物は中国や朝鮮など大陸から伝わってきたんですね。シルクロードについてはどのようなことを調べたのですか。

京太郎：シルクロードは，古代の中国や西アジア，ヨーロッパなどを結んだ交易路です。中国からは主に絹（シルク）が多く運ばれました。シルクロードのルートの１つに長安（現在の西安市）とサマルカンドをつなぐルートなどがあったみたいです。シルクロードの西の最終地点はローマであり，東の最終地点は平城京（現在の奈良市）であったとも言われています。これらの都市をつないだルートを示す地図と，気候・緯度・経度などをまとめたレポートを夏休みの自由研究で作りました。

京　子：すごい自由研究ですね。

京太郎：また生糸は江戸時代末期の開国以降の日本の主要な輸出品となりました。「富岡製糸場と絹産業遺産群」などで作られた生糸などが海外で必要とされたのです。日本は世界一の④生糸輸出国になったこともあります。

京　子：「富岡製糸場と絹産業遺産群」以外にも「⑤白川郷・五箇山の合掌造り集落」など，いろいろな所で生糸が作られていたそうですね。私は，生糸を生産する技術や，その材料となるまゆをつくる⑥カイコというこん虫について調べてみたいと思いました。

（１）次の文章は，会話文中の下線部①や下線部②に関するものです。この文章中のａにあてはまる語を漢字１字で，ｂにあてはまる語を漢字２字でそれぞれ答えなさい。また，文章中に群馬県・岐阜県が登場しますが，この両方の県にとなりあう県の名称をひらがなで答えなさい。さらに，その県の形を示した図として最も適切なものを，次のページの<県の形>ア〜カから１つ選び，記号で答えなさい。

　　会話文中の下線部①に登録されていて，生糸に関連するものとして群馬県の「富岡製糸場と絹産業遺産群」，岐阜県と富山県の「白川郷・五箇山の合掌造り集落」が，下線部②と関連するものとして奈良県の「古都奈良の文化財」などがある。また群馬県・岐阜県を含む<県の形>ア〜カが示している県は，すべて「（ａ）に面していない（ｂ）の県」である。

<県の形>

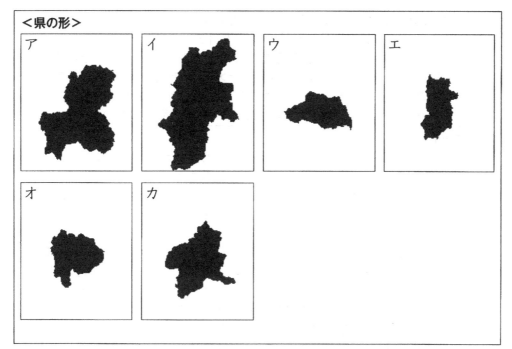

ア　　　イ　　　ウ　　　エ

オ　　　カ

（2）会話文中の下線部③によって日本に伝えられ
た大陸の文化やものは，生糸を生産する技術以
外にどのようなものがありますか。適切なもの
を次の《語群》ア〜カからすべて選び，記号で答
えなさい。また，右の資料1は下線部②を通じ
て奈良時代の日本にもたらされたものの1つで
す。資料1がかつて保管されていた建物として
適切なものを《写真》サ〜セから1つ選び，記
号で答えなさい。

資料1

《語群》　ア　漢字　　　イ　石器　　　ウ　竪穴住居　　　エ　仏教

オ　鉄製の武器や道具　　　カ　動物の骨や角でつくられた道具

《写真》　サ

シ

ス

セ

（3）次の**レポート**は，京太郎さんが作成したものの一部です。これを参考にして，会話文中の下線部②に関係する「奈良」，「西安」，「サマルカンド」，「ローマ」の４つの都市の雨温図として適切なものを，下のア〜エからそれぞれ選び，記号で答えなさい。また，４つの都市について説明している文として正しいものを，次のページのカ〜ケから１つ選び，記号で答えなさい。なお，雨温図とは，ある地点の月別の平均気温と降水量をグラフで表したものです。

レポート

「奈良」の月平均気温は20度以上になる月が４つあります。また，３月から10月までの月降水量は，４つの都市の中で最も多くなっています。

「西安」は月平均気温の最も高い月と，月平均気温の最も低い月の気温差が大きく，20度以上の差があります。また，月降水量は多い月には75mm以上になり，少ない月は25mm以下になります。

「サマルカンド」は，月平均気温が15℃以上になる月が，４つの都市の中で最も多くなっています。また，雨がほとんど降らない乾季とよばれる時期と，雨がよく降る雨季とよばれる時期があります。雨がよく降ると言っても，他の３つの都市の雨量の多い時期に比べると少ないことがわかります。

「ローマ」は月平均気温の最も高い月と月平均気温の最も低い月の気温差が，４つの都市の中で最も小さくなっています。また，10月から12月までの月降水量の合計は，４つの都市の中で最も多くなっています。

地図

「ローマ」　「サマルカンド」　「西安」　「奈良」

北緯60度の緯線

経線と緯線はともに０度を基準にして５度の間かくでそれぞれかいてある。

赤道

０度の経線　　　　　　　　　東経135度の経線

ア　　　　　イ　　　　　ウ　　　　　エ

折れ線グラフが月平均気温，棒グラフが月降水量をそれぞれ表している。

カ 「奈良」は北緯35度から40度の間，東経130度から135度の間にある。この
　都市がある国は海に囲まれており，他の国と接している陸地がない。

キ 「西安」は北緯30度から35度の間にあり，奈良との経度差は25度より小さ
　い。この都市がある国の国旗には赤と黄色が用いられており，日本よりも国
　土面積ははるかに広い。

ク 「サマルカンド」は北緯35度から40度の間，東経70度から75度の間にある。
　この都市がある国は，三大洋の中ではインド洋が最も近い位置にある。

ケ 「ローマ」は北緯40度から45度の間，東経10度から15度の間にある。4つ
　の都市の中で旧グリニッジ天文台に最も近い位置にある。

（4）下線部④について，次の文章は，1888年に日本が輸出した生糸の額について
述べたものです。この文章にもとづいて，1888年の日本の輸出額合計にしめる
生糸の輸出額の割合と，生糸のおもな輸出先とを表したグラフとして最も適切
なものを，下のア～カから1つ選びなさい。

> 1888年の日本の輸出額合計のうち，生糸の輸出額は，全体の半分には満た
> ないものの，大きな割合をしめていた。また，日本から輸出された生糸の輸
> 出額のうち，輸出額が最も多かった国への輸出額がおよそ半分をしめていた。
> この国は，日本がのちに太平洋戦争では敵対し，戦後には安全保障条約を結
> ぶことになった国である。
> また，1888年にフランスへ輸出された生糸の輸出額は，イギリスへ輸出さ
> れた生糸の輸出額の約5倍であった。

(5) 地面に降った雨水は，地面にしみ込んでいくものもあれば，地表にそって流れるものもあります。ここでは，地表にそって流れる場合について考えます。地面に傾斜があると，低い方，なかでも，その場所から見て最も傾斜が急な方向に水は流れようとします。次の資料2は，会話文中の下線部⑤の白川郷が存在する岐阜県の一部の地図です。岐阜県に降った雨水の一部は川となって海に流れていきますが，これらの川には日本海に流れ込むものと太平洋に流れ込むものがあります。ここに表された川Aは日本海，川Bは太平洋にそれぞれ流れ込みます。資料2の地点X〜Zに降った雨水が，資料2の等高線が示す傾斜にそって地表を流れて川となり，やがて海に流れ込む場合，それぞれ日本海側，太平洋側のどちらに流れ込むと考えられますか。流れ込むと考えられる組み合わせとして適切なものを，あとのア〜クから1つ選び，記号で答えなさい。また，これらの地点のうちの地点Yに降った雨水がたどると考えられる道すじのうち，資料2に示された川に流れ込むまでの道すじを記入用紙2の図に書きこみなさい。

資料2　岐阜県の一部の地図

太い黒色の線は川を表している。また，うすい灰色の線は等高線であり，標高（海面からはかった高さ）10mごとにかかれている。等高線にそってかかれた数字は，やや太い等高線が示している標高が何mかを表している。

（国土地理院ホームページより作成）

	ア	イ	ウ	エ	オ	カ	キ	ク
X	日本海側	日本海側	日本海側	日本海側	太平洋側	太平洋側	太平洋側	太平洋側
Y	日本海側	日本海側	太平洋側	太平洋側	日本海側	日本海側	太平洋側	太平洋側
Z	日本海側	太平洋側	日本海側	太平洋側	日本海側	太平洋側	日本海側	太平洋側

(6) 会話文中の下線部⑤の五箇山が存在する富山県は，金属のアルミニウムの生産がかつて盛んに行われていました。今では国内でのアルミニウムの生産はほとんど行われなくなりましたが，富山県は現在でもアルミニウムを加工する産業でよく知られています。さて，金属でできた2枚の板があり，このうち一方はアルミニウムだけでできていて，もう一方は鉄だけでできていることがわかっているものとします。この2枚の板のどちらがアルミニウムでできていて，どちらが鉄でできているかを調べるための実験を1つ考えて，その方法を説明しなさい。また，その実験で「どのような結果が得られたとき，その板がアルミニウムでできていると考えられるか」，「どのような結果が得られたとき，その板が鉄でできていると考えられるか」も，それぞれ説明しなさい。

(7) 次の文章は、京子さんが会話文中の下線部⑥について述べたものです。この文章中のcにあてはまる語句を**ひらがな3字**で答えなさい。また、d〜fにあてはまるものとして最も適切なものを、下のア〜ウからそれぞれ1つずつ選び、記号で答えなさい。また、gにあてはまるものとして最も適切なものを、文章中のX〜Zから1つ選び、記号で答えなさい。

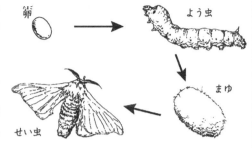

　右の図はカイコの育ち方を示したものです。いっぱんに、こん虫が育つ上での姿の変化の仕方は、次の**X〜Z**の3つに分けることができます。

　　X「よう虫とせい虫が似た姿をしているもの」
　　Y「せい虫と似ていない姿のよう虫が（　c　）になったあとにせい虫となるもの」
　　Z「せい虫と似ていない姿のよう虫が（　c　）にならずにせい虫となるもの」

　Xの例には（　d　）、**Y**の例には（　e　）、**Z**の例には（　f　）があります。卵からかえったカイコはよう虫として半月ほど過ごした後、糸を出して「まゆ」というものをつくり、まゆの中で（　c　）となり、その後、せい虫となって、まゆから出てきます。ですから、カイコが育つ上での変化の仕方は、**X〜Z**のうち（　g　）となります。古来、人々はカイコのまゆから取り出した糸を利用して生糸を生産し、さらに生糸を加工することでさまざまな絹製品をつくってきました。

ア　アキアカネやシオカラトンボなどのトンボ
イ　ショウリョウバッタなどのバッタ
ウ　モンシロチョウなどのチョウ

(8) 会話文の下線部⑥のエサとして、昔からクワという植物の葉が用いられてきました。右の**資料3**は、1枚のクワの葉を写した写真をもとに作成したものですが、実際の葉の寸法がわかるように方眼を重ねています。この方眼の1目盛りは1cmの長さを示しています。また、**資料4**は、クワの葉の裏にあるうすい皮の一部のようすをけんび鏡を使って撮影した写真をもとに作成したものです。これについて述べた、次の文章中のhにあてはまる語句を**ひらがな3字**で答えなさい。また、iにあてはまる数値の範囲として最も適切なものを、下のア〜エから1つ選び、記号で答えなさい。

資料3　クワの葉

方眼の1目盛りの長さは1cmを示している。

資料4　クワの葉の裏にあるうすい皮

この写真に写っている範囲の実際の大きさは、1辺の長さが0.1mmである。また、植物の体から水蒸気が出るための穴を強調してえがいている。

　資料4には、植物の体から水蒸気が出るための（　h　）という穴が4個写っています。ここに写っている面積と（　h　）の個数の割合が、葉全体でも同じだとすると、**資料3**に写っている葉の裏にはおよそ（　i　）個ほどの（　h　）があると考えられます。

ア　9万〜30万　　　　　イ　90万〜300万
ウ　900万〜3000万　　　エ　9000万〜3億

【適性をみる検査Ⅱおわり】